本书由教育部省属高校人文社会科学重点研究基地河北大学宋史研究中心与河北大学历史学强势特色学科学术出版基金资助出版。

司法制度的

历史样态与现代图景

冯 军 丁建军 著

SIFA ZHIDU DE

LISHI YANGTAI YU XIANDAI TUJING

人 民 出 版 社

《河北大学历史学丛书》出版缘起

　　河北大学的前身，是成立于1921年的天津工商大学，后改称天津工商学院、津沽大学、天津师范学院、天津师范大学。1960年定名为河北大学，1970年从天津迁至古城保定。河北大学的历史学科，创建于1945年天津工商学院的史地系，侯仁之院士出任首届系主任。聘请齐思和教授讲授中国通史，1946年9月至1948年先后由方豪、王华隆任系主任。1949年1月天津解放，钱君晔任系主任。1952年王仁忱出任系主任。1953年史地系分为历史系和地理系。在20世纪50—60年代，河北大学历史学科以拥有漆侠、李光璧、钱君晔、傅尚文、周庆基、乔明顺、葛鼎华等史学专家，与北京大学、南开大学等创办《历史教学》杂志而著称于世。改革开放以来，河北大学历史学科再创佳绩，获得全国第二批、河北省第一个博士点，建成河北省唯一的教育部人文社会科学重点研究基地。中国宋史研究会秘书处挂靠于此，并负责编辑出版《宋史研究通讯》。2005年以来，又获得中国近现代史博士点，建成历史学博士后科研流动站，河北大学历史学科被评定为河北省强势特色学科，2009年1月河北大学历史学院成立，本学科获得空前大的支持力度，迎来更新更好的发展机遇。在继续编印《宋史研究论丛》（CSS-CI来源集刊）和《宋史研究丛书》的同时，我们决定隆重推出《河北大学历史学丛书》。该丛书编委会成员除河北大学历史学强势特色学科建设领导小组外，主要有郭东旭、刘敬忠、郑志廷、汪圣铎、张家唐、闫孟祥、刘秋根、刘金柱、吕变庭、杨学新、雷戈、肖爱民、肖红松等先生。

　　研究历史，教书育人，奉献社会，是我们的天职。

　　不吝赐教，日新月进，臻于完善，是我们的期待。

　　最后，衷心感谢各级领导和各位专家对本学科的长期厚爱和支持。特别鸣谢人民出版社对《河北大学历史学丛书》的鼎力襄助。

教育部省属高校人文社会科学重点研究基地
河北大学宋史研究中心
河北大学历史学院
河北大学历史学强势特色学科建设领导小组
组长：姜锡东　成员：王菱菱、范铁权、丁建军

目　录

第一章　西方国家纠纷解决机制的历史嬗变

　　人类社会漫长的发展史是一部文明与进步的历史。文明代表着一种发展的趋向，而进步则意味着在这种发展趋向上的努力。但是，文明和进步并非囊括了人类社会发展史的所有构成元素，因为人类社会作为由独立个体构成的有机整体，个体间基于利益需求、价值观念等的差异而产生的矛盾和冲突始终伴随着人类社会的发展历程。文明是人类社会永恒的追求，但是个体间的矛盾和冲突无疑在一定程度上制约着人类文明的进程。人类社会的发展，必须正视和有效地解决这些矛盾和冲突。就此而言，人类社会的发展史既是一部文明史，也是一部在文明向度上不断消弭个体间的矛盾和冲突的历史。美国著名法学家埃尔曼曾经指出，冲突的解决有两种举世皆知的方法：一是冲突的当事人通过协商自行确定后果，这并不排除作为调解人的第三人可能在协商中协助他们；二是将冲突交付裁决，这意味着一位理想的不偏不倚的第三人来决定争论者的哪方胜诉。[①]　当然，埃尔曼对争议解决模式的划分遵循的是一种宏观的进路。就微观而言，还可以根据裁决的手段、依据的规范的不同，将通过裁决来解决纠纷这种方式细分为理性和非理性的解决机制、依据法律和依据习惯的解决机制等。考察西方国家的历史，我们会发现，法律在西方传统社会纠纷解决机制中的地位和作用其实并不突出，只是进入近现代社会以后，法治价值的充分彰显才使得法院在西方社会纠纷解决机制中的地位日益中心化。

一、西方传统社会中的纠纷解决机制

　　在人类社会的早期，由于没有作为裁判人间纠纷共同尺度的公共法律，也缺少依据公共法律来裁断冲突的公共裁判者（洛克语），因此，以复仇为主要形式

---

　　① （美）埃尔曼著，贺卫方、高鸿钧译：《比较法律文化》，清华大学出版社 2002 年版，第 132 页。

的私力救济无疑就成为当时人们解决纠纷的主要手段。正如霍布斯所假想的那样，在这种社会中，"一切人反对一切人的战争"成为生活的法则。公共权力及其机构的缺位，必然使得社会纠纷只能凭借"武力"来作出最终的了断。对传统路径的依赖，使得人类社会早期的这种纠纷解决模式对后来文明社会初期的纠纷解决依然产生着深远的影响。如在古巴比伦王国，对"犯罪集体负责"的规定反映出血亲复仇的习惯仍然在一定程度上予以保留。《汉穆拉比法典》规定，在村社范围以内发生抢劫，而强盗逃跑"不能捕到"时，村社和"长老"要对抢劫行为担负责任；尤其是对于在特定场合下所发生的侵犯私有财产的行为，往往由受害者或有关人按照立法的规定直接处理。如对于穿墙进行盗窃的，应在"侵犯处处死并掩埋之"。对于灭火之人见财起意将屋主的财产据为己有的，则应将此人"投入火中"。"这些保护财产所有者利益的一些列条款，从不同方面反映出原始公社时期的许多争端，往往由各个成员按既定的习惯自行解决的遗风。"①当然，在这一历史时期，除了血亲复仇以外，冲突部族或个体之间的和解，如一方通过提供另一方物品的方式使对方放弃复仇等，也是纠纷解决的重要途径。

在西方国家渐次进入文明社会以后，尽管原始的解纷机制在一定程度上得以保留，但是随着公共权力机构的建立，诉讼纠纷解决机制相对突出，使社会纠纷的解决机制趋于多元化。正如伯尔曼指出的，这一时期的日耳曼诸民族，除了通过血亲复仇和通过家庭之间或氏族之间的谈判解决纠纷以外，从很早的时候开始，就举行公众集会（自由民集会）以审理和解决纠纷。②

通过裁决这种方式来解决社会纠纷，是人类进入文明社会的重要标志。裁决和血亲复仇这两种解分方式的主要区别在于：血亲复仇是当事人依靠自己的力量通过武力来解决纠纷，而裁决是由第三方对当事人的纠纷作出裁断。在这种纠纷解决过程中，武力已经不是决定结果的标准了。那么，裁决的标准是什么呢？对此，儒攀基奇教授指出："在合法的裁决中，更强大的一方可能落败告终的事实表明，存在某种超越权力之上的标准。这一标准通常被称为'公平'。"③ 显然，裁决是对血亲复仇的否定。当然，裁决的主要目的旨在阻止纠纷当事人的各行其

① 陈盛清主编：《外国法制史》，北京大学出版社 1987 年版，第 24—25 页。
② （美）伯尔曼著，贺卫方等译：《法律与革命——西方法律传统的形成》，中国大百科全书出版社 1993 年版，第 66 页。
③ （斯洛文尼亚）卜思天·M·儒攀基奇著，何慧新等译：《刑法——刑罚理念批判》，中国政法大学出版社 2002 年版，第 128 页。

是，把纠纷解决行为引导到以和平方式解决问题的道路上来，维护公共秩序的安宁。在通过裁决解决纠纷的过程中，最为突出的是公共权力机构作为第三者主持的裁决。如早在雅典城邦国家时期就设立了一系列的司法审判组织来处理各种纠纷，最古老的司法机关是阿留帕克，稍后有埃菲特法院和赫里埃（陪审法院）以及一些专门法院。① 而到古罗马时期，更是对公共权力机构裁决纠纷的程序作出了严格的规定。② 进入中世纪以后，通过公共权力机构解决纠纷的方式继续得以发展。如法兰克王国适应地方行政划分，设立了郡法院和百户法院，对普通案件进行审理并作出裁决，此外，还设立了王室法院和巡回法院。而在同一时期的英国，也出现了郡法庭、百户区法庭、王室法庭（准确地说，是全国最大的那个领主所开设的法庭）等司法机构。后来，随着封建经济的发展，欧洲大陆国家又陆续出现了一系列的法院（法庭），如领主法院、庄园法院、市场法院、集市法院、商人行会法院和城市法院等等。③ 在这个过程中，随着宗教对欧洲世俗社会的影响日益强大，在 12 世纪中叶的时候，通过上诉或其他方式，大量的纠纷摆在了教廷会议面前。没有什么能阻止当事人涌向罗马，即使是高额的诉讼费用。而从 12 世纪晚期开始，为了给上述困境找到一个持久的解决办法，逐步建立了主教法庭。④ 这样，一系列法院的出现，为西欧社会纠纷的解决开辟了诸多新的途径，并日益成为纠纷解决的主要力量。

　　当然，法院这种专业化解纷机构的出现及其势力的日益增强，尽管掠夺了民间调解的生存空间，但是由于法院制度建构和运作早期存在的诸多缺陷，使得法院制度的发展仍然为民间调解在解纷机制中保留了一席之地。具体而言，首先，

---

　　① 陈盛清主编：《外国法制史》，北京大学出版社 1987 年版，第 53 页。

　　② 适应不同时期的需要，罗马国家制定了各种各样的诉讼程序，特别是在私法方面，形成了一整套系统的、复杂的诉讼制度和程序。参见陈盛清主编：《外国法制史》，北京大学出版社 1987 年版，第 73 页。

　　③ 在欧陆进入封建社会以后，每个领主都有权主持法庭，即有权在法庭诉讼中统辖他的封臣——或统辖他的佃户而不管他们是否是封臣，这是那时整个西方的一项基本的裁判原则。这项原则反映了封建领主对领地上事务管理的形式特点——即主要是通过一种带有广义司法特征的程序行使管理权。在西欧的庄园里，正式的管理也是与裁判权密切联系在一起的：即立法和行政活动很大程度是与司法活动混合在一起的，并有一个称为法院的机构主持。市场法院和集市法院像领主法院和庄园法院一样，是非专业的社会共同体法院，法官由市场或集市的商人们从他们的成员中选出。行会法院也是非专业法院，这种法院一般只是有行会首脑或他的代表组成，但是在商事案件中，它经常选择 2—3 名行会的商人成员担任陪审员。参见（美）伯尔曼著，贺卫方等译：《法律与革命——西方法律传统的形成》，中国大百科全书出版社 1993 年版，第 381、402、427 页。

　　④ （英）卡内冈著，李红海译：《英国普通法的诞生》，中国政法大学出版社 2003 年版，第 31 页。

法院裁决人员法律知识的欠缺影响了法院功能的实现。如 1066 年以后，英国王室法院设立了各式各样的巡回法庭。不过，这些王室法官起初并不了解地方上的日耳曼习惯法，他们可能了解罗马法、教会法、国王的敕令，但这些法律远远对于解决适用地方习惯法的民众之间的纠纷又没有太多的帮助。夸张一点地说，法官是在不知法的情况下来解决纠纷的。① 而在封建时代的欧洲，行使审判权其实并不是一件非常复杂的事情，虽然这自然要求有点法律知识。简言之，行使审判权整个来说就是一件依靠记忆和习惯完成的事。举证手段原始而易于运用。法庭很少听取证据，即使这样做，也只是记录证人的陈述，并不进行审查。审理一份法律文件的内容，接受诉讼一方的誓言或宣誓证人的誓言，宣布神明裁判或决斗裁判的结果——行使这类职责不需要专门的训练。② 这种情况势必影响人们对法院裁决结果的满意度。其次，法院诉讼的难度也影响了进入裁决的案件范围。一方面，将被控犯罪者交由审判，获得作证的证人，或执行一个判决，都面临着重大的困难；另一方面，"金钱正义或有污点的正义显然是那个时代的邪恶，王室令状经常要求'毫不迟延'地实现争议也显示了普通法庭司法的拖沓。"在这种背景下，权利受侵害者宁可拒绝主张权利也不去冒险尝试那些结果完全没有把握的司法程序。③ 这必然影响人们将纠纷提交法院裁决。尤其是普通法和一般的法庭处理商业纠纷的效能低下，在早些时候促使商业团体自行解决这些争端，起初是私下裁决，后来则通过商人自己的法庭仲裁。法庭当然要审理刑事案件和民事案件，但是在这方面，法庭的诉讼实际上由于私人复仇而大受限制。④ 最后，在1000 年左右的欧洲，司法权的分割状态也影响法院的功能。此时，诉讼当事人由于不知道应向哪家法庭提起诉讼，经常同意设立他们自己的（或其他人的）仲裁人来解决争诉，而不是寻求法庭的裁决，他们宁可达成私人协议——甚至冒着日后这种协议可能不被履行的风险——去这样做。⑤

　　另外，按照韦伯的理解，西方国家现代化的进程就是全面理性化的过程，它

① （英）卡内冈著，李红海译：《英国普通法的诞生》（译者序），中国政法大学出版社 2003 年版，第 4 页。

② （法）马克·布洛赫著，张绪山译：《封建社会》（上卷），商务印书馆 2004 年版，第 584—585页。

③ （英）卡内冈著，李红海译：《英国普通法的诞生》，中国政法大学出版社 2003 年版，第 22 页。

④ （法）马克·布洛赫著，张绪山译：《封建社会》（上卷），商务印书馆 2004 年版，第 585 页。

⑤ （法）马克·布洛赫著，张绪山译：《封建社会》（下卷），商务印书馆 2004 年版，第 583 页。

无非是西方传统社会理性化的一个历史延续，这在西方传统社会纠纷解决机制的建构和运作中可以清晰地得到显现。如在西方传统社会的早期，纠纷解决主要还是通过复仇这种方式，即使在公共权力机构的裁决机制出现以后，认定事实主要不是依据一般性的规则而是依赖于神明的裁断。在这种纠纷解决机制中，法律史学者和文化人类学家很久以前就指出："人类的探索、批判性的审视以及逻辑推理扮演了非常不起眼的角色，为了弄明白罪与非罪、对与错，法庭更愿意求助于水、火、神灵等自然因素。"① 因而它是一种非理性的进路。韦伯也认为，"倘若对于立法和司法问题的秩序，应用一些不能根据理智监督的手段，例如采用神谕或其替代物，那么它们在形式上是非理性的。在实质上，它们在这个意义上是非理性的。"② "恰如整个旨在召唤魔法的或者神的力量的行为一样，这种法律过程在严格的形式上，希冀通过决定性的诉讼审判手段的非理性的、超自然的性质，达到实质上'正确的'判决。"③ 根据韦伯的理解，拒绝严格的程序和规则，更多地求助于法律以外的因素，依赖于伦理的、宗教的、政治的或者其他实质理性预设的各种权威，甚至为了消除争议分歧而非理性地采用一些不可思议的方法、巫术的手段等等，由于它们缺乏形式上的理性，大都是人的理智不可控制的，因此必须予以摈弃。后来，随着人类社会的发展，西方传统社会纠纷解决机制的建构和运作逐渐地走出了非理性的束缚。此时，人类的心智在纠纷解决过程中开始扮演重要的角色，"并迫使法院通过人类智识所能运用得到的各种探求和推理的方式揭开谜底，如询问证人、直接的观察、间接的检举、对文字材料进行审查、当事人的悔过，从各种表像、痕迹和验尸结果进行推理，等等。"④ 在欧洲，上述两种不同的进路相继占据统治地位，12 世纪是其分界线。在此之前，在古老的中世纪早期，非理性的举证方式广为流传，并为教俗两界的上层权威所支持。12 世纪以后，非理性举证开始衰落，并最终消失。1166 年，英格兰弗兰芒城镇伊普雷斯自治市从鲍德文七世伯爵那里获得一致特许状，在其自治市范围内取消了神明裁判和决斗，而代之以宣誓断讼。这是将城镇从神明裁判中"解放"出来

---

① 参见（英）卡内冈著，李红海译：《英国普通法的诞生》，中国政法大学出版社 2003 年版，第 81 页。

② （德）马克斯韦伯著，林荣远译：《经济与社会》（下卷），商务印书馆 1997 年版，第 17 页。

③ （德）马克斯韦伯著，林荣远译：《经济与社会》（下卷），商务印书馆 1997 年版，第 141 页。

④ 参见（英）卡内冈著，李红海译：《英国普通法的诞生》，中国政法大学出版社 2003 年版，第 81 页。

较早的一例。① 最终，当亨利二世及其咨议会成员不得不决定在其全面改革中采用何种证据制度时，他们选择了陪审。1215 年，第四次拉特兰宗教公会决定禁止教士参与神裁，从而在整个欧洲有效地取消了神明裁判这种裁判方式。② 神裁的被废止给司法过程中的事实认定和证据审查留下了空间，在实践中，英国的王室巡回法官就证据问题开始征求多个百户区陪审团的意见，并择其多数而从职。这种做法竟然取得了意想不到的效果。这样，在因了解当地情况而被要求向法官提供信息咨询的陪审团（控诉陪审团）的基础上，出现了凭人的一般理性和经验来判断当事人提供的证据的效力的陪审团（审判陪审团）。③ 至此，英国的证据审查制度实现了从非理性化到理性化的飞跃。而早在 11 世纪，"良心原则"就出现在教会法庭的审判活动中。它主张法官在审判被告之前必须先审判自己。换言之，它必须自己充作被告，因为这样（据说）它就会比罪犯本人知道更多关于罪行的情况。"为使法官的良心知晓"，教会法院以及后来的世俗法院创造出了一种新的抗辩和程序技巧④，从而使裁判活动日趋理性化。

二、近现代西方国家的纠纷解决机制

17 世纪中叶，英国通过资产阶级革命确立了君主立宪政体，揭开了人类社会近代化的历史序幕。自此以后，西方国家陆续通过资产阶级革命进入了近代社会。近代以来的西方国家在政治、经济和精神层面上有三个共同的特征：在政治上是以代议制为特征的民主宪政；在经济上是以利益原则为制动力的市场经济机制；在精神上是以经验主义、理性主义和唯物主义为基本特征的对自然界——物自体——的科学探索。⑤ 这三种因素对于近现代西方国家社会纠纷解决机制的建构和运作产生了深远的影响。

---

① （英）卡内冈著，李红海译：《英国普通法的诞生》，中国政法大学出版社 2003 年版，第 89 页。

② （美）哈罗德 J. 伯尔曼著，梁治平译：《法律与宗教》，中国政法大学出版社 2003 年版，第 52—53 页。

③ （英）卡内冈著，李红海译：《英国普通法的诞生》（译者序），中国政法大学出版社 2003 年版，第 12—13 页。

④ （美）哈罗德 J. 伯尔曼著，梁治平译：《法律与宗教》，中国政法大学出版社 2003 年版，第 52—53 页。

⑤ 陈乐民、周弘：《欧洲文明的进程·序言》，三联书店 2003 年版，第 11 页。

首先，宪政的基础是法治，法治的彰显使得法院在纠纷解决机制中的地位和作用愈加突出。法治，是对政府权力的一种限制，它既是一种政治理想，也是一种具体的规则。进入近代社会以后，人们逐渐地认识到，限制政府权力的最好办法就是以权力来制约权力。诚如孟德斯鸠所言，"一切有权力的人都容易滥用权力，这是万古不易的一条经验。""从事物的性质来说，要防止滥用权力，就必须以权力约束权力。"① "如果司法权不同立法权和行政权分立，自由也就不存在了。如果司法权同立法权合二为一，则将对公民的生命和自由实行专断的权力，因为法官就是立法者。如果司法权同行政权合二为一，法官便将握有压迫者的力量。""如果同一个人或者重要人物、贵族或平民组成的同一个机关行使这三种权力，即制定法律权、执行公共决议权和裁判私人犯罪或争讼权，则一切便都完了。"② 正是基于这种认识，在各国的国家治理实践中逐渐实现了司法权与行政权力的分离，司法的独立性得以确立和保障。而在司法独立的国家治理过程中，审判机关的权威也就愈来愈凸显出来。另外，法治意味着法律至上和规则治理。法治理念的张扬，提升了法律在国家治理活动中的地位和价值，使得法律逐渐成为规范和评价人们行为（包括个人、组织以及政府行为）、解决社会纠纷的主要依据，非法律性依据相对淡出。在这种社会背景下，随着审判机关权威的凸显和法律在纠纷解决活动中地位的提升，作为依法审理和解决社会纠纷专门机关的法院，在社会纠纷解决机制中的地位便逐渐突出，最终成为解决社会纠纷的主要机构。正如范瑜教授指出的："在近现代社会初期，随着法治的确立及其至上权威的形成，司法与诉讼作为正统的纠纷解决机制占据了近乎排他性的地位，正式的国家和法的权威不容任何自治性或民间性、地域性的组织及其规范分享其权力。"③

上述情况在西方国家现代化的过程中不同程度地存在着，其中，尤以美国为甚。在美国建国过程中，美国的开国元勋们普遍地认识到："国家与其成员或公民间产生的纠纷只能诉诸国家法庭。任何其他方案均既不合理，违反惯例，而亦不得体。"另外，"涉及两州、一州与另一州公民、各州公民之间纠纷的审判，事关维护联邦的和平"，因而其重要性非常突出。④ 这些论述无疑明确揭示了法院

① （法）孟德斯鸠著，张雁深译：《论法的精神》，商务印书馆1961年版，第154页。
② （法）孟德斯鸠著，张雁深译：《论法的精神》，商务印书馆1961年版，第156页。
③ 范瑜：《非诉讼纠纷解决机制研究》，中国人民大学出版社2000年版，第328页。
④ （美）汉密尔顿等著，程逢如等译：《联邦党人文集》，商务印书馆1980年版，第400页。

在美国近现代社会纠纷解决体制中的地位及其重要功能。鉴于此，美国在建国以后非常重视法院制度的建构，并最终形成了一个其他国家无与伦比的、强大的、全能型法院，享有对于在各类主体间发生的一切性质的纠纷进行裁断的权力。甚至对于政治性纠纷也不例外。一般说来，对于政治性纠纷，大多借助于政治性权力通过纠纷主体（主要是不同组织）间的沟通、彼此妥协、相互施压甚至与暴力冲突等手段来解决，很少可能诉诸于诉讼。但是在美国，正如托克维尔在考察美国的司法制度后所感触的那样，"对一个外来者最难以理解的，是美国的司法组织。在他看来，简直是没有一个政治事件不是求助于法官权威的。"① 除非法院感到介入纠纷解决会引起与立法和行政部门的权力冲突时予以回避，从而使自己超脱于政治漩涡之外，保证司法中立。② 从 1803 年的马伯里诉麦迪逊案到 1954 年的布朗诉托皮卡教育管理委员会案，再到 2000 年的布什诉戈尔案以及 2001 年的美国诉微软案，无不体现出美国法院在纠纷解决机制中的重要地位和作用。

其次，市场经济体制是建立在利益均衡原则基础上的，该原则意味着人们的一切行为都是理性的、是经过利弊权衡、以追求利益最大化为目标的结果，这种观念对纠纷解决机制的建构和运作也产生了深远的影响，它要求人们理性地认识诉讼对纠纷解决的实际效果，切实考虑诉讼活动的经济和社会成本，适时发展多元化的纠纷解决机制。因为，"对于一个社会来说，成本和效益确实应该成为维持其正常运行的一个基本尺度，在纠纷解决问题上，为了尽可能将诉讼所产生出的负价值限制在一个较低的、合理范围内，努力实现有限的司法资源的效益最大化，同样具有纠纷解决功能，而成本相对较低的代替性纠纷解决方式，就是符合这一标准的合理选择。"③ 其实，早在欧洲的传统社会中，商业仲裁法庭、城市法庭也都是在商业活动比较发达地方的人们不满王室法院诉讼效率的情况下建立起来的。而到了近现代社会，随着工业的发达，商品经济异常活跃，西方国家的市场经济体制逐渐完善。此时，市场经济体制的建立和完善也促使人们对诉讼活动纠纷解决地位的排他性予以反思。正是基于这种背景，在西方国家努力建构法治社会的治理实践中，那些传统的纠纷解决方式，如仲裁、调解等，又重新获得了生存和发展的空间，并逐渐地以其显著的纠纷解决效果证明着自己的价值、提

---

① （法）托克维尔著，董国良译：《论美国的民主》，商务印书馆 1997 年版，第 109 页。

② 任东来等：《美国宪政历程——影响美国的 25 个司法大案·前言》，中国法制出版社 2004 年版，第 13 页。

③ 范瑜：《非诉讼纠纷解决机制研究》，中国人民大学出版社 2000 年版，第 341 页。

升着它在纠纷解决机制中的地位。

在西方社会现代化的过程中，仲裁、调解等替代性纠纷解决机制的复兴最早出现在 19 世纪中叶的美国。当时，美国社会商业的增长给法院的审判工作带来了极大的压力，由于商事纠纷的激增，而法院的能力有限，不能适应蜂拥而来的纠纷的需要，所以要求改革司法制度、反对法院垄断纠纷解决的呼声日益高涨。在这种背景下，美国一直在努力使案件从法院转移到院外机构解决，建立了许多院外纠纷解决机构，如邻里司法中心、保护消费者组织、新闻监督机构以及一些传统的解决纠纷方式。① 1925 年，美国国会通过了《联邦仲裁法案》。其后，联邦最高法院作出了一系列决定，鼓励使用和执行替代性纠纷解决方法达成的协议。以此为契机，非诉讼（替代性）纠纷解决机制在美国现代社会中获得了稳固的生存根基。除美国以外，替代性纠纷解决机制在西方其他国家也同样备受青睐。如英国通过设置特别裁判所、行政裁判所等大量的法院外纠纷解决机构，来缓解法院审判的压力。到 1971 年《裁判所和调查法》通过时，英国的裁判所数量已达 50 多种，总数超过 2000 个，其中，处理社会保障、工业事务、地方税收上诉以及租金控制等方面问题的裁判所不胜枚举。而在德国，20 世纪 90 年代统一以后，诉讼案件骤增，法院审判的压力很大。为了缓解法院的压力，1993 年颁布了《司法负担减轻法》，希望通过非诉讼纠纷解决机制来减轻法院的负担。根据《司法负担减轻法》，德国设立了各种各样的替代性纠纷解决机制。如发明专利方面的纠纷，在起诉前必须首先向联邦专利局所设的仲裁所申请仲裁；州政府在工商协会设置协商所来解决因不正当竞争而发生的纠纷；而争议标的在 1500 马克以下的小额案件和邻里纠纷等，必须在诉讼前进行调解；此外，还有仲裁、中介人调处、行业协会的调解等非强制性的非诉讼纠纷解决机制。②

另外，在西方现代社会中，民间和解这种最传统的纠纷解决机制也在一定程度上对于维护社区（尤其是农村地区）的稳定发挥着重要的作用。美国著名法社会学家唐·布莱克在研究人们之间的亲密程度与法律应用的关系时，曾经提出了著名的关系距离原理。他认为，人们之间的关系越紧密，介入它们之间事务的法律越少。③ 美国学者埃里克森在加州夏斯塔县研究乡村居民如何化解因离散牲畜

① 参见朱景文：《当代西方法社会学》，法律出版社 1994 年版，第 198—199 页。
② 参见何兵：《现代社会的纠纷解决》，法律出版社 2003 年版，第 108—113 页。
③ （美）唐·布莱克著，郭星华等译：《社会学视野中的司法》，法律出版社 2002 年版，第 9 页。

引发的种种纠纷问题时发现，夏斯塔县的邻人主要是运用一些非正式规范，而不是正式的法律规范来解决他们之间的大多数争议，人们无需政府或其他科层化的协调者来安排他们相互有利的互动。① 大多数农区居民都清醒地信奉一个主导的规范：邻人之间要合作。具体而言，畜牧业主要管好自己的牲畜，但是一个农区居民应当能忍受某些因越界事故造成的轻微损失，对偶尔发生的摩擦，友邻的回应是相互包涵一下。因为相互忍受的好处，一方面是谁都不用花费时间和金钱来解决纠纷，另一方面，对于这些世世代代生活在这里或者打算长期生活在这里的人们来说，这样做有助于维护自己作为好邻居的名声。除非无法通过自助来规训不轨者，他们才会求助于县主管部门来调处，或者提出损害赔偿请求。② 显然，布莱克和艾里克森的研究有着异曲同工之妙，他们其实都看到了这样一个较为普遍的现象：在关系较为亲密的社群中，人们会尽量地避免通过诉讼来解决他们之间的纠纷。在理论界，人们一般认为，现代西方国家的一个主要特点就是人际关系的契约化，它体现了权利观念的根深蒂固，但是契约化的人际关系也使得现代西方社会在整体上走向了"陌生人社会"。但是，布莱克和艾里克森的研究无疑为我们提供了一个崭新的视觉空间，使我们认识到西方国家在整体上步入"陌生人社会"的同时，仍然存在着一个"熟人社会"。在这样一个社会中，通过诉讼或其他形式的公力救济来解决人们之间的纠纷，"表面上看似乎是解决争端，但实际上往往扩大了他们之间的分歧，甚至使他们的关系全部破裂。"③ 这势必造成人际关系的紧张化。正是看到了这一弊端，人们才转而更多地希望通过和解——彼此之间的谅解或妥协——来解决纠纷，以建立和保持一种融洽的邻里关系和社区秩序。

最后，科学精神使纠纷解决机制的建构更趋合理。西方国家进入近代社会以后，自然科学和社会科学研究获得了突飞猛进的发展，人们在科学和理性的引导下，对人类社会生活的一切领域进行着卓有成效的研究，推动了西方国家现代化的进程。在纠纷解决领域，随着科学的发展，人们开始借用自然科学的研究成果对传统社会以及近代社会以来的纠纷解决机制进行剖析和反思，指出了纠纷解决

---

① （美）罗伯特·C·艾里克森著，苏力译：《无需法律的秩序——邻人如何解决纠纷》，中国政法大学出版社2003年版，第1页。

② （美）罗伯特·C·艾里克森著，苏力译：《无需法律的秩序——邻人如何解决纠纷》，中国政法大学出版社2003年版，第63—68页。

③ 朱景文：《当代西方法社会学》，法律出版社1994年版，第199页。

机制过于分散或过于单一都使得纠纷解决的社会成本过于昂贵，从而影响纠纷解决机制的适用效果。同时，人们在研究纠纷解决机制这一社会科学范畴的问题时，能够摆脱传统的社会科学研究方法，大量地通过田野调查进行实证分析，以纠纷解决机制运作效果的优劣为切入点，来探讨纠纷解决机制的完善问题。这些工作极大地促进了西方国家纠纷解决机制的合理建构。具体而言，这种促进功能主要体现在以下两个方面：一方面，促进了近现代社会中纠纷解决机制的多元化建构。如前所述，在西方国家进入近代社会以后，对传统社会中纠纷解决方式过于分散、缺乏权威的现实反思，促进了纠纷解决方式的集中化，使诉讼这种纠纷解决方式获得了空前的排他性地位。但是，诉讼的排他性地位需要大量的成本投入来支撑和保障，而如果对于所有的社会纠纷，不分轻重缓急，一律依赖于诉讼这种途径来解决，势必造成诉讼资源在案件分配上的不合理，因为有些纠纷根本就没有必要进入诉讼程序。正是基于认识，人们才力图改变诉讼这种纠纷解决方式的排他性地位，通过纠纷解决机制的多元化建构，把一些纠纷解决在诉讼以外，实现公共权力在纠纷解决过程中的合理配置，节约纠纷解决活动的社会成本。这样，仲裁、调解、和解等一系列的纠纷解决方式又重新开始发挥其纠纷解决功能。另一方面，公共权力解决纠纷的程序更趋规范、合理，这主要体现在诉讼领域。进入近代社会以后，法治成为主要西方国家的国家治理模式，在这一背景下，诉讼这种体现了国家公共权力的纠纷解决活动开始进入了法制化的轨道。具体表现在西方主要国家都陆续颁布了成文的诉讼法典或诉讼规则，以规范诉讼活动。此外，在诉讼活动的具体运作过程中，法官中立的职业要求、当事人主体地位的保障、证据规则的适用、案件审理上的繁简分流、审理期限的严格执行，等等，所有这些无不在很大的程度上保障着诉讼活动这种纠纷解决方式的合理运作，以实现其纠纷解决效能的最大化。

第二章　中国社会纠纷解决机制的历史变迁

纠纷解决机制作为国家通过干预、化解矛盾和冲突以实现有效地社会控制的手段，在人类社会的不同发展阶段，呈现出不同的样态。在中华文明的历史演进过程中，中国传统社会的纠纷解决机制和近现代社会的纠纷解决机制在形态、构造和功能上都存在较大的差异，深入分析这些差异及其产生的社会根源，对于当前中国社会纠纷解决机制的完善具有积极的理论和现实意义。

一、中国传统社会纠纷解决机制的历史样态

中国传统社会是一个典型的以农业为主的农耕社会，有着很强的自给性、封闭性；同时，中国传统社会还是一个礼法社会，礼在社会生活中扮演着十分重要的角色；此外，中国传统社会还是以血缘为基础的宗法社会，宗族在社会治理中发挥着举足轻重的作用；当然，中国传统社会更是一个崇尚和谐、把和谐奉为社会生活绝对目标的社会，"天人合一"成为统治者的终极追求。中国传统社会的整个宏观文化背景、政治因素、社会条件等诸多因素，从根本上决定了传统社会的纠纷解决机制。

（一）纠纷解决主体的多元化

在中国传统社会中，除国家公共权力外，民间的非公共权力组织（包括个人）也是纠纷解决的重要主体。对于这种纠纷解决机制，有学者认为其主要的特征是"抓大放小"，国家将大量的纠纷交由民间自决，国家正式机关主要解决刑事纠纷。① 这种概括其实揭示了中国传统社会中一个重要的司法现象，即除严重的刑事案件外，大量的纠纷其实是在民间解决的。

---

① 何兵：《现代社会的纠纷解决》，法律出版社 2003 年版，第 5 页。

毋庸置疑，在中国传统社会中，国家公权力介入社会纠纷的解决过程是国家统治阶层实现社会控制的有效手段。因为毕竟纠纷引起社会的动荡，制造紧张局势，损害人们对稳定和安宁的需求，具有严重的破坏性。一个社会如果不能及时、有序、公正地解决纠纷，不仅会抑制社会的发展，而且有可能导致统治组织解体和社会倒退。① 中国传统社会中的统治者正是认识到了这一点，从传统社会早期开始就非常重视对社会纠纷的控制，并主要通过刑罚的适用来惩治严重地危及统治秩序的社会冲突——犯罪行为，如"夏有乱政，而作《禹刑》；商有乱政，而作《汤刑》；周有乱政，而作《九刑》。"② 从后世的《秦律》、《九章律》、《唐律》、《宋刑统》以至于《明律》和《大清律》等中国历朝历代统治者所制定的法律来看，在内容上无不是以"刑"为主的，而且刑罚的适用十分残酷。这种制度设计，其实反映了中国传统社会中的统治者寄希望于通过刑罚适用的普遍性和残酷性来达到"禁暴止邪"的目的，最终达致"谋闭而不兴，盗窃乱贼而不作，故外户而不闭"③ 的理想境界。对这种理想境界的诉求，使得国家机构在中国传统社会中成为极其重要的纠纷解决主体，承担着绝大多数刑事案件的审理，并逐渐形成了相对完善的刑事诉讼机制。

当然，刑罚的适用是一种社会成本高昂的纠纷解决方式，任何时候都不可能指望对于所有的纠纷都通过这种方式予以解决。中国传统社会中的统治者正是为了弥补统治资源不足的问题，在控制绝大多数刑事案件审理通过刑罚适用来消弭社会冲突的同时，充分地利用民间非公共权力组织的力量来解决一部分轻微刑事案件和大部分的民事纠纷。正如罗威廉先生在研究晚清帝制时指出的那样："晚清帝国在总体上没有能力也不想直接控制中国社会的日常运作过程（尽管它在特殊情况下集中全力予以关注的时候，能获得惊人的效果）。相反，鉴于实施一系列俗世统治的需要，国家反而依赖于各种各样的外在于官僚体制的社团组织。"④ 具体而言，对于轻微的刑事案件（即斗殴、轻伤、小量的偷盗等应责以笞、杖刑的刑事案件）和所谓户婚田土钱债（即户籍、继承、婚姻、土地、水利、债务等民事案件）的"薄物细故"，因其道德评判不够重要，国家是不屑于干预的。除

① 何兵：《现代社会的纠纷解决》，法律出版社2003年版，第5页。
② 《左传·昭公六年》。
③ 《礼记·礼运》。
④ （美）罗威廉：《晚清帝国的"市民社会"问题》，载邓正来等编《国家与市民社会》，中央编译出版社1999年版，第411页。

由州县自理外，大部分的此类案件全由民间解决，即使上告到州县，州县长官也常常会因其不重要而下放给民间解决。这样，由于以执行道德为目的的国家法视"户婚田土钱债"一类事务为"薄物细故"，从来不予以重视，从而给民间留下了广阔的空间来解决这类纠纷。在这种背景下，家里的长辈、族里的族长、乡保、里老、亲邻以及地方绅士等均作为纠纷解决的主体，承担着大部分民事纠纷和部分轻微刑事案件的解决功能。① 这样，国家公共权力和民间非公共权力的有机结合，尤其是依靠非公共权力组织（或个人）来解决大量的社会纠纷，以期维护社会秩序的稳定，便成为中国传统社会纠纷解决机制的首要特点。

（二）刑事审判的职权化、民事审判的刑事化和裁判依据的道德化

首先，在中国传统社会中，刑事审判活动具有明显的职权化特征。由于没有专门的侦查和控诉机关，也不实行不告不理原则，所以，审判机关主动以职权追究犯罪，承办官吏集侦查、控诉、审判职能于一身，原告、被告和其他诉讼参与人没有诉讼主体地位，诉讼权利不足，被告人基本上没有诉讼权利，属于被追查、考问的对象。② 整个庭审活动都是在州县官以及中央司法官吏（甚至皇帝）的主持和推动下进行的。这些官吏对整个庭审进程有着绝对的控制权，他们积极地讯问当事人、证人，所有涉案人都必须伏跪在地上，未经官吏允许，不得抬头，并在主持庭审官吏的喝问与斥责声中胆颤心怵地回答讯问。在必要的时候，庭审官吏会动用刑具获得口供、证言。根据《明会典》，庭审的顺序是："先审原告、再审被告，然后对质证人，在证人出庭对质后，原告或者被告之间、供词与证人之词不一致时，才对原告被告先用笞刑，后用杖刑求其真情。"③ 刑事审判的职权化，一方面，体现了中国传统社会中的统治者重视刑事审判，并期望通过国家公共权力对刑事冲突的积极干预，实现对社会秩序的有效控制；另一方面，在职权化色彩浓厚的刑事审判活动中，肃穆的气氛、严格的等级、残酷的刑讯、司法官吏高高在上与原被告双膝及地之间的鲜明对比，使得一种恐惧感深深地铭刻在人们的脑海中，以至于才会出现"饿死不做贼，冤死不告状"的谚语。

---

① 参见左卫民等：《中国传统社会纠纷解决机制研究论纲（下）——以明清为契入点》，载《西南民族大学学报》（人文社科版）2004 年第 1 期。

② 陈光中主编：《刑事诉讼法学》，北京大学出版社、高等教育出版社 2002 年版，第 44 页。

③ 李交发：《中国诉讼法史》，中国检察出版社 2002 年版，第 149 页。

当然，刑事审判职权化对于纠纷的解决也具有一定的积极意义，因为通过它对社会纠纷的过滤功能，使那些大量的民事纠纷和一部分轻微刑事案件被排除在刑事审判之外，实现了国家公共权力资源在纠纷解决领域相对合理的配置。

　　其次，中国传统社会中民事纠纷的审判具有严重的刑事化倾向。具体而言，民事审判的刑事化主要体现在民事纠纷审理的程序规范和实体规范都依赖于刑法典章。对此，郭成伟教授认为，在中国古代，严格意义上的民事、刑事诉讼并没有出现过，事实上，"即使是涉及婚姻钱粮等争端的案件的审理，仍然是置于刑法典断狱篇来调整，其结果也都是刑事制裁。"① 戴炎辉先生也指出："我国古来法律受到道德的熏染，除现代所谓犯罪行为外，侵权行为及债务不履行，亦被认为是犯罪行为，不过，其违背道德较浅，其刑亦轻而已。"② 如秦律规定："或盗采人桑叶，（赃）不盈一钱，何论？赀徭三旬。"采摘他人不值 1 钱的桑叶，无疑是一种民事侵权行为，却要被处以 30 天徭役的刑事处罚。类似的条文在中国历代刑法典中比比皆是。如《唐律》规定："行滥短狭而卖者，杖六十。"《大清律例》同样规定，"凡典卖田宅不契，笞五十；举人、生员欠纳钱粮，杖六十至一百；夏秋两季收粮拖欠限满不足额者，里正、户长杖六十至一百；立业典卖不清，混行争告，照不应重律杖八十。"之所以出现这种情况，究其原因，主要是因为在我国传统社会中，刑民之间界限不清，刑法的遮天盖地与民法的发育不良造成了诸多民事案件以刑罚的方式进行解决。民事责任与刑事责任没有截然分开，民事违法只是一种较轻的犯罪行为而已，所以民事违例犯制与刑事违法犯罪一样，所产生的法律后果均是刑罚制裁。自西周始，这一特征便成为一种一以贯之的制度传统，直至清末也没有发生根本性的变化。③

　　最后，在中国传统社会中，无论是刑事审判还是民事审判，其裁判依据具有明显的道德化倾向。具体而言，除了法律规范以外，道德规范作为裁判依据对于判决的形成也发挥着十分重要的作用，有时甚至于取代法律规范成为判决形成的唯一依据。如史料记载：南齐袁篆遂庐陵王出任荆州，所管辖的境内发生了一件兄弟争死的案件。百姓苟胡之的妻子曾被以僧人奸淫，一天夜里，淫僧再次潜入苟家，苟胡之的弟弟苟将之杀死了这个僧人。在公堂上，苟氏兄弟都说僧人是自

---

① 郭成伟主编：《中华法系的精神》，中国政法大学出版社 2001 年版，第 248 页。
② 戴炎辉：《中国法制史》，三民书局 1995 年版，第 302 页。
③ 参见左卫民等：《中国传统社会纠纷解决机制研究论纲（下）——以明清为契入点》，载《西南民族大学学报》（人文社科版）2004 年第 1 期。

己杀死的，争相偿命。袁篆认为，兄弟二人本无强暴杀人之心。公堂上争死之举，义气感动了众人。若将这样的人处以重刑，有伤为善之道。于是赦免了二人。① 这种特点可以从古代道德教化韵味浓厚的诸多判词中充分体现出来。这些判词或推己及人、循循善诱，或动之以情、晓之以理，或大义凛然、言词斥责，其中的道德说教随处可见，它们与其说是法律文书，不如说是"寓教于判"的道德檄文。如唐代书法家颜真卿担任福州刺史时，有一书生杨志坚"嗜学而居贫"，其妻嫌其贫穷，要求与其离婚。颜刺史接到此案后，愤怒难扼，挥毫判曰："杨志坚早亲儒教，颇负诗名，心虽慕于高科，身未沾于寸禄。愚妻睹其未遇，曾不少留。靡追冀缺之妻，专学买臣之妇，厌弃良臣，侮辱乡闾，伤败风教，若无惩戒，孰遏浮嚣？妻可答二十，任自改嫁，杨志坚秀才饷栗帛，乃至随军。"② 观此判决，根本未曾引任何法律条文，而完全是凭一般的道德伦理来作出裁判。

当然，在中国传统社会中，统治者为了加强对社会的有效控制，大都要求司法官吏在处理案件时"援法断罪"，并将其视为基本的司法原则。如《隋书·刑法志》载有"诸曹决时，皆令具写律文断之"的规定；《唐律》更是规定了不援法断罪的责任，即"诸断狱皆须具引律令格式正文，违者答三十。"后来的《明律》和《大清律例》大都沿袭了《唐律》的规定。在这种背景下，道德规范之所以能登堂入室成为裁判的依据，是因为道德规范作为裁判依据主要是针对民事纠纷的裁判而言的，而上述"援法断罪"原则主要适用于刑事案件的裁判，一般情况下二者并行不悖。当然，即使在刑事审判领域，"援法断罪"也并不绝对排除道德规范的补充作用。具体而言，"援法而治之法尽管在很大程度上已经包含了基本伦理，但是总也避免不了时有的冲突，例如忠与孝、公与私、法与理、法与情等，尤为重要的是，援法断罪虽有公平公正的假相约束人们行为上的尊君，但是从意识形态的根本上信仰君权，却不得不反过来牺牲一定程度的法治来贯彻礼的秩序，使亲亲、尊尊、父父、子子得到具体的体现。"③ 鉴于此，在《钦颁州县事宜》中，雍正皇帝非常明确地强调了州县官在纠纷解决过程中施以道德教化的重要意义："州县为民父母，上之宣朝之德化，以易俗移风；次之奉朝廷之法令，以劝善惩恶，……使善者从风而内化，恶者革面而洗心。则由听讼以训至

---

① 参见马小红：《礼与法：法的历史连接》，北京大学出版社 2004 年版，第 248 页。
② 《旧唐书·颜真卿传》。
③ 郭成伟主编：《中华法系的精神》，中国政法大学出版社 2001 年版，第 295 页。

无讼，法令行而德化兴矣。"① 另外，司法过程中情理兼容，"使法与伦理结合，易于为人所接受，法顺人情，冲淡了法的僵硬与冷酷的外貌，更易于推行。"②

（三）民间调解是社会纠纷解决的主要途径

如前所述，在中国传统社会中，除国家公共权力外，民间的非公共权力组织（或个人）也是纠纷解决的重要主体。由于缺乏国家强制力为后盾，所以这些非公共权力组织（或个人）在解决民间纠纷时，主要是通过调解这种方式来进行的。

中国传统社会是典型的宗法社会，宗族组织事实上构成国家权力网络的终端，在中国传统社会的国家治理中发挥着重要的功能，"被认为是协调人际关系和维护社会秩序的有效工具"。③ 其中，宗族组织的主要功能就是处理族内纠纷。根据美国学者柯恩的研究，在中国传统社会中，宗族的族规都要求那些不牵涉到严重犯罪的争端必须服从族内的解决。如果族人试图绕过宗族直接诉求于官府，即使它在案件中居于有利的地位，也会受到来自宗族的惩罚。因为他忘了使他蒙冤的对方是他的族人，他们同属于一个祖先。而且，每个宗族都期望自己解决族内的问题，尽可能地不受官府的干预。宗族主要通过调解来解决族内纠纷。调解一般由族长主持，因为族长有足够的权威使纠纷双方服从调解的结果。调解的程序因族而异。如江苏如润城章氏宗谱规定："有事诉祠，用全柬一个，上书启禀二字，内诉原因。启到三日，值年即传唤族众到祠，户长上坐，户评旁列。其伸理不平者各陈实情，或是或非，悉听处分。"安徽合肥邢氏家规规定："凡族内有事，必具呈禀于户长，户长协宗正批示，某日讯审。原被两造及祠正先至祠伺候。至日原告设公案笔砚，户长同宗正上坐，各房长左右坐，两造对质毕，静听户长宗正剖决，或罚或责，各宜凛遵，违者公究。"④ 尽管调解是宗族解决族内纠纷的主要手段，但是也不排除有些宗族在解决族内纠纷时，依其族规对纠纷主体施以惩罚。宗族组织通过调解来解决族内纠纷，主要是基于族众的血缘联系，他们同宗同源，暴力相向，有悖传统社会的伦理道德。当然，这样做，一方面有利于防止族内矛盾的扩大化，以维护宗族内部的生活秩序，保障宗族的存续和发展；另一方面，也有利于维系宗族良好的社会声誉。

---

① 田文镜：《钦颁州县事宜》，《州县须知》（卷一）。
② 张晋藩：《中国法律的传统与近代转型》，法律出版社1997年版，第53页。
③ 转引自（美）杜赞奇著，王福明译：《文化、权力与国家》，江苏人民出版社2004年版，第65—66页。
④ 参见何兵：《现代社会的纠纷解决》，法律出版社2003年版，第13页。

地方士绅作为中国传统社会中的纠纷解决主体，调解是他们解决民间纠纷主要凭赖的手段。在中国传统社会中，士绅是与地方政府共同管理当地事务的地方精英，与地方政府所具有的正式权力相比，他们属于非正式的权力。① 由于士绅在社会民众中享有良好的声誉和威望，所以人们愿意在发生纠纷时将纠纷交由士绅来调解。这样做，一来是因为士绅熟悉当地的风俗，对纠纷的背景有一定的了解，二来是因为可以免除打官司不可避免的费用和麻烦。所以，这种方式更令当事人满意。② 另外，根据美国学者柯恩的研究，士绅有时还会介入那些宗族联系不紧密或者由多个宗族构成的村社内部的纠纷。此时，对于族内纠纷无法通过宗族来解决，而村社又不希望将纠纷诉诸官府，所以就会求助于地方士绅主持调解。士绅在调解纠纷时，一般先找到当事人，查明真正问题所在，并从其他村民那里收集对问题背景的看法。然后，他们根据以往的经验评估事态并提出解决方案。为使当事人接受提议，主持调解的士绅必须反复做工作直到对抗的双方愿意达成折中。继而，在村镇或集市中召集一次正式会议，宣布调解结果，双方言和，并设宴款待与会者。这样，冲突就算化解了。

除此以外，在封建社会后期，随着各种商业性质的行会的建立，这些行会在一定程度上也承担着行会内部成员间纠纷的调解职能。如果行会成员间的纠纷不能自行和解，当事人是不能径直诉诸官府的。试图绕过行会不仅会受到行会的申斥并因而丧失得益于行会的便利，而且官府也经常把这样的案件返诸行会处理。在某些行会，内部纠纷由行会内的主事者处理；而有些行会由选举产生的议事会处理内部纠纷。一般程序是，在当事人或证人举证后，议事会作出双方都接受的决定来尽力形成令人满意的解决方案。除非双方都自愿接受，否则决定不会生效。如美国学者杜赞奇在研究中国封建行会纠纷解决问题时，以河北邢台闸会为例指出，一般情况下，闸会内部或闸会之间的争斗由闸会首领们开会调解。这样并不涉讼，也不"惊动"官府。③

在中国传统社会中，除了宗族组织、地方士绅、行会主持对民间纠纷的调解外，还有其他一些基层组织也主持民间纠纷的调解。如元代《至元新格·听讼》规定："诸论诉婚姻、家财、田宅、债务，若不系违法重事，并听社长以理谕解，

---

① 瞿同祖：《清代地方政府》，法律出版社 2003 年版，第 282 页。
② 参见瞿同祖：《清代地方政府》，法律出版社 2003 年版，第 297 页。
③ （美）杜赞奇著，王福明译：《文化、权力与国家》，江苏人民出版社 2004 年版，第 22 页。

免使妨废农务，烦扰官司。"①"社"是元代的一种地方基层行政组织，其编制以自然村为基础，在一定规定下建立起来的一种基层行政机构。它不是司法机构，却承担着司法组织的功能。社长是社众推举出来的比较有威望的人。其对社众内部的纠纷比较熟悉，让他来调解纠纷既可以减轻司法机构的负担，又可以减少当事人因起诉产生的诉累。而且社长的调解是有约束力的，诉讼双方一般不得再以同样的事实和理由重新提起诉讼。除元代的社长以外，在明代，由地方上的豪绅或族长担任的里老（里长），也主要负责民间纠纷的调解。明代还在各州县及乡之里社设立申明亭，以调解民间纠纷及民间争执为主。

当然，有必要指出的是，对于上述民间纠纷的调解，除了地方基层行政组织的调解外，宗族组织、地方士绅、行会对民间纠纷的调解一般不是纠纷解决的必经程序，也不具有强制效力。当事人如果不服调解，仍然可以诉诸官府。但是，事实上，极少有当事人将纠纷再次提交官府解决。之所以如此，主要是慑于宗族、士绅和行会的权威。因为宗族、士绅和行会对当事人的生活产生巨大的影响力，诉诸官府的做法无疑意味着对宗族、士绅和行会权威的蔑视和挑战，从而无法获得其庇护，一旦离开了他们的支持，当事人也就无以在当地社群中继续生活下去了。所以，一般人是不敢冒这个险的，即使认识到在调解中会失去一些利益，他们也会对宗族、士绅、行会的调解意见表示尊重和服从。这样，大量的民间纠纷不经官府就得到了有效地解决。

二、中国近现代社会纠纷解决机制的历史演进

19 世纪后半叶，在西方列强殖民侵略和国内统治危机的双重压力下，中国传统社会逐渐开始了向近现代社会的转型。从 20 世纪初开始，中国社会变革进程逐渐加速，社会结构、经济形态和政治制度等都发生了重大的变化，相应地也导致了纠纷解决机制的重大变化。

（一）20 世纪前半叶中国社会的纠纷解决机制

中国社会进入 20 世纪以后，在纠纷解决机制方面的显著变化就是法院制度

---

① 转引自张晋藩：《中国法律的传统与近代转型》，法律出版社 1997 年版，第 288 页。

的建构。中国法院制度肇始于 20 世纪初期的清末司法体制的改革。1906 年，清光绪皇帝颁行了"官制改革"谕，改刑部为法部，主管司法行政，不再参与审判；改大理寺为大理院，作为全国最高审判机关，有权解释法律，并监督全国各地的司法审判。1907 年，清政府通过了《各级审判厅试办章程》，据此，各省的审判厅局陆续成立，后来又陆续通过了《法院编制法》和《大清刑事民事诉讼法》，从而揭开了中国法院制度建构的序幕。辛亥革命以后一直到 1949 年国民党政府溃退台湾，新式法院在各地陆续设立。新式法院的设立，无疑为当时中国社会纠纷的解决提供了一个崭新的途径，一些纠纷开始诉诸新式法院。在新式法院通过审理解决纠纷的过程中，改变了传统社会中行政官吏裁断纠纷的惯常做法，开始启用一些较为先进的审理制度。如明确区分刑事诉讼和民事诉讼，并根据案件性质使用不同的诉讼程序，在诉讼过程中贯彻辩护、回避、公开审判等原则，而且在庭审中原被告得以站立陈述，不再被逼令跪供。这些无疑都体现了中国社会纠纷解决机制在现代化向度上的努力和进步。但是，在 20 世纪前半叶，司法专业人才的匮乏、国家财力的有限以及社会的动荡，无疑使得新式法院在中国社会的生存和发展是一个非常艰难的过程。比如按照南京国民政府的规划，从 1928 年起，在三年的时间内普遍设立普通法院，建立完善的法院体系。但是现实的社会环境和政治条件又使得当政者深刻地认识到实现这一目标的艰难。事实上，到 1933 年，在全国 1700 多个县中，未设法院的地方比已设法院的多至十一倍。1945 年抗战胜利后，南京国民政府在县级政权中设立的法院仅为 600 余所，尚有 1300 多个县没有设立正式的法院。①南京国民政府尚且如此，更遑论中华民国临时政府和北洋政府统治时期了。其实，在这一历史时期，新式法院主要设在城市和经济条件较好的县，数量十分有限。也正因为如此，新式法院的纠纷解决功能有着很大的局限性，大量的社会纠纷被阻挡在法院之外。

　　既然新式法院的功能有限，而社会纠纷又必须及时予以解决，以维持社会秩序的相对安宁，因此这一时期大量社会纠纷的解决不得不借助于科层化的行政权力机关。在 20 世纪前半叶的中国地方社会中，行政兼理司法——由地方行政官吏负责民间纠纷的处理——这种纠纷解决模式就得以存续。事实上，从民国元年开始，在没有设立新式法院的地方，一直都是由县的行政长官为主来负责一县之内各类社会纠纷的解决的。为了规范兼理司法实务，袁世凯政府还特意颁布了《县知事兼理司

---

① 参见韩秀桃：《司法独立与近代中国》，清华大学出版社 2003 年版，第 372 页。

法实务暂行条例》和《县知事审理诉讼暂行章程》。到1925年中华民国南京政府成立后，在那些没有设立普通法院的县级地方，也仍然采取北洋政府以来的兼理司法制度。根据国民政府1936年颁布实施的《县司法处组织条例》规定："凡未设法院各县之司法事务，暂于县政府设司法处处理之。"兼理司法制度的出现并不是一种新制度的建构，它只是传统制度在当时特定社会背景下的回光返照。这是因为，"自古以来，衙门审案天经地义，这一习惯性势力并没有随着清王朝的覆灭而退出历史舞台。相反，由于该制度所赖以存在和发展的基础十分牢固，在广大的地域内其存在和发展的社会政治条件仍然完备。实际上，在北洋政府正式实行县知事兼理司法制度之前，各地的限制是按照以往的惯例，继续受理民间的诉讼案件，而普通的老百姓也仍然视州县衙门为司法之正途，这就在客观上造成了县知事兼理司法事务之事实，并且带有一定的普遍性。"①

　　另外，在辛亥革命以后，随着现代国家治理制度的逐步确立以及民主、人权等观念在中国社会的萌芽，部分族众对宗族的依附感趋于淡化，传统的宗法社会开始解体。在这种背景下，有些宗族组织对族众的控制力越来越弱化，宗族内部的纠纷开始大量地诉诸于法院或地方政府。当然，尽管在宗族处理族内纠纷问题上出现了这种变化，但是受根深蒂固的传统文化影响，就整体而言，宗族组织不会也不可能在很短的时间退出社会纠纷的解决体系。在当时的中国社会中，这种变化可能在城市或经济发达地区体现得较为明显，但是在广大农村地区，宗族的影响依然十分强大，并继续承担着解决族内纠纷的任务。同样，随着社会的转型，原来在民间纠纷解决方面发挥着重要职能的地方士绅，在新的纠纷解决方式和观念的冲击下，也逐渐地弱化。不过，随着经济的相对发达，各种行会开始大量出现，较之于传统社会中的行会而言，它们在解决行业内部纠纷上开始发挥更为重要的作用。

　　当然，在20世纪前半叶的中国社会中，中国共产党领导下的人民政权在纠纷解决问题上非常重视社会纠纷的调解。早在1931年，中华苏维埃中央执行委员会第一次会议通过的《苏维埃地方政府暂行组织条例》中就规定，乡苏维埃有权解决未涉及犯罪行为的各种争执问题。后来川陕省苏维埃政府规定，作为政权基本单位的村苏维埃负责解决群众的纠纷，实行村、乡、区逐级调解制度。而陕甘宁边区曾提出了"调解为主，审判为辅"的口号，一度将调解作为诉讼的必经程序，不经调

---

① 参见韩秀桃：《司法独立与近代中国》，清华大学出版社2003年版，第374页。

解不许起诉。1944 年 6 月 6 日，陕甘宁边区政府在《关于普及调节、总结判例、清理监所组织条例》中又提出："号召劳动英雄，有信仰的老人和公正人士参加调解，……百分之九十以上，甚至是百分之百的争执，最好都能在乡村中由人民自己解决。"① 这样，由人民自行调解成为人民政权解决大部分人民内部纠纷的主要方式。当时，调解的范围非常广泛，不仅包括一般的民事纠纷，而且轻微的刑事案件也可以进行调解。达成调解的，和解书具有与判决书具有同等的效力。只有调解不成时，才可以将纠纷逐级提交政府解决。对于这些民事纠纷和轻微的刑事案件，政府在进行处理时也以调解为主。之所以人民政权在民主革命时期将纠纷大量交由民间自决，主要是因为"战争年代政权不稳，没有充裕的时间和稳定的环境去运行正式的纠纷解决制度，无法对纠纷精细斟酌，加之裁判所依据的法律规范缺失，自治和自决就成为共产党政权的最佳司法政策选择。"②

（二）20 世纪下半叶以来中国社会的纠纷解决机制

20 世纪 50 年代以来，在中国共产党的领导下，中国人民先后经过了新民主主义革命、社会主义革命，开始了全面建设社会主义国家的实践。在这个过程中，随着社会转型和经济转轨，中国社会的各个方面都发生了巨大的变化。在这种背景下，不同历史时期的纠纷解决机制也相应地呈现不同的形态。大致而言，我们可以从以下三个阶段来详细论述中国社会不同历史时期纠纷解决机制的特点。

1、20 世纪 50 年代至 60 年代中期：调解型的纠纷解决机制

新中国成立以后，国民党政府的"旧法统"被彻底废除，而代之以人民司法，并成为建国初期解决社会纠纷的主要机构。当然，这个时期，人们之所以愿意把纠纷诉诸法院，一方面是因为广大人民对人民政府的信任③，另一方面，还在于人民政府为了便利诉讼而规定的诸多措施，尤其是打官司不要钱，从而打消了人们诉讼的顾虑。在建国初期人民法院机构不健全、法官素质不高的情况下，诉讼案件的增多，势必导致大量的积案。据不完全统计，新中国成立后的三年里，全国法院共受理案件 600 万件以上。当时，全国只有 6000 万审判人员，在三年时间里要处理 600 万件案件④，难度可想而知。（当然，就积极意义而言，

---

① 参见何兵：《现代社会的纠纷解决》，法律出版社 2003 年版，第 18—20 页。
② 何兵：《现代社会的纠纷解决》，法律出版社 2003 年版，第 21 页。
③ 这个时期，根据宪法的规定，人民法院属于人民政府的一个机构。
④ 参见董必武：《论加强人民司法工作》，《董必武政治法律文集》，法律出版社 1986 年版，第 273 页。

这也体现了新中国希望将法院作为社会纠纷解决主要机构的良好愿望和为之而作的积极努力。）

面对不堪重负的"积案"，中央政府在大规模清理积案的同时，也在司法政策上向调解倾斜。1950 年 11 月 3 日，中央人民政府政务院在《关于加强人民司法工作的指示》中指出："人民司法工作必须处理人民间的纠纷，对这类民事案件亦须予以足够的重视，应尽量采取群众调解的办法以减少人民讼争。"1953 年 4 月，第二届全国司法会议决定在全国范围内有领导、有步骤地建立健全农村人民调解委员会。1954 年 3 月 22 日，中央人民政府政务院颁布了《人民调解委员会组织通则》，正式以法律形式确立了人民调解委员会的性质、任务、组织、活动原则、工作方法和工作制度。这样，根据上述法律，人民调解委员会在全国各地开始普遍地建立，并成为通过非诉讼手段解决纠纷以缓解人民法院审判压力的重要途径。人民调解委员会主要负责农村和城镇社区内、单位成员内部的日常邻里纠纷、家庭纠纷，以及各种琐碎的民事纠纷和一部分轻微刑事案件。调解工作遵循自愿原则，调解不成只能终止调解程序，由当事人自行选择并决定纠纷解决方式。

在这个时期，除了遍布城乡的人民调解委员会外，还有其他一些机构或组织也承担着纠纷解决事务。如政府各部门作为主管行政机关，根据行政法规及相关政策，有权处理其管辖范围内诸如经济合同、交通事故、医疗事故、建筑质量以及治安管理等各方面的纠纷。为了规范政府各部门的纠纷解决活动，1961 年颁布的《中共中央国营工业企业工作条例（草案）》规定：企业之间、部门之间有关经济合同的纠纷，由各级经济委员会设置专门仲裁机构裁决和处理。1962 年 8 月，国家经济委员会又颁布了《关于各级经委仲裁国营工业企业之间拖欠货款纠纷的意见（草案）》，该草案规定：拖欠货款中的经济纠纷，首先由企业之间协商解决，解决不了时，报经委。这样，仲裁就成为行政机关解决经济纠纷的一种长效机制。只是在行政机关处理经济纠纷的过程中，由于基本的实体规范和程序规范的缺乏，实际上也主要是通过调解解决。只有在行政机关调解不成时才有权径直作出处理决定，当事人不服处理决定，不能诉诸法院。

另外，在这个时期，中国传统的宗法社会彻底解体，人民政府已经不再依靠宗族来实现对国家的治理，取而代之的是单位组织。单位组织在 20 世纪 80 年代的中国社会具有特殊的政治和经济意义。每一个国家机关和经济组织（包括工商企业以及农村的村民组织）都是做一个单位而存在的，它们不仅仅是一个独立的办公、生产场所，而且还是科层制的社会控制系统的一个因子，对于实现有效的社会控制发挥着积极重要的作用。当然，单位之所以能够承担社会控制功能，主要是由于这一时期的单位掌握着一定范围内国家资源的分配权，关系到每个单位成员的切身利益。也正因为如此，对于单位成员之间的纠纷，单位可以动用单位内部资源有效地予以控制并加以解决。具体而言，单位解决纠纷的手段可以是正式的，如组织处理、限制或取消福利待遇直至开除；也可以是非正式的，如口头表扬或批评，以及给予物质方面的特惠等。单位解决纠纷主要依据单位规章以及社会人情事理。① 当然，各个单位在本质上都属于人民单位，而单位成员之间的纠纷又都属于人民内部矛盾，在这种背景下，尽管单位可以采取上述诸如开除等手段来作出强制性的处理决定，但是为了避免制造新的矛盾，维护单位和整个社会秩序的稳定，单位在处理成员之间的纠纷时，主要通过调解来解决。

通过上诉分析，我们可以看出，在 20 世纪五六十年代的中国社会中，大量的社会纠纷是通过专门的人民调解委员会、行政机关和各个单位的调解来解决的。毋庸置疑，在这样一个经济发展停滞不前，司法资源极度匮乏的时代里，"各种形式的调解为减少社会的讼累，提供了最经济和低廉的纠纷解决途径。调解不仅可以为当事人提供便利和常识性的纠纷解决程序，更为重要的是极大地节约了社会在纠纷解决中的公共成本。"② 因此，在当时特定的社会背景下，调解对于合理配置有限的司法资源、有效地解决纠纷以维护社会秩序的稳定，具有十分重要的历史意义。

2、"文革"十年：纠纷解决机制的虚无

"文革"十年，我国的法制建设全面停滞。1966 年"文革"开始后不久，最高人民法院首先受到冲击，随后公安机关和检察机关也受到冲击。此后，政法机关就被视为纯粹的专政机关，诉讼职能被"革委会"接管，政法组织机构全面瘫痪。"革委会"作为各地的最高权力机关，有权处理各类刑事案件。而且"革委会"在处理刑事案件时，根本不讲程序，也不依据任何法律，走的是一条"人民审判"的路径——人民的声音决定一切案件的处理。这样，在公共权力和公众行为没有任何理性可言的时代背景下，"人民审判"无异于韦伯所言的"卡迪司法"——无法司法。此外，"革委会"不负责民事纠纷的解决，但是，法院又根本没有能力行使民事案件的审判职能。另外，"文革"期间，刚刚发展起来的人

---

① 参见何兵：《现代社会的纠纷解决》，法律出版社 2003 年版，第 28 页。

② 范瑜：《非诉讼纠纷解决机制研究》，中国人民大学出版社 2000 年版，第 466 页。

民调解制度也被视为"阶级调和"路线的产物而被迫取消。这样，对于大量的民事纠纷和一些轻微刑事案件就只能由公社或各个单位来自行解决了。如"文革"时期，安徽省法院系统90%以上的干部被下放劳动，刑事审判由革委会人保组下属的"审判小组"行使，民事审判成为空白。1969 年，在专政机关不办理民事案件思想的影响下，安徽省革委会决定，民事案件一律下放到公社或相当于公社一级以上的各级机关、厂矿、学校的革委会办理。① 而在当时，公社和各个单位也都在积极地参加无产阶级的"文化大革命"，唯恐落后，所以它们也根本无暇处理这些纠纷，而放任纠纷主体间的"自力救济"。当然，一旦纠纷扩大化，公社或单位又会"上纲上线"，从政治意义上来处理纠纷，并对认为有"问题"的一方当事人予以政治性惩处，如批斗、游行等。②

3、20 世纪 70 年代末以来：纠纷解决机制的逐步健全、完善

1978 年 12 月，中国共产党在十一届三中全会上总结历史的经验教训，决定加强社会主义民主和健全社会主义法制。从此，中国的社会主义法制建设揭开了崭新的一页。

十一届三中全会以后，人民法院的审判工作陆续恢复。1979 年初，最高人民法院召开了第八次全国人民司法工作会议，联系司法战线的实际，研究了加强社会主义法制的问题，确定了新时期人民司法工作的任务。这次会议以后，最高人民法院又先后召开两个专业会议，研究加强刑、民事审判工作的措施，要求各级人民法院提高办案质量，正确、合法、及时地惩办反革命分子和其他刑事犯罪分子，正确处理人民内部纠纷。③ 这标志着人民法院在社会纠纷解决问题上开始发挥重要的作用。事实也的确如此。由于加强社会主义民主和社会主义法制，人民群众对于民事纠纷敢于提起诉讼，要求维护自己的合法权益；同时，随着国民经济的调整和经济政策的放宽，在全国经济形势越来越好的情况下，也出现了一些新的问题，反映在民事关系上，就产生了不少新的纠纷。因此，人民法院民事收案逐年大量上升，1979 年比 1978 年上升29.6%，1980 年比 1979 年上升45%，

---

① 参见韩延龙编：《中华人民共和国法制通史》，中共中央党校出版社 1998 年版，第 684—685 页。

② 不过，一个值得注意的问题是，在"文革"时期，全国人民都被卷入了这场政治运动中，生产、经营活动无法正常进行，经营性纠纷活动锐减；而人们之间的关系也较为简单，一方面生活上的供给制在一定程度上减少了纠纷发生的可能性，另一方面，政治斗争的残酷性也使得人们不敢将矛盾公开化，从而使得社会纠纷并不是这一时期突出的社会问题。

③ 参见《最高人民法院工作报告》，1979 年 6 月 27 日。

1981 年上半年比 1980 年同期上升 27%。据统计，仅从 1980 年 10 月至 1981 年 9 月，地方各级人民法院就处理一审民事案件多达 63.2 万余件（其中婚姻家庭纠纷 36.5 万余件，财产权益纠纷 26.7 万余件），二审民事案件 4 万余件。此外，一年时间里，各级人民法院还依法处理了 14600 余件经济案件，其中大部分是经济纠纷案件，解决了一些企业之间老大难的经济纠纷和国民经济调整中新发生的经济纠纷，保护了社会主义公有财产和当事人的合法权益。①

　　1981 年以后，随着社会主义法律体系的逐步完备，法官素质的逐渐提高，人民法院的民事审判工作在社会纠纷解决机制中发挥了更加重要作用。这仍然可以从法院民事案件结案数的变化上看得出来。1983—1987 年这五年间，全国法院共审结经济纠纷案件 994302 件，审结民事案件 4634822 件；1988—1992 这五年间，全国法院共受理一审经济纠纷案件 3016608 件，受理一审民事案件 8951833 件，合计 1196844 件；1993—1997 这五年间，全国法院共审结一审民事案件 13515156 件，平均每年递增 10.72%，审结一审经济纠纷案件 6168398 件，平均每年递增 17.86%；1998—2002 这五年间，共审结一审民事案件 2362 万件。② 这组数字显示，1998—2002 这五年间人民法院民事（含商事、经济）案件的结案数比 1993—1997 五年间上升 20%，比 1988—1992 这五年间上升了 100%，比 1983—1987 这五年间上升了足足 200%。2003—2007 年度，各级人民法院共审结一审民事案件 2134 万件，与 1998—2002 年度基本持平。③ 而到了 2009 年，各级法院一年就审结一审民事案件 579.7 万件，同比上升了 7.7%。④ 在这些数字的背后，彰显的是人民法院在当前中国社会中巨大的纠纷解决功能。我们可以想象，如果没有人民法院纠纷解决功能的有效发挥，这数以千万计的民事纠纷会给整个中国社会造成什么样的影响。尽管长期以来，我国法官的素质和人民法院的审判工作还存在许多的问题，案件处理的公正性还有待提高，但是从这些数字中我们可以看出，社会公众在整体上无疑还是希望把纠纷诉诸法院来解决的。就此而言，在当前的中国社会中，人民法院显然已经成为纠纷解决的主要场域。

　　另外，"文革"结束以后，人民调解制度也得以恢复。1979 年司法部恢复以后，开始负责指导和管理人民调解工作。1980 年 1 月重新公布了《人民调解委

---

① 参见《最高人民法院工作报告》，1981 年 12 月 7 日。
② 参见肖扬院长在第十九次全国法院工作会议上的报告，2007 年 12 月 26 日。
③ 参见 2008 年《最高人民法院工作报告》。
④ 参见 2010 年《最高人民法院工作报告》。

员会组织通则》，使人民调解工作适应了新时期的社会形势，有力地推动了人民调解工作的开展。1981 年 8 月，第一次全国人民调解工作会议召开，此后，人民调解工作在全国迅猛发展。当然，尤为重要的，1982 年 12 月颁布的《宪法》明确规定："居民委员会、村民委员会设人民调解、治安保卫、公共卫生等委员会，办理本居住地区的公共事业和公益事业，调解民间纠纷，协助维护社会治安，并且向人民政府反映群众的意见、要求和建议。"从而将人民调解上升为一项宪法原则。1989 年 5 月 5 日，国务院通过新的《人民调解委员会组织条例》。该条例明确了人民调解委员会建立的目的在于及时调解民间纠纷，增进人民团结，维护社会安定，以有利于社会主义建设，体现了政府对人民调解工作的重视和关注。事实上，从 20 世纪 80 年代初人民调解制度恢复以来直到现在，人民调解一直是社会纠纷解决的重要途径，甚至在有些偏僻的农村地区，法庭设置的局限性和诉讼成本的居高不下，使得人们在发生纠纷后一般首选将纠纷提交村民委员会来调解，只有调解不成才不得已诉诸法院。统计数字显示，大量的社会纠纷都是通过人民调解委员会的调解来解决的。如仅在 1983—1987 五年间，全国基层法院及其派出的人民法庭就指导人民调解委员会调处了 3000 多万件民间纠纷①，竟达五年间人民法院审结民事案件数量的 6 倍。而有资料统计，2001 年—2004 年人民调解委员会受理的案件和人民法院受理的案件比例分别为 1.7∶1、1.3∶1、1.33∶1、1.25∶1。② 尽管在整体上人民调解委员会调处的案件呈下降的趋势，但是不能就此否认其在整个社会纠纷解决机制中的重要作用。况且，近些年来，中央和地方都非常重视通过调解解决社会矛盾和纠纷③，调解在社会纠纷解决机制中的作用日益加强。

另外，除了上述传统的纠纷解决方式外，随着社会的发展，一些新型的纠纷解决机制不断涌现，如经济仲裁以及消费者纠纷、劳动争议、交通事故、医疗纠

①　参见 1988 年《最高人民法院工作报告》。

②　参见王珏：《简论人民调解立法的实践基础》，《中国司法》2005 年第 5 期。

③　早在 2007 年，时任中央政法委书记的罗干同志就曾强调：人民调解是一项中国特色的社会主义法律制度，是化解民间纠纷的有效手段，在社会矛盾纠纷调解工作体系中具有基础作用。各级党委、政府和各级人民法院、司法行政机关要以邓小平理论和"三个代表"重要思想为指导，全面落实科学发展观，充分认识人民调解工作在构建社会主义和谐社会中的重要作用，进一步增强责任感和使命感，切实加强对人民调解工作的指导，把人民调解工作提高到一个新水平。后来，最高人民法院、司法部又发布了《关于进一步加强新时期人民调解工作的意见》和《关于进一步加强人民调解工作，切实维护社会稳定的意见》，为人民调解工作的新发展奠定了政策基础。

纷的解决机制等。这样，目前我国社会的纠纷解决机制就呈现一种多元化、体系化的图景：经济仲裁以及消费者纠纷、劳动争议、交通事故、医疗纠纷的解决机制等属于第一层次，它们具有强大的纠纷解决和过滤功能，通过解决大部分的社会纠纷，以维护社会秩序的稳定，只有那些不易解决的纠纷才会进入纠纷解决体系的第二个层次——法院诉讼。这种多元化、体系化的纠纷解决机制，一方面通过纠纷分流缓解了法院面临的审判压力，实现了诉讼资源相对合理的配置；另一方面，更为重要的是，通过非诉讼纠纷解决机制来解决纠纷，成本低廉、程序简捷，因此有利于社会纠纷的及时解决以及防止社会矛盾的激化，从而对于维护社会秩序的有序运作具有重要的价值和意义。

三、结语

社会秩序的稳定对于维系社会存续和发展具有举足轻重的意义，而纠纷解决机制的合理建构和有效运作则是保障社会秩序稳定的重要途径。20 世纪以来，我国的社会经历了从传统到现代的转型，但是社会转型毕竟是一个漫长的过程，在这个过程中，纠纷解决机制的建构和运作应当保持一定的延续性，以便获得现实社会资源的有效支撑。我国传统社会中纠纷解决的许多经验，如对社会基层组织的控制，契合我国传统社会的社会结构和文化观念，在我国社会完全实现现代化的转型之前，理应考虑到现代社会中传统因素的保留对纠纷解决机制建构的影响，从而保障纠纷解决机制运作效果的优化，使其最大程度满足自身所承载的社会控制功能的实现。

第三章　历史视域中的法观念、社会治理与
纠纷解决机制

　　社会存续和发展有赖于高效的纠纷解决机制来消解社会冲突和矛盾。在中国社会由传统社会向现代社会转型的过程中，我们曾经一度抛弃了传统的纠纷解决机制，并把诉讼纠纷解决机制奉为圭臬，一方面祈望它能够彰显中国社会现代化改造的成就，另一方面也确实希望它能够最大程度化解社会冲突。然而，近20多年来社会矛盾和冲突日益突出的现实表明，诉讼纠纷解决机制的功能毕竟是有限的，在对中国社会现代化程度缺乏正确考量的基础上，神话并单纯地依赖这种机制不足以化解转型时期中国社会的现实矛盾。和谐社会的建构需要我们认真地分析影响社会纠纷解决机制的因素，并结合中国社会的现实特点，来建构一种行之有效的纠纷解决机制。正是基于这种现实的迫切需要，笔者拟就法观念、社会治理目标、手段等传统法律文化因素与纠纷解决机制的联系进行系统深入剖析，在此基础上，提出当前我国社会纠纷解决机制建构的宏观进路。

一、法观念与纠纷解决机制

　　法观念是人们在长期社会生活中形成的对法及其适用现象的认知、评价和行为倾向。在人类社会法制文明的演变过程中，主要存在两种类型的法观念，即正义型法观念和权力型法观念。在正义型法观念中，法是正义的化身，法的适用是一种实现正义的活动；而在权力型法观念中，法与正义并没有必然的联系，它所彰显的只是一种权力，法的适用无非就是这种权力的实现过程。在上述两种不同类型的法观念中，认知和评价模式的差异直接影响着人们的行为倾向：在正义型法观念的支配下，人们势必期待法的适用以实现正义；而在权力型的法观念影响下，人们当然地会期待法尽可能少地适用。对法及其适用目的的不同认识，使得法

观念成为影响诉讼机制和非诉讼机制在纠纷解决体系中地位和作用的决定性因素。

（一）正义型法观念与纠纷解决机制

正义型法观念是西方国家传统法律文化的核心内容。早在古希腊，法就与"正义"联系在一起。当时，正义一词来源于女神狄刻的名字。狄刻是宙斯同法律与秩序女神忒弥斯之女，在古希腊人的观念中，她手执聚宝角和天平，蒙着眼睛，以示不偏不倚地将善物分配给人类，因此她成为正义的化身，主管对人间是非善恶的评判。① 这种神话角色的设计，无疑为我们展示了一种理想的法治图景：把法及其适用活动视为正义的实现过程。而柏拉图在《理想国》一书中，把守法践约视为正义。后来，亚里士多德在《尼哥马科伦理学》中指出，正义"只存在于那些相互关系受制于法律的人群之中，法律存在于有着不平等可能性的人群之中，因为司法意味着对正义和不正义的区分。"② 到了古罗马时期，随着自然法思想的萌芽和发展，正义开始被明确视为法的目的和衡量标准。如西塞罗认为："法是正义与非正义事物之间的界限，是自然与一切最原始的和最古老的事物之间达成的一种契约；它与自然的标准相符并构成了对邪恶予以惩罚、对善良予以捍卫和保障的那些人类法。"③ 在中世纪，受宗教神权思想的影响，奥古斯丁、阿奎纳等神学政治家们在继受法与正义关系传统认识的同时，以福音教义为基础进一步将正义解释为上帝的意志，并通过永恒法、自然法、神法和人法的科层划分，把体现神的意志的永恒法作为支配和调整天地万物的"法则"，作为"一种以公共利益为目的的合乎理性"、"由负责治理社会的人制定和颁布"④ 的法令，"人法"的制定和适用过程必须符合并体现永恒法所蕴含的正义理念。及至近现代社会以后，法律的世俗化运动使得人的理性替代了上帝的意志成为正义的渊源，这样，法与正义的联系也就衍化为法与理性的关系。如格老秀斯就认为，法是一种正当理性的命令，它指示任何与合乎理性的本性相一致的行为就是

---

① 廖申白：《西方正义概念：嬗变中的综合》，《哲学研究》2002 年第 11 期。

② 转引自（爱尔兰）凯利著，王笑红等译：《西方法律思想简史》，法律出版社 2002 年版，第 25 页。

③ 《西方法律思想史料选编》，北京大学出版社 1983 年版，第 78 页。

④ （美）E·博登海默著，邓正来译：《法理学、法律哲学与法律方法》，中国政法大学出版社 1999 年版，第 30 页。

道义上必要的行为；反之，就是道义上罪恶的行为。罗尔斯则从形式正义的角度指出了法律与正义的关系，他认为："形式正义的观念和有规则的、公平的行政管理的公共规则被运用到法律制度中时，它们就成为法律规则。不正义的行为之一就是法官及其它有权者没有运用恰当的规则或者不能正确地解释规则。"①

正是基于上述法观念，在西方国家的社会纠纷解决体系中，作为法适用过程的诉讼机制占据了非常显赫的地位，并发挥着十分重要的作用。因为法代表着正义，司法是正义的实现过程，正如罗马法学名著《学说汇编》对法官职责的定位那样，"人们有理由称我们（法官）为法的司铎，因为我们是在培植正义，并传播善良和公正的知识；区分公正与不公正，区分合法与非法。"② 所以人们希望通过司法来解决业已发生的纠纷以实现正义。通过法院来解决纠纷以追求法律上的公平与正义，无疑就成为西方国家的法律传统。这种传统根深蒂固，源远流长。早在雅典城邦国家，社会公众就普遍认为法院是他们的法院，判决是他们多数意见的合意，因而通过法院来解决民事纠纷和刑事案件是名誉的、公正的。在这种观念的影响下，当时的雅典城邦国家的社会纠纷主要是通过陪审法庭和巡回法庭的诉讼活动来解决的。到了古罗马时期，人们重视诉讼活动的法律传统式的诉讼制度和诉讼原则逐步完善，这些制度和原则为西方社会重视诉讼、以诉讼来保障公民权利的泛讼主义传统奠定了坚实的历史基础。③ 西方国家进入近现代社会以后，随着法律的完善和诉讼制度的日益健全，当事人在诉讼活动中的人格尊严和诉讼权利得到了有效的保障，而较高的法官素质又在一定程度上保障了诉讼结果的公正性，这样，诉讼活动解决社会纠纷的能力显著提高，司法的公信力得以充分体现。在这种背景下，人们愿意在纠纷发生时通过法院的诉讼活动来寻求公平、正义。尤其是在现代西方社会，"不仅在消费者保护领域，在环境保护，抵制国家行政官吏不法行为（或官僚主义）侵害，以及消除司法机关的专横等方面，公民都是通过法院诉讼，来求得对自己权力的保障。"④

在中国传统社会的法律文化中，从来没有生成正义型的法观念。对法与正义关系的认识，只是近20年来的事情。20世纪80年代以来，随着我国改革开放政策逐步深入，我们在学习和移植国外先进法律制度文化的同时，也接受了国外先

① （美）约翰·罗尔斯著，何怀宏等译：《正义论》，中国社会科学出版社1988年版，第233页。
② 《〈学说汇编〉节选》黄风译，《政法论坛》1990年第3期。
③ 参见何勤华：《法律文化史谭》，商务印书馆2004年版，第158—159页。
④ 何勤华：《法律文化史谭》，商务印书馆2004年版，第1160页。

进的法律观念文化，开始在正义这一价值层面上来分析、解释和探讨各种法现象。公平和正义的实现问题逐渐成为我国社会主流的统治话语，并最终体现在中央的政治文件中。① 在这种背景下，法观念的转变在一定程度上直接导致了中国社会纠纷解决机制的结构性变迁。这种变迁主要体现为：随着正义型法观念逐渐被纳入社会主流价值观念的范畴，国家日益重视通过诉讼机制来解决社会纠纷。在这个过程中，通过司法改革，一方面实现司法制度自身的公正性，另一方面努力提升司法机关解决纠纷的能力，最终目的是达致社会公众对司法制度及其"产品"正义性的认同，从而促进社会公众利用司法解决纠纷的积极性和主动性。可以说，这段时间是我国司法制度改革的重要时期，大量的改革成果都是在该时期完成的。

当然，在社会纠纷的解决机制体系中，诉讼机制和非诉讼机制毕竟是此消彼长的关系，正义型法观念在促进诉讼纠纷解决机制发达的同时，必然对非诉讼纠纷解决机制的发展产生一定的消极影响。

（二）权力型法观念与纠纷解决机制

在中国传统社会的法律文化中，长期占据统治地位的是权力型法观念。具体而言，在对"法"的认识上，中国传统社会始终没有把法与正义联系在一起。在中国社会早期的法观念中，法即刑。② 根据蔡枢衡先生的理解，中国古代社会法的含义是命令和禁止，要保证令行禁止，便不能没有得力的手段，这个手段就是刑罚。及至后世，对法与刑关系的认识日益制度化，不但有些朝代直称法律为刑律（如《宋刑统》），而且法及其适用活动也具有典型的刑事化特征，并最终使这种认识成为中国传统社会法观念的重要表征。受其影响，在中国传统社会中，除了刑罚制度外，法律制度文化在整体上欠发达，社会控制主要依赖于道德、礼俗等手段，这就使得诉讼机制在纠纷解决过程中的地位和作用相对弱化，大量的社会纠纷主要通过非诉讼机制来解决。

在中国传统社会中，对"法即刑"关系的上述认识，使人们畏惧法及其适用活动，从而不愿意将纠纷诉诸司法，这就使得非诉讼纠纷解决机制成为人们解决

---

① 在2002年的十六大报告中，明确提出了通过司法改革，在全社会实现公平和正义。

② 根据中国古代文献《说文》的记载，"法，刑也"。《尔雅·释诂》也认为，"刑，法也"。《管子·心术》认为，"杀戮禁诛谓之法。"而《盐铁论·诏圣》也指出，"法者，刑罚也，所以禁强暴也。"对于法与刑关系的传统认识，详见梁治平所著《寻求自然秩序中的和谐》第二章的内容。

纠纷的主要路径。目前，比较法律文化研究领域的学者大都认为，中国传统社会将诉讼看作是不名誉、不光彩的事，凡遇到诉讼，尽可能在乡邻父老的调和之下私自了结，并认为这是西方和中国法律文化的重大差异之一。这种认识无疑揭示了中国传统社会中厌讼主义问题，但是究其原因，肯定与上述法观念有着内在的联系。对此，林端先生也认为，调解制度在中国传统法律文化中的重要性并非偶然，它与传统社会中的国人怕上法庭、视兴讼如蛇蝎、反对"制定法"的规范力有着密切的关系。① 林端先生在法社会学的视野中对该问题的分析，其实指出了"法即刑"这种法观念是厌讼主义传统生成的重要渊源。中国人为什么厌讼？就是因为他们"怕上法庭、视兴讼如蛇蝎"，这体现了人们畏惧法及其适用过程的一种心理。在这种认知模式的影响下，对刑罚适用的恐惧使得诉讼机制不可能产生足够的亲和力以赢得人们对其最低限度的信任，而亲和力的缺失必然使人们在心理上排斥诉讼。正如周天玮先生指出的那样，"在传统中国社会中，人们敌视法律，国人不相信司法是伸张正义的管道，不接受'不完善的法亦法'，骨子里甚至认为'凡法皆恶'，法律基本上不可能为善，即使可能为善，所花费的代价也太高。"此外，"国人觉得走进了官府，等于是一只脚踏进了地狱，完全暴露在统治者的压迫之下，唯一苟活的希望只能寄托在包青天身上。遗憾的是，包青天有几人？清官也不可靠。"② 承担纠纷解决职能的官府一旦成了"地狱"，怎么可能获得人们对其公正性的认同？又怎么可能唤起人们利用司法的积极性和主动性？当然，也正是在这种背景下，因为诉讼纠纷解决机制的欠发达，所以非诉讼纠纷解决机制才得以发展和壮大。

另外，在中国传统社会中，法适用活动的目的不是为了实现正义，而是追求"无讼"。在这种背景下，统治者除了不希望社会发生社会纠纷外，对于大量业已发生的社会纠纷，在纠纷解决政策上也不主张通过诉讼机制来解决。"无讼"是儒家文化对诉讼活动价值取向的一种理论预设，它直接来源于儒家创始人孔子的教诲："听诉，吾犹人也，必也使无讼乎。"③ "无讼"意味着没有或者不需要争讼。其隐含的观念基础在于争讼是社会的一种恶和不道德的行为，理应越少越好。其实，中国古代社会的许多文献资料都直接或间接地表明了传统社会一个基

---

① 转引自林端：《儒家伦理与法律文化：社会学观点的探索》，中国政法大学出版社2002年版，第361页。

② 周天玮：《法治理想国》，商务印书馆1999年版，第59页。

③ 《论语·颜渊》。

本的立场：理想的社会必定是人民无争的社会；争讼乃是绝对无益之事；政府的职责以及法律的使命不是要协调纷争，而是要彻底地消灭争端。① 在这种观念的支配下，中国传统社会非但没有生成发达的诉讼文化，反而对于诉讼活动采取"息讼"、"抑讼"的政策。一方面，统治者通过意识形态的教化，来强调"息讼"。如明代王守成在《禁省词讼告谕》中说，"……一应小事，各宜含忍，不得辄兴词讼。不思一朝之忿，锱铢之利，遂致丧身亡家，始谋不臧，后悔何及。"康熙皇帝在《圣谕十六条》中更是明确提出"和乡党，以息争讼"。② 另一方面，统治者还通过各种强制性手段来"灭讼"，已达致"无讼"的境界。如康熙皇帝曾经指出："如果人民对法庭毫不畏惧，并有信心一定会得到公道，那么诉讼就会上升到惊人的数目。人若只关心自己的利益，争议就会没完没了，半壁江山就会因为诉讼而失掉。因此，我命令，要毫不留情地处置那些诉讼法庭的人，这样，他们才会厌恶法律，见到州县官就会颤栗。……对那些讨厌的、固执的、好讼的人，要让他们在公堂上破产——这就是他们应当领受的。"③ 康熙皇帝的这种说法，无疑是要人为地制造司法和人们感情上的疏离，使人们不愿甚至不敢利用司法。此外，在中国古代社会中，讼师被视为"搬弄是非、教唆启争"的人，是制造不和与纷争的主要因素，因此，为实现"无讼"，历代统治者都重视对讼师的控制和惩治。如宋代书判中有不少严惩哗徒、讼师、把持人等的事例，而且动辄勘杖一百，备榜枷项示众。而清代名幕汪辉祖在《学治臆说》中，列有专条惩治讼师，即系讼师于堂柱，或杖或枷，使有目共见，最后惫不可支，哀呼悔罪。④ 历史证明，上述"息讼"、"抑讼"政策的提出和实践，根本不可能实现消灭狱讼的理想图景，但是，毋庸置疑，这种做法毕竟强化了人们"法即刑"的传统观念和畏惧法律及其诉讼活动的心理，在一定程度上使社会的诉讼总量得到了有效的控制。

---

① 梁治平：《寻求自然秩序中的和谐》，中国政法大学出版社 2002 年版，第 229 页。
② 参见何勤华：《法律文化史谭》，商务印书馆 2004 年版，第 164 页。
③ 转引自（美）柯恩：《现代化前夕的中国调解》，《调解、法制与现代化：中国的调解制度研究》，中国法制出版社 2001 年版，第 104 页。
④ 参见梁治平：《寻求自然秩序中的和谐》，中国政法大学出版社 2002 年版，第 225—227 页。

二、国家治理目标与纠纷解决机制

在西方国家，人本主义理念的张扬使得国家治理目标旨在最大程度实现和保障公民权利和自由。为了实现这一治理目标，它们一方面在观念层面上强调法律的至上性，另一方面在制度层面上强调规则的治理，这就是国家治理的法治模式。法治模式是实现上述国家治理目标的重要保障。正如哈耶克所言："法律的目的不是废除和限制自由，而是保护和扩大自由。就真正意义上的法律而言，不管在哪个国家中，哪儿没有法律，哪儿就没有自由。自由是我们免于他人的强制和暴力，而这在没有法律的地方是不可相像的。"①

通过诉讼机制来解决纠纷无疑是法治社会国家治理的基本诉求。对此，范瑜教授曾经予以精辟的论证。她认为，近现代法治社会是以下基本原理为标志的：首先，强调规则的统治，即以法律规范（权利义务）作为社会调整的唯一权威和正统的标准和尺度，这个规范体应是明确的、普遍的、公开的、稳定的和逻辑一致的；其次，以严格依法办事的法院作为独立行使司法权的中立机关，根据既定的规则解决纠纷；再次，法律体系和诉讼程序的设计都以严格的理性主义为最高标准，其运作过程严格遵循程序公正的准则；最后，确立正式的、公共性的法律体系在社会中的至上权威，以法全面调整或控制各种社会关系，实现社会的"法化"。② 基于上述原因，西方国家诉讼制度的发达和诉讼机制在纠纷解决体系中地位和作用的凸显就不足为奇了。尤其是进入近现代社会以来，随着法治的确立及其至上权威的形成，诉讼这种纠纷解决机制在整个纠纷解决机制体系中占据显赫的地位。

与西方社会不同，中国传统社会是一个人治社会，国家治理是一个与公民权利无涉的范畴，其目的不是为了实现和保障公民权利，而旨在追求社会秩序的和谐。当然，这不是一种理论上的预设，而是"天道和谐观念"——中国传统文化中的宇宙观决定的。李约瑟先生在研究中国人对于自然的态度后，发现其中最关键的概念是"和谐"，他指出，"古代中国人在整个自然界寻求秩序与和谐，并

---

① 转引自王炎主编：《宪政主义与现代国家》，三联书店 2003 年版，第 242—243 页。
② 范瑜：《非诉讼纠纷解决机制研究》，中国人民大学出版社 2000 年版，第 328 页。

将其视为一切人类关系的理想。"① 这种天道和谐的观念对中国古代社会的国家
治理产生着深远的影响。老子曰："人法地，地法天，天法道，道法自然。"天道
自然本是和谐完美的，而维系人类社会生存和发展的"人道"——人与人之间的
关系——也须顺应天道讲求平和。"倘有人涉身于冲突，那必是偏离了人道，偏
离了人道之所本的天道。政府乃至整个社会的责任，就是要通过教化，通过劝
说，也通过儆戒，使他们'反人道之正'，以便维持整个社会的和谐。"②

　　在这样一个以追求和谐社会秩序为目的的国家治理过程中，纠纷产生本身即
被视为对和谐秩序的破坏，而提起诉讼则会使这种不和谐的状态持续恶化，因而
也是一种不道德的行为。诚如德国学者茨威格特经过研究指出的那样："儒家不
赞同通过法院程序确认法律权利。依据儒家伦理，一个人如果认为别人针对他的
行为不符合'礼'的规范，他应该采取的最好的方法是通过和平的协商寻求一个
适当的解决，而不是固执其权利或对簿公堂而加剧已经存在的不和谐。在社会以
及神的眼中，聪明而贤明的人在遇到冲突时表现出最大程度克制或忍受其所遭受
的伤害，将赢得最高的荣誉。无论何人，通过造讼于公堂，或公开地冤枉他人而
破坏社会安宁，都将被看作是招惹是非、行为鲁莽和缺乏教养的人，这种人缺少
谦让和愿意和解的基本品德。"③ 此外，对中国传统社会中的民众而言，"在某些
场合作出判决，对某个不尊重社会通常规范的人施以某种强制尽管遗憾但却是必
要的，然而宣告决定制裁的判决则不能被视为是正常的。更何况这并不值得作为
处理各种人际关系纠纷的理想手段来提倡。他们认为纠纷和犯罪是破坏社会'机
体'正常功能的疾病。这些疾病应作为故障来处理，一旦发生纠纷并不是必须以
审判解决，而是应通过调停程序来'消解'，所有事情中最重要的是恢复和谐。
这是因为人与人之间的和谐与宇宙的和谐联系在一起，如果世上的人们希望按照
自然秩序平静地生活就必须推系它。"④ 由是之故，在中国传统社会中，社会期
望纠纷双方的态度不是积极地诉诸"官府"来主张自己的权利，而是通过和解和
互让，以尽快恢复社会秩序的和谐。所以，在发生纠纷以后，基于传统的道德观
念和道德规范强大的约束力，人们一般不是直接诉诸于"官府"，而是先行和解

---

① 潘吉星主编：《李约瑟文集》，辽宁科学技术出版社 1986 年版，第 338 页。
② 梁治平：《寻求自然秩序中的和谐》，中国政法大学出版社 2002 年版，第 214 页。
③ （德）K·茨威格特等著，潘汉典等译：《比较法总论》，贵州人民出版社 1992 年版，第 617 页。
④ 转引自（日）大木雅夫著，华夏、战宪斌译：《东西方的法观念比较》，北京大学出版社 2004 年
版，第 7—8 页。

或寻求调解。

另外，即使进入诉讼程序以后，作为社会治理的一种重要途径，诉讼目的当然也就不像西方法治社会那样依据一定的规范确定权利的有无抑或归属，而是在天道和谐观念的指导下期望修复被破坏的社会秩序。具体而言，在中国传统社会中，诉讼活动的理想图景不是希望通过当事人之间的争辩来分出胜诉与败诉，而是在主持审判官吏的引导下解决当事人之间的纷争，以求得"息讼"的社会效果。基于此目的，在诉讼过程中，庭审官吏的职责"不仅是明辨是非，扬善除恶，更且要教民息讼，使民无讼，从根本上消灭狱讼之事。"[1] 这样，在通过诉讼解决纠纷的过程中，一方面，司法官吏控制着整个庭审活动，依职权而非当事人的抗辩来推进庭审的进行，职权化特征异常明显；另一方面，为了有效地彻底解决纠纷，恢复和谐稳定的社会秩序，司法官吏非常重视教化，普遍作法是："以言词相劝，晓以大义，使讼者退而自责，甘心息讼，倘有不从，便以威刑相加。"[2] 教化优先，刑罚为后，刑罚无疑成为一种教化无效果时得以促成当事人接受司法官吏处理意见的手段。显然，在解决纠纷的过程中，对于司法官吏而言，"重要的事情不是去协商冲突的双方，使其行为合于法律，而是彻底地消弭冲突，使之无由发生。"同样，"法律的作用不是为人们满足私利提供合法的渠道，恰恰相反，它是要尽其所能抑制人们的私欲，最终达到使民不争的目的。"此时，"法律的适用变成了教化加儆戒，无讼的理想化为息讼的努力。"[3]

当然，在目前中国社会现代化转型的过程中，公民权利的保障问题已经被纳入了国家治理的目标体系，这一目标的实现内在地要求国家治理模式的法治化。中国社会的纠纷解决机制由传统型向现代型的转化，正是随着国家治理目标体系的结构性调整而展开的。因为诉讼这种纠纷解决方式毕竟与社会的法治化程度有着密切的联系，所以为了推进和彰显社会的法治化程度，"社会倾向于鼓励当事人以司法诉讼方式解决纠纷、特别是典型和新型的纠纷，而在诉讼中，判决较之调解更符合社会的需要。"[4] 正是在这种背景下，近20年来，随着诉讼法制的完善和诉讼总量的上升，诉讼逐渐成为中国社会最重要的纠纷解决机制。然而进入21世纪以后，和谐社会的建构成为中国社会治理的基本策略。社会的和谐内在

---

① 梁治平：《寻求自然秩序中的和谐》，中国政法大学出版社2002年版，第224页。
② 梁治平：《寻求自然秩序中的和谐》，中国政法大学出版社2002年版，第221页。
③ 梁治平：《寻求自然秩序中的和谐》，中国政法大学出版社2002年版，第215页。
④ 范瑜：《非诉讼纠纷解决机制研究》，中国人民大学出版社2000年版，第470页。

地要求消弭社会的矛盾和冲突，而基于对法治局限性的认识，中国社会开始在法治的基础上积极探索和尝试多元化的纠纷解决机制，而且希望通过非诉纠纷解决机制的大量适用，把矛盾和纠纷消弭在萌芽状态。

三、社会治理手段与纠纷解决机制

纠纷解决作为一种社会控制机制，社会治理手段的差异必然影响纠纷解决机制的建构和运作。

首先，法治与礼治对纠纷解决机制的构建和运作均产生着深远的影响。具体而言，西方国家的治理手段突出了法治，在通过法治的社会治理中，一方面，法律的至上性使人们在纠纷的解决问题上期望诉诸法律，并借助于法律的正义性来获得纠纷解决结果的正义性；另一方面，规则治理的内在要求又促进了诉讼纠纷解决机制的健全和完善，使得诉讼活动能够切实地践行法律的正义性，保障社会公众的正义诉求。因此，对法治这种治理手段的依赖，必然使诉讼纠纷解决机制的地位和功能得以充分彰显。而在中国传统社会中，国家治理手段主要依赖于礼治。作为一种传统的治理手段，礼是义务本位的，其核心内容是确认尊卑贵贱等级，调整以"尊尊"、"亲亲"为指导原则的社会关系，它通过身份和等级的确认把人们固定在一定的社会关系中，对于维护中国传统社会统治秩序的稳定和协调发挥了重要的作用。正如《礼记·礼运》所言："故圣人之所以治人七情，修十义，讲信修睦，尚辞让，去争夺，舍礼何以治之。"详言之，在中国传统社会中，"道德仁义，非礼不成；教训正俗，非礼不备；纷争辩讼，非礼不决；君臣、上下、父子、兄弟，非礼不定；宦学事师，非礼不亲；班朝治军，莅官行法，非礼威严不行；祷祠祭祀、供给鬼神，非礼不诚不庄。"① 其中，"纷争辩讼，非礼不决"无疑清楚地揭示了"礼"在中国传统社会纠纷解决体系中所处的显赫地位。这种地位主要体现在以下两个方面。一方面，礼治的发达，必然导致中国传统社会中诉讼纠纷解决机制的生存空间非常有限。这主要是因为"礼"是义务本位的，对于业已发生的纠纷，"礼"的规范首先是要求人们在维持尊卑贵贱等级制度框架内寻求解决路径，而不能企图僭越等级制度来主张权利，否则就会因为

① 《贾谊集·新书·礼》。

违背"礼"而受到惩罚。这样，大量的纠纷必然在诉讼机制之外被消解。另一方面，在非诉讼纠纷解决机制中，礼作为主要的依据自不待言，即使在诉讼纠纷解决机制中，礼也是重要的裁判依据，有时甚至取代法规范成为裁判的唯一依据。对于这个特点，中国古代社会中的众多史料判词多有记载。如《履园丛话》记载，陆稼书在浙江嘉定当县令时，每有民事县衙控告，他就用道理开导、用伦理道德教育人们，好像家人父子调停家事一样。这样一来就逐渐形成了无讼之风。①

其次，司法与行政的关系，在一定程度上决定了诉讼纠纷解决机制的发达程度。司法和行政是国家治理的两种主要途径，无论西方还是东方国家，在国家形成以后的治理实践中都在不同程度上呈现出行政兼理司法的特征。只是在西方国家，在法治观念的影响下，司法机关较早地实现了与行政机关的分离，并建立了独立的司法机关体系；而在东方国家，国家的分权程度较低，行政兼理司法的过程比较漫长。独立的司法机关体系的建立，决定了诉讼纠纷解决机制的相对发达，因为在这种背景下诉讼机制有能力为权利的实现提供制度上的保障。相比之下，在司法和行政没有实现分离的情况下，国家治理过程中的司法活动很大程度上依赖于行政系统，比如在主体上由行政官吏兼理司法，而且除中央以外一般也没有独立的司法机关的建制，作为行政机关的州县衙门就是处理纠纷的"司法机关"。此时，"司法"成为一种公共权力对社会实施的"管理"或"调整"。② 这种治理特点，必然使得诉讼机制相对落后，因为州府县官首先是一种行政职位，他们的主要精力必然用于繁杂行政事务的处理，而在社会纠纷的处理上也必然追求效率优先，结果的可接受性优于程序的正当性，使诉讼机制带有鲜明的行政化倾向，超职权主义色彩浓厚。另外，由于纠纷关涉社会秩序的稳定问题，所以纠纷的多少和处理结果在很大程度上成为行政官吏政绩考核的标准之一，为此，州县官吏对于纠纷采取的态度就是调处息讼，避免事端扩大引起上访从而影响其政绩考核。在这种情况下，大量的纠纷一般适用民间调处或"官批民调"的方式予以解决，而对于那些不服调处、教化无效者，官府的态度不是假以诉讼程序支持、保障其主张权利的行为，而是"威刑相加"，迫使其接受案件处理结果。这种治理手段，一方面没有也不可能培养社会公众的法律意识和权利意识，所以诉

---

① 转引自郭成伟主编：《中华法系精神》，中国政法大学出版社 2001 年版，第 298 页。

② 参见（日）滋贺秀三等著，王亚新、梁治平编：《明清时期的民事审判与民事契约》，法律出版社 1998 年版，第 107 页。

讼并不是人们唯一期待和凭赖的纠纷解决途径；另一方面，诉讼机制的欠发达无疑是其必然的后果。

最后，治理手段的多元化使纠纷解决机制也相应地呈现多元化的样态。在西方国家，随着宗教势力的日益强大，国家治理在宏观层面上逐渐出现了世俗社会治理和精神社会治理的分野，世俗社会的治理主要通过法律，而精神社会的治理则依赖于宗教。这样，社会纠纷的解决在传统的法律解决机制基础上出现了宗教解决机制。尽管在形式上宗教解决机制的运作也以法院或法庭为载体，但是毕竟在宗教解决机制中体现的是宗教的精神力量：如纠纷解决的主体是宗教人员，其他人员不得染指；纠纷解决是在环境庄严、注重仪式的宗教法庭；裁判的依据是宗教教义等。在微观层面上，西方国家在国家治理过程中也依赖地方政权或民间的力量，尤其是在没有实现中央集权制的国家，中央机关对地方事务的控制和干预更是非常有限。这种治理特点对于社会纠纷解决机制的多元化产生着深远的影响。如英国在1066年诺曼征服之后，并没有急于建立中央集权制，而是保留了地方封建领主的传统权力，尽管王室法院对于社会纠纷解决发挥的作用日益显著，但是诸如郡法庭、百户区法庭、庄园法庭等传统的纠纷解决途径依然保持着强大的实力。它们都"'法定'地享有某些案件的管辖权，若以常规，王室法庭是不可能触及它们的'司法领地'的"。① 这种特点在西欧封建社会中普遍地存在着。由于统一的封建集权制没有建立，所以国家权力被地方封建领主所分割。为了实现对地方的控制和管理，每个领主都渴望做一名法官行使纠纷解决的权力。其中主要的原因是"只有排除其他法庭而拥有对自己的依附者的审判权，才能使领主即可保护他的依附者，又能有效地控制它们"②。其实，封建领主主要是通过地方习惯来解决纠纷的，纠纷解决的过程也欠规范化、专业化，还不能称之为一种司法活动。"对生活在他的领地上的居民来说，实际上是他们在自己人中间提起的所有民事诉讼案件的天然法官（除非诉诸决斗裁判），通常也是审理他们所有刑事诉讼的法官，除严重的刑事犯罪之外。所以他的职权是'小案'审理权这种遗产与长期以来实际上由领主行使的裁判决和惩治权的结合物。"③ 或许，这种纠纷解决机制被称其为一种行政性解决机制更为贴切。

---

① （英）卡内冈著，李红海译：《英国普通法的诞生》（译者序），中国政法大学出版社2003年版，第5页。

② （法）马克·布洛赫著，张绪山译：《封建社会》（上卷），商务印书馆2004年版，第584页。

③ （法）马克·布洛赫著，张绪山译：《封建社会》（上卷），商务印书馆2004年版，第594页。

在中国传统社会中，中央集权制的国家治理模式自秦统一中国后就得以确立，强大的中央权力为维系封建统治的巩固和发展发挥着巨大的作用。但是，中国传统社会的国家治理仍然呈现明显的多元化特征，除了国家机构以外，宗族、村落等社会组织也被赋予了重要的国家治理职能。究其原因，一方面，是因为中国疆域辽阔、人口众多，而正式的国家治理资源非常有限；另一方面，是因为中国传统社会本身就是一个"家国同构"的宗法社会，宗族组织与国家结构的密切结合是国家治理的基本特征。正如梁治平先生所指出的，在古代中国，"国家是人与人之间关系变化的一个结果，因此，它的产生并非以氏族的瓦解为代价，而是恰恰相反，保留原有的血缘关系，把氏族内部的亲属关系转化成政治国家的组织方式，从而将旧的氏族组织与新的国家形态熔铸于一。"[①] 这样，通过宗族、村落等非国家机构解决社会纠纷，以弥补国家机构治理功能的不足，无疑成为这种国家治理模式的内在地要求。宗族、村落在社会纠纷的解决过程中，由于不具有国家公权力所特有的威慑力量，只是依靠传统习俗、村规族约和道德的约束力，所以这种纠纷解决过程与国家机构的正式纠纷解决机制之间存在较大的差异，调解优位、程序虚置和强制力弱化是其重要特征。这就使得我国传统社会的纠纷解决机制呈现多元化的构造。对于这种特点，中国学者戴炎辉的研究表明，秦汉大一统后，两千年治乱相循，独能屹立不灭者为：乡村、里坊与宗族。朝廷及地方政府因为力量有限，仅能掌握兵马、财政、户婚、田土及重犯惩罚等重要事项；至于地方治安、惩罪处罚、农商、工贾及民事争执，大抵委任地方自治或调处。公刑罚与民间的宗族、乡里、行郊的裁判或调处，处于一种合作互补的状态，公刑罚并未完全垄断惩罚权，除非私刑罚致死刑、肉刑，官亦予默许。而西方学者 vander Sperenkel 则认为，宗族、行会、邻里的法律功能犹如国家法院所属的下级法院：宗族主要在土地、收养、祭祖方面；行会主要在买卖方面；乡党邻里主要在土地、赁卖契约上，发挥其法律制约的作用。在宗族、乡党、行会等这些面对面团体里，个人被紧紧束缚着，而且得到官府的支持。于焉，法律争执一步步先在这些团体里消融解决掉，非至绝路，绝不告官兴讼。[②] 这些分析无疑形象生动地描述了中国传统社会中国家治理手段多元化与社会纠纷解决机制多元

---

① 梁治平：《寻求自然秩序中的和谐》，中国政法大学出版社 2002 年版，第 17 页。
② 详见林端：《儒家伦理与法律文化：社会学观点的探索》，中国政法大学出版社 2002 年版，第 8—9 页。

化之间的关系。

受传统文化的影响，即使在中国近现代社会中，这种治理特点及其所决定的多元化纠纷解决机制仍然保持着一定的生命力。如新中国成立以后，建立了从中央到村里街坊邻居的控制体系，以致力于国家权威正当性的重建，在这个过程中，除正式的诉讼纠纷解决机制之外，行政机关、单位纠纷解决功能的承担以及遍布城乡的人民调解组织，无疑就是传统纠纷解决机制的历史延续。

四、中国当代社会纠纷解决机制的现实选择

通过上述分析，我们认为中国当前社会纠纷解决机制的完善应当考虑以下问题：

1、传统与现代的关系

任何社会的发展都是从传统社会向现代社会的转型过程。现代社会是法治社会，在现代社会通过法治的国家治理过程中，依赖诉讼机制来解决纠纷无疑是法治社会国家治理的基本诉求。对于中国社会而言，我们在现代化向度上的社会改造也内在地要求纠纷解决机制的法治化，以彰显中国社会法治化的程度。因此，诉讼纠纷解决机制的不断完善无疑仍然是当前中国社会纠纷解决机制建构的必由之路。

然而，现代化毕竟是一个漫长的社会进化过程，时至今日，可以说中国社会依旧处于传统社会与现代社会之间的一种过渡状态。社会进化的现实意味着在中国的社会治理过程中，我们既崇尚现代社会的法治，又无法割舍传统的社会控制手段。根深蒂固的传统法律文化迄今仍对纠纷解决机制的建构产生着重大的影响。因为中国社会的现代化进程是一种外发内应型的社会改造。在这个过程中，法治毕竟不是我们的传统，而传统的改变无疑是一个长期的过程。正如梁治平先生所言："现代法律制度……代表了一种精神价值，一种在久远的历史中逐渐形成的传统。问题在于，这恰好不是我们的传统。"① 现代法律制度与我国传统法律文化的异质性，决定了二者之间矛盾和冲突的必然性。因为"当我们最后不得

---

① （美）伯尔曼著，梁治平译：《法律与宗教》，中国政法大学出版社2003年版，译者前言部分第12页。

不接受这套法律制度的时候，立即就陷入到无可解脱的精神困境里面。一种本质上是西方文化产物的原则、制度，如何能够唤起我们对于终极价值和神圣事物的意识，又怎么能够激发我们乐于为之献身的信仰与激情？我们并不是渐渐失去了对法律的信任，而是一开始就不能信任这法律。因为它与我们五千年来一贯尊行的价值相悖，与我们有着同样久长之传统的文化格格不入。"① 这样，面对法治的国际化趋势，我们对于社会纠纷解决机制的建构必然缺乏整体的思考，我们一方面要根据现代法治社会的标准和要求改造自己，同时又无法甚至不能割舍传统。这必然导致现代化进程中的中国社会在纠纷解决机制的建构既有现代化的因素，又有着传统的影子。当然，随着社会的进步和发展，现代化因素在纠纷解决机制中的地位和作用日益凸现，但是只要中国社会的现代化进程没有结束，传统的因素终将会保留。

2、法治在社会治理实践中的局限性

社会控制是政府最基本也是最古老的一项职能，在现代社会，随着政治系统的结构分化，社会控制的职能主要是由司法机构来承担的。② 在我国社会从传统向现代转型的过程中，我国的社会控制体系也相应地发生了结构性的流变。其中，礼制、宗法、道德、意志形态、权力等传统的社会控制手段逐渐式微，而通过法律规范和司法制度的结合来实现对社会的控制正在成为我国当前社会控制的主要手段。当然，在目前我国的社会控制体系中，尽管法律规范和司法制度是主要的控制手段，但是它们尚不是也不可能成为排他性的控制手段。因为在当前我国社会从传统向现代转型的过程中，尽管由于法律规范和司法制度的价值在外部压力和内部需要的双重作用下，其地位和作用开始突显，但是它们仍然缺乏足够的权威，因而在使得那些传统的控制手段逐渐弱化的同时，还没有足够的能力使它们逐个退出历史的舞台。况且，司法控制是强大而又严密的国家司法机关对社会的控制，是按照严格的程序要求对社会进行的控制，是以国家强制力为保障的社会控制，所以它是最规范化的、最有保障力的社会控制，这是其他任何控制手段都无法比拟的。但是，司法的控制也是一种成本最高的社会控制方式，正因为如此，司法的控制只能成为一种最终的社会控制手段——在其他控制手段乏力时

---

① （美）伯尔曼著，梁治平译：《法律与宗教》，中国政法大学出版社2003年版，译者前言部分第12—13页。

② 程竹汝：《司法改革与政治发展》，中国社会科学出版社2001年版，第230页。

介入对社会的控制过程。这无疑可以解释这样一种现象：在现代社会中，为什么传统的民间纠纷解决方式尽管已经逐步边缘化了，但是仍然在一定程度上继续发挥着作用。

　　另外，有必要指出，尽管当代中国社会的诉讼纠纷解决机制对于维系社会的有序发挥着十分重要的作用，但是由于司法体制、法律职业共同体整体素质的影响，司法裁判还不能有效地满足纠纷双方当事人的合理愿望。所以，目前我国通过司法的纠纷解决机制尚缺乏足够的公众认同。对此，范愉教授指出，目前，我国司法实践中所反映出来的法与社会的冲突愈加明显，各种问题表现为一个突出的事实：当事人不服判和对司法公正的质疑。可以说，上诉、再审率居高不下，抗诉、申诉、信访持续高涨以及司法没有终局性和既判力的事实，已经成为我国严重的社会问题。① 对于当事人而言，在通过司法机制不能获得有效的救助时，他们必然会寻求其他的救助途径，如上访，甚至于在不得已的情况下求助于社会黑恶势力。

3、行政性纠纷解决机制的正当性

　　诉讼纠纷解决机制的功能是有限的。在这种情况下，为了加强对社会的控制，现代社会在解决这些纠纷时并没有放任民间非公共权力组织自行解决，尤其是充分地依赖已经网络化且日益强大的国家行政（性）组织，由此衍生了一种行政性的社会纠纷解决机制。如新中国成立后的 60 多年来，行政性纠纷解决机制一直是社会纠纷解决体系的重要组成部分。无论是仲裁，还是劳动争议、医疗纠纷、行政纠纷以及人民调解制度等社会纠纷的处理，都属于行政性的纠纷解决机制。这种行政性纠纷解决机制的建构有着现实的正当性。因为中国社会的现代化进程就是通过不断加强国家干预增强国家权威的过程。在 20 世纪前半叶的中国社会，科层制、网络化的国家管理机构已经初具规模。新中国成立后的很长一段时间，实行以意识形态上的高度统一、政治上的极度集权和经济上的单一所有制为特征的国家治理模式，国家政权不断扩张和下沉，政府的权力在历史上第一次延伸到了村级单位。行政组织所执行的功能是能够直接推动、控制和调节整个社会运转成为行政组织所执行的功能，它不仅包括了一般意义上的行政功能和直接组织社会活动的功能，而且也在相当大的程度上代替了法律的功能。这种功能的

---

　　① 参见范愉：《从司法实践的视角看经济全球化与我国法制建设——论法与社会的互动》，载《法律科学》2005 年第 1 期。

替代具体表现为：组织的规章代替了法律条文，单位的领导代替了司法官员。[①]
在这种背景下，为了树立和维护国家的权威，国家会通过强大的、无所不及的行政权力来对社会生活的方方面面进行干预。作为影响社会秩序的重要因素，社会纠纷更是国家干预的重要对象，无疑会动用各种力量使矛盾和冲突得以消解。近20多年来，中国的政治、经济和社会状况发生了很大的变化，在一定程度上实现了政治国家和市民社会的相对分化，国家干预的领域日益缩小，国家权力的运作也相对规范。在这种情况下，尽管国家公权力主体在纠纷解决机制中的地位和作用已经今非昔比，但是对于地域广阔、人口众多、发展极其不均衡的中国当代社会来说，整个社会的协调发展又离不开一个强大的、威权的政府。因此，国家公权力主体必然会在纠纷解决机制中继续扮演重要的角色。

4、纠纷解决机制的多元化是一种现实的选择

通过上述分析，我们认为：在中国社会的转型时期，一方面，纠纷解决机制无疑应当日益强调法治的地位和功能，以体现中国社会改造在法治化向度上的努力；另一方面，受传统法律文化以及社会进化程度的影响，诉讼纠纷解决机制的社会控制功能毕竟是有限的，因此，必须充分发挥替代性纠纷解决机制（尤其是行政性纠纷解决机制）的功能，以弥补诉讼纠纷解决机制的缺陷。这样，如何使原有的非诉讼纠纷解决机制重新焕发盎然的生机和活力，并与诉讼纠纷解决机制一起建构一种多元化的纠纷解决机制，就成为完善当前中国社会纠纷解决机制的现实选择。

---

① 参见郭星华、王平：《中国农村的纠纷与解决途径——关于中国农村法律意识与法律行为的实证研究》，《江苏社会科学》2004 年第 2 期。

第四章　刑事判决合法性理论基础的历史形态与现实解读

毋庸置疑，尽管人类社会不同时代的学者对合法性理论的探讨中，刑事判决的合法性论证并没有作为一个独立的学术问题予以关注，但是透过这些学者的论述，我们仍然能够勾勒出刑事判决合法性理论论证的流变图式。在此，笔者拟从支撑合法性的主要理论中发掘出关于刑事判决合法性理论基础的相关论证，并予以相应的评判，在此基础上，从法治理论的视角论证刑事判决的合法性。

一、刑事判决合法性理论基础的历史形态

如前所述，刑事判决作为一种社会控制手段，需要合法性的支撑。但是，与人类社会的发展进程相一致，在不同历史阶段，支撑刑事判决合法性的理论基础也相应地有所差异。从历史上看，在人类进入现代社会以前，支撑刑事判决合法性的理论基础主要有神意崇拜、古典正义理念、宗教神权思想和社会契约理论。

（一）神意崇拜

在人类社会的早期，冲突解决主要依赖于对神化的自然力量的崇拜。这种依据神的意志而对是否有罪问题进行的裁断，即神明裁判。神明裁判也称"神判"，具体而言，它是借助神的力量，按照神的启示来证明刑事案件的当事人是否有罪的一种裁判方式。在这种裁判方式中，"通过今天看来极端残酷、危险乃至致命的方法加诸当事人之身，评判是非，做出处理，凡能经受住严厉考验者，便以为是有神灵之圣的庇护，表明清白无辜，反之被认为是存在过错，得遭受神灵的惩罚。"①

---

① 左卫民等：《变迁与改革：法院制度现代化研究》，法律出版社 2000 年版，第 53 页。

　　神明裁判这种刑事判决方式在人类社会早期普遍存在着。根据美国人类学家E·A·霍贝尔的考察，每个初民社会都无一例外地设定神灵和超自然力的存在，这种设定是普遍的，其影响也可被普遍地感觉到，其在法律领域内影响所导致的结果，便是有关超自然的基本前提也可作为司法的前提原理出现。诸如爱斯基摩人、特罗布里恩岛人、切因依纳人、基奥瓦人、阿散蒂人的社会中，它的作用是直接而强有力的。① 在古巴比伦，通奸、巫蛊类案件需要借助"神明之力"来判断事实真相和决定是否有罪。根据《汉穆拉比法典》的规定："倘自由民控自由民犯巫蛊之罪而不能证实，则被控犯巫蛊之罪者应行至于河而投入之。倘彼为河所占有，则控告者可以占领其房屋；倘河为之洗白而彼仍无恙，则控彼巫蛊者应处死；投河者取得控告者之房屋。"此外，在妇女被控告与别的男子通奸的案件中，妇女为了表白自己没有通奸，应投入河中，接受河水的考验。② 我国在原始社会末期也产生了神明裁判。根据《论衡》的记载，传说中皋陶是舜任命的一个"法官"，它在"治狱"时，"其罪疑者，令羊触之，有罪则触，无罪则不触。"直到春秋时期，这种依靠神明的力量来裁判案件的方式还予以适用。如《墨子·明鬼》记载：齐庄公的两个臣子王里国和中里徼打了三年官司，案件无法裁判。齐庄公想把二人都杀了，却怕冤枉无辜；想把二人都放了，又怕放纵犯罪者。于是就让二人准备一头羊，到齐国的神社去宣誓。宣誓时，刺羊出血，撒之于社，同时让二人读誓词。王里国顺利地读完了誓词，而中里徼的誓词还没有读完一半，羊就起而触之，先触断其腿，最后把它触死了。③

　　日本学者谷口安平曾经深入地分析了这种神明裁判的合法性问题。根据谷口安平的解释，由于人们不相信人性是善的，所以他们宁可相信人以外的其他动物。人可能由于自身的利益而带有偏见，但是鳄鱼不会受这种因素的影响，所以是更为安全的选择。鳄鱼审判的有效性首先在于它的合法性，也就是说，人们相信它。而人们之所以信服它，也是根据经验得出的结论，因为鳄鱼是一种不易驯服的动物。所以，人们赋予鳄鱼审判以合法性，因为鳄鱼处于不带偏见的中立地位。当然，一旦人们发现鳄鱼会受某种气味的吸引而从中作弊，在一方当事人身上喷上带有这种气味的东西，而使鳄鱼吃掉它，那么这种审判的合法性便会丧

---

　　① （美）E·A·霍贝尔著，周勇译：《初民的法律——法的动态比较研究》，中国社会科学出版社1993 年版，第 293 页。

　　② 陈光中：《古代的神明裁判》，《陈光中法学文集》，中国法制出版社 2000 年版，第 130 页。

　　③ 转引自陈光中：《古代的神明裁判》，《陈光中法学文集》，中国法制出版社 2000 年版，第 130 页。

失。当然，这种审判方式产生的另一种原因，是作为社会统治者的国王掌握着很大的权力，采取这种方式审判，可以避开作出的判决有失实之不公而受到指责。因为如果经常受到指责，对国王的权威便是一种威胁。①

通过上述分析，我们可以看出，在神明裁判这种裁判模式中，裁判的合法性主要来源于人们对神意的崇拜。作为神明裁判，无论是鳄鱼或者其他动物都是作为神的载体而存在的，其行为体现着神的意志。人们之所以服从其裁判，是因为神意的绝对正义性以及由此而产生的对神的信仰和敬畏，对裁判的服从是对神的意志的服从，因而使得体现了神意的刑事判决具备了绝对的权威。对此，韦伯曾经指出："谁违忤神所希冀的准则，神在伦理上的不悦就会降临于他，身把那些制度置于自己的特殊保护之下。于是就有可能认为，如果敌人胜利，或者其他的厄运降临于自己的人民头上，那不是自己的神缺乏力量，而是由于神所庇护的伦理制度受到违迕，激起了自己的神对他的信徒们的愤怒，也就是说，这是咎由自取，神做出一项不利的决定，恰恰是想惩罚和教育自己宠爱的子民。"② 由于这种裁判权威获得了人们普遍的、不容置疑的认同，所以具有高度的合法性。

（二）古典正义理念

人类社会对正义价值的诉求是一个永恒的范畴。从古希腊的柏拉图、亚里士多德、苏格拉底、古罗马的萨尼卡，一直到康德、黑格尔和罗尔斯，对正义及其实现路径的苦苦追寻，都成为他们在探讨国家、政权的合法性时不容回避的问题。在一定程度上，可以说正是基于对正义的渴求维系和推进着人类社会的文明进程。

古典正义理念肇始于古希腊思想家对正义问题的探讨③，并为刑事判决的合法性提供了理论支撑。在古希腊，正义一词来源于女神狄刻的名字。狄刻是宙斯同法律与秩序女神忒弥斯之女，在古希腊人的观念中，她手执聚宝角和天平，蒙着眼睛，以示不偏不倚地将善物分配给人类，因此她成为正义的化身，主管对人

---

① （日）谷口安平：《程序公正》，宋冰编：《程序、正义与现代化》，中国政法大学出版社 1998 年版，第 393 页。

② （德）马克斯·韦伯著，林荣远译：《经济与社会》（上卷），商务印书馆 1997 年版，第 492—493 页。

③ 为了区别于现代社会罗尔斯等学者对正义问题的探讨，笔者在本文中将这一时期所探讨的正义问题称为古典正义理念。

间是非善恶的评判。① 这种神话角色的设计，无疑把正义同刑事判决的合法性连接在一起，使得正义首先在人们的观念上成为判决合法性的评价标准。如面对雅典当时各个派别尤其是穷人和富人之间的激烈争斗，古希腊思想家梭伦清醒地认识到，无论是倾向于富人一边还是倾向于穷人一边，正义与和平都是无法实现的；要做到正义，只有在富人和穷人之间不偏不倚。② 这可以说是西方社会对公正裁判理念的最早阐述。此外，亚里士多德在正义问题上区分了分配正义和矫正正义，并认为杀人者、打人者与被杀者、被打者之间存在利益分际不均的问题，适用刑罚的目的在于剥夺杀人者与打人者之所得而补被杀者与被打者之所失，从而使利益的分际不均变为分际均等。③ 这些理念对后来古罗马斯葛多派的思想产生了很大的影响。斯葛多派是古罗马一个最为著名的哲学流派，他们创立了一种以人人平等的原则和自然法的普遍性为基础的世界主义哲学。平等原则是斯葛多派理论体系的重要内容。斯葛多派哲学家深信，人在本质上是平等的；因性别、阶级、种族或国籍不同而对人进行歧视的做法是不正义的。④ 这种思想在当时的刑事判决实践中得到了一定的回应。如为了体现和保障刑事判决的合法性，古罗马的哈德良国王明令禁止奴隶主不经过地方法官的判决就处死其奴隶，以及禁止在没有事实证明被指控者有罪的情况下对奴隶刑讯逼供，禁止私人监禁奴隶。而安东尼厄斯·皮厄斯国王规定，受奴隶主虐待的奴隶可以向地方法官提起控诉。⑤此外，在古罗马，正义理念还衍生了两项基本的裁判规则：一是任何人不得作自己案件的法官；二是应当听取双方当事人的意见。

　　在古希腊，苏格拉底则从"公民守法"的角度系统地论述了刑事判决的合法性问题。公元前399年，被后世誉为"西方哲学之父"的苏格拉底被指控宗教信仰不虔诚和蛊惑青年，雅典501人组成的大陪审团不公正地判处其死刑。行刑前，尽管有机会越狱潜逃，但是他却坚持公民必须守法的信念，最后服从判决，从容而死。在《克里托》中，记载了苏格拉底在临死前同克里托的谈话，详细地

---

　　① 廖申白：《西方正义概念：嬗变中的综合》，《哲学研究》2002年第11期。

　　② 廖申白：《西方正义概念：嬗变中的综合》，《哲学研究》2002年第11期。

　　③ （古希腊）亚里士多德著，苗力田译：《尼各马可伦理学》，中国社会科学出版社1990年版，第95—96页。

　　④ （美）E·博登海默著，邓正来译：《法理学、法律哲学与法律方法》，中国政法大学出版社1999年版，第16页。

　　⑤ （美）E·博登海默著，邓正来译：《法理学、法律哲学与法律方法》，中国政法大学出版社1999年版，第18页。

阐述了对该死刑判决的看法和之所以服从判决的理由。首先，在苏格拉底看来，对他的死刑判决是一种多数人的裁决，不管其如何实质地不正义，但程序上是完全合乎法律的。此时，苏格拉底显然是把对他的死刑判决也视为一种正义的力量，这种正义源自于多人裁判和程序的合法律性。其次，苏格拉底认为之所以服从这种判决，还在于维护判决权威的需要。因为，"如果一个城邦已公布的法律判决没有它的威慑力，可以为私人随意取消和破坏，你以为这个城邦还能继续生存而不被推翻吗?"所以，"如果你不能说服你的母邦，你就应该按他的命令行事，忍耐地服从它加于你的任何惩罚。你绝不能后退，不能逃避，不能背弃你的职责。"① 此时，判决的权威维系国家的安全，所以服从判决就成为公民对国家的一项道德义务。最后，苏格拉底还认为服从判决是公民的一项契约义务。因为雅典法律规定任何成年雅典人如果对雅典的政治、法律不满，都可以自愿迁徙到其他地方。苏格拉底认为，在他70年的生涯中，享受了雅典法律带给他的秩序、安宁、自由和利益，就说明他和雅典已经订立了一项契约，做出了一种承诺，这种契约和承诺不是基于被迫或误解而订立的。此时，现在当依据同一法律的判决不利于他时，他就不应该背信弃约而逃跑，否则就是一个最低贱的人。显然，根据苏格拉底的以上阐述，刑事判决合法性的理想状态应当是刑事判决符合实质的正义，但是，从公民守法义务的角度而言，裁判主体的公众性和裁判程序的合法律性同样决定了刑事判决的合法性，因此，对于这种具有合法性的刑事判决，公民当然有义务予以服从。

古希腊和古罗马哲学家从抽象的人类理性出发，在不同的视角下阐述了古典正义理念的基本内涵，揭示了刑事判决合法性的根据——正义理念的符合性，而且其中还蕴含着公正裁判、正当程序、禁止私刑等现代刑事判决基本范畴的精神，对后世刑事判决合法性问题的认知产生着深远的影响。毋庸置疑，中世纪的神权法、启蒙时代的社会契约思想、近代的功利主义和当代的程序正义理论都深深地铭刻着古希腊、古罗马的正义理念的烙印。此外，考察近代以来英美国家刑事司法制度的历史，我们同样会发现，古希腊、古罗马古典正义理念对英美正当程序立法及其制度建构的深远影响。当然，古典正义理念在历史上并不是作为刑事判决的合法性问题论证依据而存在的，但是它确实为我们提供了一种研究刑事判决合法性的理论范式。在古典正义理念的视野中，合法性问题是人类理性的思

---

① （古希腊）柏拉图著，余灵灵等译：《苏格拉底的最后日子》，上海人民出版社1988年版，第99页。

辨，它属于一种规范分析的范畴，预设一个抽象的概念——正义，并将其作为刑事判决合法性的衡量标准，凡是符合这种标准的就具有合法性，否则便不具有合法性。应当承认，在这种研究范式中，标准的抽象性和多样性无疑为这种研究范式的适用设置了种种障碍，但是作为一种价值取向，在正义的视野中反思和追问刑事判决的合法性问题体现了人类对永恒理性的追求。毕竟，"社会科学的理论不仅要真实地反映社会和政治的实际图景，而且应该超越这种实际图景，给人类社会的发展提供方向性和终极价值。"①

（三）宗教神权思想

宗教神权思想是人们在与客观世界的密切联系中所形成的一种认知范式。它源于对充满神秘色彩的客观世界及其本原的认知，受制于人类自身认识能力的非至上性，在不能依靠自身的力量来解释客观世界时，便寻求借助于一种超自然的力量。对这种超自然力量认知的体系化，就逐渐形成了一种系统化的世界观——宗教神权思想。所以，就其渊源而言，宗教神权思想肇始于人类社会初期的神意崇拜，而后才逐步发展、壮大，并对维系西方社会的存续和稳定产生着重大的影响。

宗教产生以后，"尽管神父们大多认为人类统治的正当性在于惩治奸佞和保护受害人，但在他们看来，刑事制裁的合法性一般是不言而喻的。"② 如奥古斯丁认为，人类祖先犯了罪，留在人间生活是接受上帝的惩罚。③ 而圣·托马斯·阿奎那首先把法律划分为永恒法、自然法、神法和人法。其中，永恒法是上帝的统治计划，是指指导宇宙中一切运动和活动的神之理性和智慧；自然法是诸如行善避恶等指导人活动的一般性规则；神法是上帝发布的一些比较具体的命令，来补充自然法；人法是负责治理社会的人制定和颁布的一种以公共利益为目的的合乎理性的法令。④ 显然，在效力层级上，人法应当符合永恒法、自然法和神法的精神，否则便无效。因此根据阿奎那的论述，我们可以看出，如果在刑事判决中作为判决依据的人法不符合体现了上帝和神的意志的永恒法或神法，那么刑事判

---

① 胡伟：《在经验与规范之间：合法性理论的二元取向及意义》，《学术月刊》1999 年第 12 期。

② （爱尔兰）凯利著，王笑红等译：《西方法律思想简史》，法律出版社 2002 年版，第 105 页。

③ 张宏生主编：《西方法律思想史》，北京大学出版社 1983 年版，第 84 页。

④ （美）E·博登海默著，邓正来译：《法理学、法律哲学与法律方法》，中国政法大学出版社 1999 年版，第 29—30 页。

决依据的无效必然直接导致刑事判决的无价值——不符合上帝或神的意志所体现的正义性。另外，我们还可以从阿奎那对公民服从"人法"义务的不同情形的规定，来认识刑事判决的合法性。阿奎那认为，一般情况下，"专横的、压制的、渎神的法规当然毫无约束力可言，除非是为了避免丑闻或动乱，因为为避免这种情形的发生，一个人甚至应当放弃自己的权利。"① 从阿奎那的上述论述来看，在刑事判决中，当作为判决依据的一项人法体现为非正义、非理性时，公民对裁判的不服从权利是以这种抵抗不会扰乱公众治安从而使社会遭受更大的损失为前提的，否则，公民仍然有服从的义务，因为仅仅由于不服从这种体现非正义、非理性法规的刑事判决而使社会遭受巨大损害，无疑是一种更加严重的不正义；但是，阿奎那又认为，"如果暴君颁布的法律导致了盲目崇拜或其所规定的任何东西都与神法相违背，那么反抗或抵抗的权力就变成了一种真正的不服从的义务。"②

此外，我们还可以从《圣经》的规定来探讨基督教义对刑事判决合法性的阐述。《圣经》里有这样一段精彩的描述：众人把一个行淫被捉的妇女带到耶稣面前，问他："摩西在律法上吩咐我们，这样的妇女用石头打死，你说该把她怎么样呢？"耶稣回答道："你们中间谁是没有罪的，谁就可以先拿石头打她。"大家听后，一个个地回去了。（《新约全书·约翰福音》第八章）还有一次，耶稣在山上教训众人，耶稣说："你们不要审判人，免得你们自己被审判。因为你们怎样审判别人，也必怎样被别人审判。你们用什么称衡量别人，别人也必用什么称衡量你们。为什么你只看见你的兄弟眼中有尘埃，却不想想自己眼中有梁木呢？你自己眼中有梁木，又怎能对你兄弟说：'容我去掉你眼中的尘埃'呢？你这假冒伪善的人！先去掉自己眼中的梁木，才能看得清楚，然后才能取掉你兄弟眼中的尘埃。"（《新约全书·马太福音》第七章）根据日本著名刑法学家西原春夫先生的理解，耶稣的话说明人不具有对人进行裁判的能力和资格，有资格对人进行裁判的人应该是一个全知全能的人，只有神仙才能如此全知全能。因此，在从古至今这一漫长的历程中，人类社会中人对人实施的裁判表明人类一直在犯错误，

---

① （美）E·博登海默著，邓正来译：《法理学、法律哲学与法律方法》，中国政法大学出版社1999年版，第30—31页。

② （美）E·博登海默著，邓正来译：《法理学、法律哲学与法律方法》，中国政法大学出版社1999年版，第31页。

而裁判他人和执行刑罚的人无疑是"官准的罪人"。① 而笔者认为，耶稣的话绝非意味着人不具有对人进行裁判的能力和资格，因为他最后谈到"先去掉自己眼中的梁木，才能看得清楚，然后才能去掉你兄弟眼中的尘埃。"这说明如果在一个人已经"去掉了自己眼中的梁木"的情况下，他就具备了判断是非的能力，就可以"去掉你兄弟眼中的尘埃"——有权对人的罪行进行裁判。显然，耶稣无疑是通过对一般人行使刑事判决权能力或资格的否定，来界定了刑事判决权行使的条件和裁判者应该具备的能力或资格，并展示了他所理解的"人对人实施的裁判"的理想状态。在耶稣的视野中，如果一个裁判者有"罪过"或"眼中有梁木"，那么他就不具备裁判者的资格，裁判不应当进行，否则由他进行的裁判就缺乏合法性；如果一个裁判者没有"罪过"或"去掉了自己眼中的梁木"，他就获得了裁判者的资格，此时裁判地进行就是合法的。

在当时特定的社会环境下，以宗教神学思想来论证刑事判决的合法性具有一定的合理性。因为它通过神意来体现对正义的诉求，对于保障刑事判决的权威，充分实现刑事判决的社会控制功能，以及维系社会统治秩序的稳定发挥着重要的作用。当然，随着神化世界在迅猛发展的科学技术冲击下的逐渐垮塌，宗教神学思想对世俗社会的控制和影响越来越弱，最终也无以承担支撑刑事判决合法性的历史重任，而不得不让位于科学的理性。不过，我们还是应该看到，在当代社会一些政教合一的国家，宗教神学思想对于刑事判决的合法性仍然发挥着十分重要的支撑功能。

（四）社会契约理论

人类社会进入 16 世纪以后，随着自然科学的发展以及新兴资产阶级的出现，宗教权威对西方世俗社会的统治地位受到了极大的挑战，启蒙思想家们开始突破宗教神学的精神桎梏，并从古希腊古典正义理论中寻求对国家权力的合理论证。正是在这种社会背景下，社会契约理论应运而生。社会契约论是一种认为国家及其权力根源于人们缔结的社会契约的国家学说，尽管这种学说是以逻辑证明的方式对现代国家的建构进行的理性设计，在本质上是一种经验理论或历史理论，但是它却蕴含着人民主权、有效地限制和约束公共权力等合理精神。正因为如此，自 16 世纪以来，社会契约论成为西方社会最有影响力的一种国家学说。

---

① （日）西原春夫著，顾肖荣译：《刑法的根基与哲学》，法律出版社 2004 年版，第 1—2 页。

　　毋庸置疑，社会契约论在渊源上是对国家权力合法性的反思和追问，它在反对传统国家观念的基础上，对国家权力的合法性做出了合理的解释。刑事审判权本质上也是一种国家权力，因此，启蒙思想家所倡导的社会契约论也当然地为刑事审判权来源及其刑事判决的合法性论证提供了理论上的支撑。

　　根据启蒙思想家霍布斯的观点，人类社会在国家出现以前是一种没有法律和公共权威的自由状态。因为没有法律，所以人们在行为上没有任何约束，他们可以做任何想做的事情。每个人都是充分自由的，可以随心所欲地追求自己的利益。这样，人和人之间的冲突是难免的。由于没有公共权威，当人们之间发生冲突时没有一位独立于当事人的超越的裁判者，所以每个人都依靠自己的力量解决冲突，保护自己。这样，尽管任何人都享有充分的自由，但是没有人都完全保障自己不受侵犯以及在受到侵犯以后得到及时的救助。在霍布斯的描述中，战争既是利益冲突的原因，也是解决冲突的一种手段，所以这种状态是一种"所有人反对所有人的战争"。① 尽管洛克没有把自然状态视为一种战争状态，但是他同样认为在自然状态下没有作为裁判人间纠纷共同尺度的公共法律，也缺少依据公共法律裁断冲突的公共裁判者，即使能够判明是非，也没有一种公共权力来保障纠纷的解决。因此，给人们的生活带来了许多不便。② 因此，鉴于对自然状态下以战争解决冲突这种方式的巨大代价的反思，或者对于自然状态下由于缺乏公共法律以及掌握公共权力的裁判者而不利于解决冲突的认识，启蒙思想家认为，人们为了保障自己的安全或为便利冲突的解决，才共同缔结了一份契约，并宣布每个人都把自己的自然权利转让给一个公共机构，形成公共权力，并且都服从这种公共权力。这样国家就形成了。显然，无论是霍布斯还是洛克对国家形成过程的描述，都是从冲突解决的角度来论证的，它为我们勾勒出了冲突解决方式从"武力"到"裁判"的转变过程，此时，国家及其公共权力的出现无非就是为人们之间冲突的解决提供一种超越于当事人之上的力量，同时禁止私人之间继续以"战争"这种方式武力解决冲突。对此，卜思天·M·儒攀基奇教授指出，在裁决这种解决冲突方式中，"潜在动用武力的权力让渡给裁决者。裁决可以自愿地服从，但是大多数国家带有强制性，自力救济被禁止。国家行使裁决的目的是防

---

① （英）霍布斯著，黎思复、黎廷弼译：《利维坦》，商务印书馆 1985 年版，第 94—96 页。
② （英）约翰·洛克著，叶启芳等译：《政府论》，商务印书馆 1964 年版，第 77—78 页。

止公民之间动用武力。"① 这种解释与前述启蒙思想家的论述有着异曲同工之妙。根据前述论证，我们可以看出社会契约论对刑事审判权来源及其刑事判决形成机制合法性的支撑功能。在社会契约论的理论框架中，裁决作为冲突的一种解决方式，国家垄断了刑事审判权的行使，它的合法性来自于人们在自然状态下所享有的通过武力自行解决冲突权利的让渡。因为人们让渡这种自然权利会获得公共裁判权更充分地保障，所以人们在让渡这种自然权利的同时也意味着要服从公共裁判权力，从而使得刑事审判权具有了合法性。

此外，在启蒙思想家卢梭对国家权力产生根据的论证中，也涉及刑事判决的合法性问题。首先，卢梭从犯罪违反了社会契约这一视角论证了死刑判决的合理性。卢梭把犯罪视为对社会权利的攻击，而实施犯罪的人就是国家的叛逆，"他破坏了祖国的法律，所以就不再是国家的成员，他甚至是在向国家开战。这时，保全国家就和保全他自身不能相容，两者之中就有一个必须毁灭。"② 因此，在卢梭看来，对罪犯的死刑判决不可避免。而且卢梭进一步解释说，"对罪犯处以死刑，这与其说是把他当作公民，不如说是把它当作敌人。起诉和判决就是他破坏了社会条约的证明和宣告。因此他就不再是国家的成员了。"③ 其次，卢梭还从缔结社会契约的目的论证了服从刑事判决的必要性。社会契约以保全缔约者为目的，卢梭认为，"谁要达到目的也就要拥有手段，而手段则是和某些冒险、甚至于是和某些牺牲分不开的。"④ 因此，在罪犯的行为严重破坏了根据契约建立的国家秩序时，国家为了维护这种契约秩序的安全，判处该罪犯死刑是一种必要的手段。而对被判处死刑的罪犯来说，他"依靠别人来保全自己的生命，在必要时就应该也为别人献出自己的生命。"⑤ 所以，当君主对他说，"为了国家的缘故，需要你去效死"，他就应该去效死。这是因为，"正是由于这个条件他才一直都在享受着安全，并且它的生命也才不再单纯地只是一种自然的恩赐，而是国家的一种有条件的赠礼。"⑥ 此时，在卢梭看来，服从死刑判决显然是一项契约义

---

① （斯洛文尼亚）卜思天·M·儒攀基奇著，何慧新等译：《刑法——刑罚理念批判》，中国政法大学出版社 2002 年版，第 129 页。

② （法）卢梭著，何兆武译：《社会契约论》，商务印书馆 1996 年版，第 46 页。

③ （法）卢梭著，何兆武译：《社会契约论》，商务印书馆 1996 年版，第 47 页。

④ （法）卢梭著，何兆武译：《社会契约论》，商务印书馆 1996 年版，第 46 页。

⑤ （法）卢梭著，何兆武译：《社会契约论》，商务印书馆 1996 年版，第 46 页。

⑥ （法）卢梭著，何兆武译：《社会契约论》，商务印书馆 1996 年版，第 46 页。

务，因为在缔结契约时，人们"正是为了不至于成为凶手的牺牲品，所以人们才同意，假如自己做了凶手的话，自己也得死。"① 最后，卢梭还论证了实施刑罚的主体、刑罚的谦抑等影响刑事判决合法性的一些因素。卢梭认为，惩罚的权力不属于主权者，它只能委任别人而不能由自己本身加以执行，这就意味着刑事判决的主体必须是相对独立的。此外，"刑罚频繁总是政府衰弱或者无能的一种标志。决不会有任何一个恶人，使我们在任何事情上都无法使之为善的。我们没有权力把人处死，哪怕仅仅是以儆效尤，除非对于那些如果保存下来片不能没有危险的人。"② 看来，卢梭也意识到了刑事判决尤其是死刑判决的最后手段性的特点，如果一个国家总是把冲突交付刑事审判，频繁地动用刑罚，不但影响刑事判决的合法性，而且国家的合法性也会受到影响——正因为缺乏合法性或合法性程度差迫不得已才这样做。

意大利著名学者切萨雷·贝卡利亚与卢梭同处一个时代，他也从社会契约论的视角对与刑事判决相关的问题进行系统、深入地探讨，对于我们理解社会契约和刑事判决合法性的关系有着十分重要的价值。在《论犯罪与刑罚》一书中，贝卡利亚首先提出了刑罚权来源于社会契约的观点。他认为，自然状态下的人们为了更有效保护自己不得已割让自己的一份自由，这一份份最少量的自由的结晶形成惩罚权。而且只有法律才能为犯罪规定刑罚，只有代表社会契约而联合起来的整个社会的立法者才拥有这一权威。其次，贝卡利亚认为刑罚权的公正性体现在刑罚权的有限性，因为刑罚权只限于这些被割让的自由的总和，除此以外，"一切额外的东西都是擅权，而不是公正，是杜撰而不是权利。如果刑罚权超过了保护集存的公共利益这一需要，它本质上就是不公正的。"③ 此外，严酷的刑罚也是不公正的，它违背了社会契约的本质。就此而言，如果刑罚不公正，那么以刑罚裁量为主要内容的刑事判决的合法性当然就无从谈起了。再次，贝卡利亚还主张刑事判决的主体应当是中立的司法官员。对于这个问题，卢梭曾经提出过相同的主张，但是遗憾的是没有予以证明，④ 而贝卡利亚则进行了深入地剖析。他认为刑事审判的双方是君主和被告：君主断定被告侵犯了社会契约，而被告予以否

① （法）卢梭著，何兆武译：《社会契约论》，商务印书馆1996年版，第46页。
② （法）卢梭著，何兆武译：《社会契约论》，商务印书馆1996年版，第47页。
③ （意）贝卡利亚著，黄风译：《论犯罪与刑罚》，中国大百科全书出版社1993年版，第9页。
④ 卢梭说，他在这一观念上是前后一致的，但是却无法一下子全部都阐述清楚。参见（法）卢梭著，何兆武译：《社会契约论》，商务印书馆1996年版，第47页。

认。由于君主是一方当事人，所以它不能作为裁判者，应当由一个中立的司法官员作为第三者来判定被告是否触犯了契约。最后，贝卡利亚还从社会契约的角度论证了无罪推定原则的合理性。他认为，"在法官判决之前，一个人是不能被称为罪犯的。只要还不能断定他已经侵犯了给予他公共保护的契约，社会就不能取消对他的公共保护。"从贝卡利亚的论述中，我们可以看出，刑罚权来源的合理性、刑罚适用的公正性、法官的中立性和无罪推定等都支撑了刑事判决的合法性。刑罚权源自于人们自然权利的让渡，是刑事判决合法性的渊源；但是如果刑罚适用不公正、法官不具有中立性以及违反了无罪推定原则，都背离了社会契约的精神，从而影响刑事判决的合法性。

毋庸置疑，在所有的国家理论中，社会契约理论对近现代西方社会政治、法律制度建构和发展的影响是巨大的。美国1776年《独立宣言》和1787年《美利坚合众国宪法》的精神支柱和制度建构无不深深地铭刻着社会契约思想的烙印。而社会契约理论对刑事判决合法性问题的论证，较之于前述的神意崇拜、自然正义理念和宗教神学思想来说，更是显示了其无穷的魅力。正如西方哲学大师罗素在论及西方近代社会变革时指出的，"……政治在某种意义上必须有一种强人服从的权利，若不说那是神意，似乎只好说是契约授予的权利了。因此，政治是由契约设立的这个学说，几乎在所有反对王权神授说的人当中都得人心。"[1] 当然，社会契约理论在本质上无疑也是一种形而上学的唯心主义经验理论。所以，马克思主义经典作家在高度评价其合理性的同时，也指出，"这个理性王国不过是资产阶级的理想化的王国：永恒的正义在资产阶级的司法中得到实现；平等归结为法律面前的资产阶级的平等；被宣布为最主要的人权之一的是资产阶级的所有权；而理性的国家、卢梭的社会契约在实践中表现为而且也只能表现为资产阶级的民主共和国。"[2]

二、刑事判决合法性理论基础的现实解读

在人类进入现代社会以后，科学的发展使理性的力量得到更加充分的张扬。

---

[1]　（英）罗素著，何兆武、李约瑟译：《西方哲学史》（下），商务印书馆1980年版，第162页。
[2]　《马克思恩格斯选集》第3卷，第57页。

在这种背景下，支撑刑事判决合法性的理论基础也相应地在理性化的向度上日益深化。就目前而言，马克思主义的法律观、韦伯的合理性理论、罗尔斯的正义理论和哈贝马斯的商谈理论，都从不同的角度为刑事判决的合法性提供着理论上的支撑。①

（一）马克思主义法律观

马克思主义法律观，是马克思主义经典作家对法律现象基本规律的深刻阐述，内容十分丰富，散见在马克思主义经典作家一系列的论著中。在马克思主义诞生以前，关于国家和法律问题的各种学说都是一种唯心主义的历史观，没有揭示国家和法律的阶级本质，马克思主义经典作家批判地继承了人类法律文化、思想中合理的、积极的因素，从唯物史观出发，深刻揭示了国家和法律的本质，剖析了法律与阶级统治的关系，从而确立了一种真正科学的法律观。从马克思主义法律观的产生过程来看，它首先发轫于对虚伪的资产阶级司法制度的批判。马克思主义经典作家在批判资产阶级司法制度合法性的同时，也逐渐确立并完善了对社会主义司法制度合法性的认识，并为我们探讨刑事判决的合法性问题提供了有力的理论工具。

在批判 19 世纪 40 年代德国的书报检查制度时，马克思深刻揭示了法律与自由的密切关系，并把自由作为评判法律及其制度建构合法性的一个重要标准。在对自由的认识上，马克思继承了启蒙思想家的自由观，认为"自由确实是人所固有的东西"②，"自由不仅包括我靠什么生存，而且也包括我怎样生存，不仅包括着我实现着自由，而且也包括我在自由地实现自由"，③ "没有自由对人来说是一种真正的致命的危险。"④ 同时，马克思还认为，"法律不是压制自由的手段，正如重力定律不是组织运动的手段一样"，"恰恰相反，法律是肯定地、明确的、普遍的规范，在这些规范中自由的存在具有普遍的、理论的、不取决于个别人的人性的性质。法典是人民自由的圣经。"⑤ 在此基础上，马克思用自己的自由观和

---

① 当然，从历史上看，西方功利主义哲学也曾经对合法性理论起到一定的支撑作用，但是就目前而言，功利主义哲学在西方国家的影响已经今非昔比。鉴于此，本书不再对此问题予以论述。

② 《马克思恩格斯全集》第 1 卷，第 63 页。

③ 《马克思恩格斯全集》第 1 卷，第 77 页。

④ 《马克思恩格斯全集》第 1 卷，第 74 页。

⑤ 《马克思恩格斯全集》第 1 卷，第 71 页。

法律观批判了德国的书报检查令。他认为，"出版物在任何情况下都是人类自由的实现，因此，哪里有出版物，哪里也就有出版自由。"① "如果体现'普遍自由'的'自由的出版物'和'出版自由'应该摈弃的话，那么体现特殊自由的检查制度和受检查的出版物就更应该摈弃了；因为类无用的时候，种能有什么用呢？"② 马克思进一步指出，没有出版自由，其他一切自由都是泡影。因为，"既然自由的更高级的形式都被认为不合法，它的低级的形式自然应当被认为是不合法的了。在国家的权利没有得到承认的时候，个别公民的权力是毫无疑义的。如果总的说来自由是合法的，不言而喻，每一种特定形式的自由表现得越鲜明、越充分，自由的这一特定形式也就越合法。"③ 因此，在马克思看来，既然书报检查令不承认每个人的自由，而是否认人民自由存在的合法性，当然应该废除这种制度。

马克思在对法律制度与自由关系的以上论述中所确立的合法性评判标准，对刑事判决而言又何尝不是如此。根据这一标准，马克思在后来的一系列论著中对犯罪、刑罚、刑事法律以及刑事司法制度的合法性问题进行了深入地阐述。马克思首先批判了思想惩罚制度的不合法性，他认为，法律调整的对象是人的外在的行为，而不应惩罚人内在的思想。因为"我只是由于表现自己，只是由于踏入现实的领域，我才进入立法者支配的范围。对于法律来说，除了我的行为以外，我是根本不存在的，我根本不是法律的对象。我的行为是同法律打交道的唯一领域，因为行为就是我为之要求生存的权利、要求现实权利的唯一东西，而且因此我才受到现行法的支配。"④ 这样，"凡是不以行为本身而以当事人的思想方式作为主要标准的法律，无非是对非法行为的公开认可。"⑤ 既然这种法律是对非法行为的认可，当然就不具有合法性。其次，马克思还强调了罪刑法定主义和罪刑相适应原则的精神。在罪刑法定问题上，马克思指出，"如果我被提交法庭受审，我的过失一定是破坏了现行的法律，而在法律受到破坏的地方就至少应当存在着

---

① 《马克思恩格斯全集》第 1 卷，第 62 页。
② 《马克思恩格斯全集》第 1 卷，第 63 页。
③ 《马克思恩格斯全集》第 1 卷，第 85 页。
④ 《马克思恩格斯全集》第 1 卷，第 16—17 页。
⑤ 《马克思恩格斯全集》第 1 卷，第 16 页。

法律。"①　"要使惩罚成为合法的惩罚，它就应该受到法的原则的限制。"②　总之，只有坚持罪刑相适应和罪刑法定，才能使惩罚成为真正的犯罪后果，才能使罪犯受到的惩罚是他的行为的必然结果。因此，根据马克思的理解，如果刑事判决违反罪刑法定主义和罪刑相适应原则的精神，可以任意出入人罪和适用刑罚，那么这种刑事判决就异化为一种行政治罪活动，是警察机构的惯用手段而不是法庭的裁判，其合法性更是无从谈起了。

　　马克思主义法律观的突出贡献集中体现在它对资产阶级刑事司法制度合法性危机的揭露。马克思首先在 1842 年 12 月的《国内危机》一文中揭露了英国刑事法制的欺骗性。他指出，举世皆知的英国自由，除了在法律规定范围内活动这种纯粹形式上的权利外，其他一无所有。而这种法律乃是一堆杂乱无章、相互矛盾的决议，这些决议把结果降为纯粹的诡辩术。由于这种法律不适应时代的需要，连司法机关也都从来不予遵守。同时，这种法律具有封建式的擅断司法的性质，只要社会舆论及其法意识允许，他们甚至会因无所谓的行为而是一个诚实的人被定为犯罪。③　1843 年，恩格斯在《大陆上社会改革运动的进展》一文中揭露了法国法制的合法性危机。"在法国，最近 50 年来，接二连三地发生暴力革命，从激进民主主义到赤裸裸的专制主义的形形色色的宪法及各种各样的法律，实行很短一个时期以后就被抛到一边，而为新的宪法和法律所代替。既然这样，人民对法律还有什么尊重可言呢？"④　此外，马克思主义经典作家认为，在资本主义国家，"法律的运用比法律本身还要不人道的多。"⑤　从而揭露了资产阶级刑事司法的非人道性。如恩格斯在一系列文章中猛烈地抨击了英国资产阶级刑事法律镇压工人阶级和广大人民的本质，揭露了其残酷性。按照恩格斯的看法，英国的刑法典在当时的欧洲是最森严、最野蛮的。这集中表现在刑罚方面，其死刑的适用范围十分广泛，可以判处死刑的有 7 种罪，还有两种野蛮的无以复加的刑罚：苦役流刑和单独监禁。"这两种刑罚经年累月连续不断地从肉体上、精神上、道德上来摧残法律的牺牲者，一直把它们弄得像牲畜一样，很难想出比这更残酷和更卑劣的

---

① 《马克思恩格斯全集》第 1 卷，第 76—77 页。
② 《马克思恩格斯全集》第 1 卷，第 140—141 页。
③ 转引自李光灿等：《马克思、恩格斯法律思想史》，法律出版社 2001 年版，第 159 页。
④ 转引自李光灿等：《马克思、恩格斯法律思想史》，法律出版社 2001 年版，第 161 页。
⑤ 《马克思恩格斯全集》第 1 卷，第 703 页。

刑罚了。"① 这样，"对于一个忍受了现存秩序的一切害处却享受不到它的些微好处的阶级，对于一个只能受到现存社会制度敌视的阶级，难道还能要求他们尊重这个社会秩序吗?"② 最后，马克思和恩格斯还剖析了法官的阶级性，指出了法官判决的非公正性。马克思在《普鲁士反革命和普鲁士法官》一文中尖锐地指出了资产阶级司法对政府的依附地位：它怯懦地对政府采取信赖态度，而对人民背叛地采取不信赖态度。"由于法官处于依附地位，资产阶级的司法本身也成了依附于政府的司法。"③ 这样，在森严的法院大院里，对无产者来说，法律的保护作用是不存在的。陪审法庭也具有强烈的阶级性，成为维护资产阶级统治的工具。而当陪审法庭代表和维护的是资产阶级的利益时，对于作为被告的这些手无寸铁的革命无产阶级没有任何公正可言，因为这些被告的罪早已被判定了。在此，马克思无情地戳穿了普鲁士司法当局的偏颇不公，揭示了资产阶级"公正裁判"的阶级性。

马克思主义经典作家的以上论述，在深刻揭露传统资产阶级刑事法制合法性危机的同时，也为我们提供了刑事判决及其形成机制合法性的评判标准，即看该刑事判决及其形成机制是否以及在多大程度上能够保障人民的自由、尊重和体现人的尊严、维护广大人民的共同利益。这些标准具有较强的普适性，可以适用于一切类型的国家。在以马克思主义思想指导下建立起来的社会主义国家，刑事法律制度的建构应当无条件地遵循这些标准，以体现刑事法律制度的社会主义性质。同时，还应当不断地以这些标准来检视刑事法律制度的运作和刑事判决的生成过程，使刑事法律制度能够得到社会公众的认同，保障刑事判决的合法性。

（二）韦伯的合理性理论

"合理性"这一概念在西方文化传统中由来已久。但是，在韦伯以前，合理性这个概念仍限于思辨思维的范畴。后来，马克斯·韦伯在社会学研究中借用了这一概念，认为"合理性就意味着人们排除了神秘感和盲目性，摆脱了迷信和愚昧，一切经过认真地思考和计算，可以清楚地预测结果和理智地控制客观事物。"④ 经过对西方社会历史进程的分析，韦伯还指出，在西方社会现代化过程

---

① 《马克思恩格斯全集》第1卷，第701页。
② 《马克思恩格斯全集》第2卷，第415页。
③ 《马克思恩格斯全集》第6卷，第167页。
④ 参见周世中：《法的合理性研究》，山东人民出版社2004年版，第14页。

中，社会生活日趋理性化。理性对现代社会显示出的意义首先表现为，理性的觉醒及延展导致宗教形而上学解体，世界观经过一个"祛魅化"的过程，开始摆脱传统的束缚，转向运用理性的方法来理解和控制世界。西方社会的现代化进程可以理解为全面趋于理性化——合理性——的过程。此外，在韦伯看来，合理性分为目的——工具合理性和价值合理性。目的——工具合理性强调手段对达到特定目的的能力或可能性，至于特定的目的是否符合终极价值以及这种终极价值是否是人本身的要求在所不问；而价值合理性则主要关注行为本身是否符合绝对的价值。这样，通过类型化，韦伯就使得合理性概念成为理论社会学研究的一个重要分析工具。

在韦伯的政治社会学理论中，合理性这个概念有着极其重要的意义，并影响着韦伯对政治统治合法性类型的划分。根据统治合法性的渊源，韦伯将合法的统治划分为传统型统治、卡里斯玛型统治和法理型统治三种类型。[①] 韦伯认为，传统型统治"建立在一般相信历来适用的传统的神圣性和由传统授命实施权威的统治者的合法性之上"，在这种依据传统进行统治的情况下，合法性的渊源在于"在习惯的范围内，由于尊敬而服从传统所授命进行统治并受传统约束的统治者个人"。[②] 而卡里斯玛型统治"建立在非凡的献身于一个人以及由他所默示和创立的制度的神圣性，或者英雄气概，或者楷模样板之上"。在这种统治模式下，合法性的渊源体现为："服从具有魅力素质的领袖本人，在相信他的这种魅力的适用范围内，由于个人信赖默示、英雄主义和楷模榜样而服从他。"[③] 法理型统治则是"建立在相信统治者的章程所规定的制度和指令权利的合法性之上"的，此时，统治者是"合法授命进行统治的"。[④] 合法型统治合法性的渊源是对正式制定的规则的有效性的信任，人们服从依照法规而占据某个职位并行使权力的统治者。

显然，在韦伯的上述统治类型划分中，"情感行为导致了对卡里斯玛型统治的认可，传统行为导致对传统型统治的认可，而价值合理性行为导致对法理型统治的认可。"[⑤] 但是，在韦伯对工具合理性和价值合理性的划分中，为什么没有

①　（德）马克斯·韦伯著，林荣远译：《经济与社会》（上卷），商务印书馆1997年版，第241页。
②　（德）马克斯·韦伯著，林荣远译：《经济与社会》（上卷），商务印书馆1997年版，第241页。
③　（德）马克斯·韦伯著，林荣远译：《经济与社会》（上卷），商务印书馆1997年版，第241页。
④　（德）马克斯·韦伯著，林荣远译：《经济与社会》（上卷），商务印书馆1997年版，第241页。
⑤　强世功：《法制与治理——国家转型中的法律》，中国政法大学出版社2003年版，第15页。

与工具合理性相对应的合法性统治划分呢？对于这个问题，"如果我们不是将此看作韦伯在理论上的疏忽的话，那么这恰恰表明韦伯内心深处隐藏的价值判断，即对基于强迫同意而非价值认可的统治秩序的深深的不信任。"① 这样，韦伯正是基于对工具合理性和价值合理性的划分，把建立在工具合理性基础上的统治类型从合法性统治中剔除出去，从而使得以暴力为主要手段的统治类型在韦伯的观念中不具有任何合法性。根据上述分析，我们可以看出，对于刑事判决的合法性而言，如果一味地强调刑事判决的社会控制，那么无疑就会导致罪刑擅断和刑罚威慑主义，它彰显的是刑事判决的工具合理性，即将刑事判决完全视为社会控制的实现手段。此时，在韦伯合理性概念的视野中，这种刑事判决是绝无合法性可言的。作为一种统治手段，刑事判决的合法性只能建立在刑事判决价值合理性的基础之上。

此外，对于立法和司法的合理性问题，韦伯认为，它们可能要么是理性的，要么是非理性的。"倘若对于立法和司法问题的秩序，应用一些不能根据理智监督的手段，例如采用神谕或其替代物，那么它们在形式上是非理性的。在实质上，它们在这个意义上是非理性的，即十分具体的对个案的评价，不管是伦理的或者是感情的或者是政治性的评价，对判决具有决定性意义，而不是一般的准则。"② 这样，在法社会学研究领域对于立法和司法的合理性问题，韦伯不但明确划分了理性和非理性区别，而且还进一步将合理性划分为形式合理性和实质合理性。

毋庸置疑，韦伯显然对那些不是建立在"一般的准则"基础上的非理性的立法或司法持否定态度的，这一点自然不必多言。韦伯指出，对于具有合理性的立法和司法来说，不管是僧侣统治者还是世袭的王公们，"他们的'理性主义'都具有'实质的'性质。它追求的不是形式法学上最精确的、对于机会的可预见性以及法和程序中合理的系统性的最佳鲜明性，而是在内容上最符合那些'权威'的实际的——功利主义的和伦理的要求的明显特征。"③ 韦伯认为，对于在这种观念下进行的司法活动，"恰如整个旨在召唤魔法的或者神的力量的行为一样，这种法律过程在严格的形式上，希冀通过决定性的诉讼审判手段的非理性的、超

---

①　强世功：《法制与治理——国家转型中的法律》，中国政法大学出版社 2003 年版，第 15 页。

②　（德）马克斯·韦伯著，林荣远译：《经济与社会》（下卷），商务印书馆 1997 年版，第 17 页。

③　（德）马克斯·韦伯著，林荣远译：《经济与社会》（下卷），商务印书馆 1997 年版，第 139 页。

自然的性质，达到实质上'正确的'判决。"① 对于这种司法活动，韦伯明确地表明了自己的立场。他指出，"所有那些正好追求与专制的束缚或者非理性的群众自发行为决裂以利于发展个人的机会和发展个人才能的意识形态的代表，都看到了刑事司法的决定性的优点，与此相反，把无形式的司法看作是为绝对任意专断和主观主义的反复无常提供机会。"② 显然，在韦伯看来，立法或司法的合理性仅仅意味着其形式上的合理性。③ 否则，拒绝严格的程序和规则，更多地求助于法律以外的因素，依赖于伦理的、宗教的、政治的或者其他实质理性预设的各种权威，甚至为了消除争议分歧而非理性地采用一些不可思议的方法、巫术的手段等等，由于它们缺乏形式上的合理性，大都是人的理智不可控制的，因此必须予以摈弃。

韦伯的以上论述，无疑从形式合理性的视角为立法或司法的合法性论证提供了理论上的支撑。因为合理性是立法或司法合法性的建构基础，否则，如果立法和司法缺乏合理性，遑论其合法性。对于刑事判决合法性的论证而言，其理论上的借鉴意义也是十分明显的。具体而言，在刑事判决的形成过程中，传统社会中的罪刑擅断、司法神秘主义和程序虚无主义，在韦伯看来显然都是一种对统治者而言具有实质意义上的"合理性"的，但是由于缺乏在形式上的合理性，因此，这种司法活动及其产生的刑事判决绝无合理性可言。从前述工具合理性和价值合理性的划分来看，这种实质意义上的合理性无疑属于工具合理性的范畴，它不足以支撑刑事判决——作为一种统治手段——的合法性。而在现代社会中，赖以支撑刑事判决合法性的价值合理性必然要求刑事判决在形式意义向度上的合理性诉求。就此而言，韦伯的上述论述无疑在一定程度上凸现了程序的价值，从而支撑了现代社会中程序认同型刑事判决合法性的建构。

---

① （德）马克斯·韦伯著，林荣远译：《经济与社会》（下卷），商务印书馆1997年版，第141页。

② （德）马克斯·韦伯著，林荣远译：《经济与社会》（下卷），商务印书馆1997年版，第142页。

③ 韦伯指出，对于法的形式合理性的具体要求，无外乎包括以下几个方面：Ⅰ任何具体的法律判决都是把一条抽象的法的原则"应用"到一个具体的"事实"上；Ⅱ对于任何具体的事实，都必须采用法逻辑的手段，从使用的抽象的法的原则中得出判决；Ⅲ因此，适用的、客观的法是法的原则的一种"完美无缺的"体系，或者本身潜在地包含着这样一种体系，或者它本身必须被看作是为了应用法的目的的这样一种体系；Ⅳ法学上不能理智地"构想"的东西，在法律上也是无关紧要的；Ⅴ人的共同体行为必须完全作为"应用"或者"实行"法的原则来解释，或者反之，（作为）"违反"法的原则来解释，因为与法的体系的"完美无缺"相适应，"法律上的井然有序"也是整个社会行为的一个基本范畴。参见（德）马克斯韦伯著，林荣远译：《经济与社会》（下卷），商务印书馆1997年版，第18页。

（三）罗尔斯的正义理论

19 世纪五六十年代的美国是一个动荡不安的社会。在政治文化领域各种激进的社会思潮推动了大规模的群众抗议运动，人们以极其尖锐的方式提出了现行的社会制度是否合理、社会权益的分配是否公正、人民是否真正享有自由、民主权利的问题。美国社会的政治、经济、法律制度面临空前的合法性危机。传统的社会契约理论以及当时的功利主义哲学已经没有能力再为美国社会制度合法性危机的消解提供理论上的支撑。正是在这种社会背景下，美国当代著名哲学家、伦理学家约翰·罗尔斯对美国社会的现实问题经过将近 20 年的潜心研究，在 19 世纪 70 年代提出了以纯粹程序正义为核心的正义理论，并在很短的时间内就在美国乃至整个西方国家引起了强烈的反响。① 毋庸置疑，罗尔斯的正义理论涉及广泛的社会正义问题，因为尽管他是作为一个伦理学家从道德的角度来研究社会的基本结构的，但是他在研究该问题时必然涉及政治学、法学、社会学和经济学等诸多领域。在人们的价值追求日益多元、社会利益结构更趋复杂的当代社会中，他所提出的纯粹程序正义理念具有十分重大的实践价值，因为"在满足正义的要求时，它不再需要追溯无数的特殊环境和个人不断变化着的相对地位，从而避免了由这类细节引起的复杂原则问题。"②

罗尔斯在《正义论》一书中为了说明纯粹的程序正义，提出了完善的程序正

---

① 罗尔斯的正义理论是建立在古典契约论基础上的一种新契约论。这种新契约论同古典契约论相比有三个明显的特点。Ⅰ 古典契约论是"历史的"，而罗尔斯的新契约论是"非历史的"。罗尔斯认为，古典契约论所描述的人类社会从"原始状态"到"国家"的过渡俨然是一种历史的经验事实，其实，订立契约的"原始状态"纯粹是一种假设的状态，一种思辨的设计。在罗尔斯看来，订立契约的目标并非是选择建立某一种特殊的制度或进入某一特殊的社会，而是选择确立一种指导社会基本结构设计的根本道德原则（正义原则）。因此，罗尔斯的契约论完全是与社会历史分开的。Ⅱ 罗尔斯新契约论的核心是"纯粹的程序正义"的理念。罗尔斯在《正义论》一书中多次提到他所阐述的正义理论是一种纯粹的程序正义，而且"作为公平的正义从一开始就能够使用纯粹程序正义的观念"。罗尔斯认为，一个正义的社会需要某些正义的原则用来支配其社会基本结构和基本制度；但是我们面对着许多原则，只是不知道哪些原则是正义的。此时，关键的问题不是我们选择了什么，而是我们如何选择，如果我们能够设计出一种正义的程序，那么我们从中选择的任何原则都将是正义的。这就是罗尔斯所阐述的纯粹的程序正义。显然，在古典契约论中，结果比程序重要，全体人们达成一致的契约是国际产生的前提；而在罗尔斯的新契约论中，程序比结果重要，正义的结果是有正义的程序产生的。Ⅲ 古典契约论是经验理性的，而罗尔斯的新契约论是实践理性的，所以在罗尔斯对政治合法性的判断不是坚持道德真理，而是主张"政治一致"，全体公民的一致赞同是对政治合法性的最好证明。参见姚大志：《契约论与政治合法化》，《复旦学报》（社会科学版）2003 年第 4 期。

② （美）约翰·罗尔斯著，何怀宏等译：《正义论》，中国社会科学出版社 1988 年版，第 88 页。

义和不完善的程序正义两个概念，其中不完善的程序正义是：当有着一种判断正确结果的独立标准时，却没有可以保证达到它的程序。罗尔斯指出，刑事审判就是一种不完善的程序正义。因为，在刑事审判中，"期望的结果是：只要被告犯有被指控的罪行，他就应当被宣判为有罪。审判程序是为探求和确定这方面的真实情况设计的，但看来不可能把法规设计得使它们总是达到正确的结果。"因为，"即便法律被仔细地遵循，过程被公正恰当地引导，还是有可能达到错误的结果。一个无罪的人可能被判作有罪，一个有罪的人却可能逍遥法外。"尽管在此时，"不正义并非来自于人的过错，而是因为某些情况的偶然结合挫败了法律规范的目的。"[①] 当然，在不完善的程序正义中，如果达到了所期望的结果仍然有可能是正义的。诚然，罗尔斯的纯粹程序正义理论不是用来解释刑事判决正义问题的，但是诚如陈瑞华教授所指出的，不管罗尔斯的正义理论能否以及能在多大程度上被人们所接受，他所提出的程序或过程本身的正当化问题却日益引起了人们的关注。他的理论对人们的深刻启示在于：在对一种至少会使一部分人的权益受到有利或不利影响的活动或决定做出评价时，不能仅仅关注其结果的正当性，而且还要看这种结果的形成过程或者结果据以形成的程序本身是否符合一些客观的正当性、合理性标准。[②] 就此而言，罗尔斯的正义理论无疑会对刑事判决合法性问题的研究产生积极的影响。

作为一种以纯粹的程序正义为核心的正义理论，罗尔斯的正义论把正义的程序看作是产生正义的结果的一种手段。罗尔斯并非不重视结果的正义，他也认为，"我们不能因为一种特殊的结果是在遵循一种公平的程序中达到的就说它是正义的。这个口子开得太大，会导致荒唐的不公正的结果。他将允许人们说几乎所有的利益分配都是公正或公平的，因为它可能是作为公平赌博所达到的一个结果。"[③] 只是在罗尔斯看来，人们由于利益需求的不同从而无法对结果是否正义形成一致的判断标准时，转而对产生这种结果的程序正义标准达成一致，与此同时，人们也形成一种共识：只要这种程序被人们恰当地遵守，其结果也会是正确的或公平的。此时，程序成为正义能否实现的核心问题。其实，罗尔斯的上述分析在一定程度上也可以适用于刑事判决的形成程序。在刑事判决的形式程序中，

---

① （美）约翰·罗尔斯著，何怀宏等译：《正义论》，中国社会科学出版社 1988 年版，第 86 页。
② 陈瑞华：《程序正义论——从刑事审判角度的分析》，《中外法学》1997 年第 2 期。
③ （美）约翰·罗尔斯著，何怀宏等译：《正义论》，中国社会科学出版社 1988 年版，第 87 页。

判决结果是否公正对于控辩双方而言不可能达成一致的见解，控诉方追求的是有罪判决，而被告人在其本性的驱使下总是希望判决越轻越好，最好是做出无罪判决。所以，对于一个判决结果，控辩双方分别站在各自的立场上依据不同的标准予以评判，很难在彼此之间相互信服。而社会公众也可能基于不同的动机适用不同的标准对该判决予以评判，从而使评判判决结果是否正义的标准更趋混乱。这样，就突显了罗尔斯所主张的程序正义的价值。因为在无法就判决结果的公正形成认同的情况下，如果为判决形成程序确立一些外在的公众都能接受的并且体现了正义性的规则或标准，那么只要判决的形成严格遵循这些程序规则，即使控辩双方对判决结果仍然不可能完全满意，相比较而言，他们就会采取理智的态度对待判决结果，从而在一定程度上相对接受和服从判决。这样，既维护了判决的权威，也使判决的合法性得以体现。

此外，罗尔斯在《正义论》中还探讨了公民服从一种不正义法律的义务。罗尔斯将法律的不正义分为两种类型：一种是法律体现了狭隘的统治阶级的正义观；二是法律在一定程度上偏离了公认的正义标准。对于前一种情形，罗尔斯认为，"一个人就没有别的办法而只能反对那种流行的观念，反对他以诸如允诺今后的某种成功这类方式为之辩护的制度。"[①] 此时谈不上服从的义务问题，因此，罗尔斯所论述的服从义务只适用于第二种情形。至于为什么要服从这种不正义的法律，罗尔斯认为，"正如一种现存宪法所规定的立法的合法性并不构成承认它的一种充足理由一样，一个法律的不正义也不是不服从它的充足理由。当社会基本结构由现状判断是相当正义时，只要不正义法律不超出某种界限，我们就要承认他们具有约束性。"[②] 对于这种义务的来源，罗尔斯进一步解释说，"因为我们应当支持一种正义宪法，我们必须赞同其中的一个主要规则，即多数裁决的规则。于是，在一个近于正义的状态里，我们通常根据那个支持正义宪法的义务而具有遵守不正义法律的义务。"[③] 罗尔斯的这些论述，对于我们理解被告人服从一个感到不正义的刑事判决问题，有着很好的启示意义。因为根据罗尔斯的论述，在刑事审判过程中，如果被告人感到裁判不正义时，除非这种裁判确实背离了社会公众的正义观念，得到了社会公众的同情，他有权利主张不承担服从的义

---

① （美）约翰·罗尔斯著，何怀宏等译：《正义论》，中国社会科学出版社 1988 年版，第 353 页。

② （美）约翰·罗尔斯著，何怀宏等译：《正义论》，中国社会科学出版社 1988 年版，第 351 页。

③ （美）约翰·罗尔斯著，何怀宏等译：《正义论》，中国社会科学出版社 1988 年版，第 354 页。

务，否则，他应当服从裁判。

罗尔斯的正义论是当今世界最有影响的一种正义理论。他所阐述的纯粹的程序正义的基本理念使人们认识到了刑事程序正义的独立价值以及对于结果正义的积极促进功能。它对世界各国刑事审判制度的合法性建构产生着积极而又深刻的影响，对于完善人们对刑事判决合法性的认知结构有着重要的价值。

（四）哈贝马斯的商谈理论

哈贝马斯是当代西方哲学界、社会学界最具影响力的学者之一。作为法兰克福学派第二代学者中的代表性人物，哈贝马斯在批判继承马克斯·韦伯合理性理论的基础上，提出了交往合理性的概念，并长期以来一直潜心交往行为理论的构建和完善。在哈贝马斯的交往行为理论中，交往行为的合理性根据在于交往主体之间的相互同意、普遍赞同而且能够自觉遵守的规范。对此，他解释说，"交往行为与目的合理的行为不同，它遵守着主体之间相应的规范。这些规范表现了主体之间对对方行为的期望。……交往行为的参与者所提出的、互相承认的合理要求，使大家的共同行为取得一致成为可能。"[1] 在哈贝马斯看来，交往行为合理化的核心是交往行为主体能够进行没有任何强制性的诚实的交往与对话，"只要一切有关的人能以参加一种实践的商谈，每个有效的规范都将会得到他们的赞同。"[2] 因而，交往行为在实质上就是交往主体之间的商谈关系。由此，哈贝马斯又提出了商谈理论，并将其作为交往行为理论的重要组成部分。

哈贝马斯商谈理论的提出，旨在通过交往主体间的商谈所形成的话语共识，为政治决定、立法和司法判决等行为的合法性提供技术支撑。话语共识是商谈理论的核心内容。哈贝马斯认为同一个行为可以说是目的理性行为者之间的相互影响，也可以说是生活世界成员之间的沟通过程，沟通是具有言语和行为能力的主体相互之间取得一致的过程，沟通过程所追求的是共识。[3] 共识具有不同的命题结构，它或者通过交往实现或者在交往行为中共同设定，不管是什么样的命题结构，共识都不能是外在作用的结果，只能是得到接受者的有效认可。因此，共识

---

① 转引自魏敦友：《释义与批判——哈贝马斯的"交往合理性"述评》，《江汉论坛》1995 年第 7 期。

② 转引自薛华：《哈贝马斯的商谈伦理学》，辽宁教育出版社 1988 年版，第 2 页。

③ （德）哈贝马斯著，曹卫东译：《交往行为理论》（第一卷），上海人民出版社 2004 年版，第 274 页。

不同于实际中存在的偶然意见一致。共识的基础是交往者之间的相互信服，对此，哈贝马斯认为，"一种通过交往而达到的共识具有合理的基础。也就是说，这种共识不能被转嫁到工具行为（对行为语境的直接干预）或策略行为（对对方选择的算计或左右）当中。共识可以是强制的客观结果，但如果明显依赖的是外界影响或暴力，共识就不会得到主体的承认。"① 因此，哈贝马斯交往行为理论中的共识不是基于某种交往前已存在的、受共同约束的世界观、价值观或共同的规范，而是通过彼此之间的沟通建立在相互理解和信服基础上的一种"求同存异"，这种共识尊重交往主体价值观和利益需求上的差异性，其目的不在于消灭差异和分歧，而是在肯定多元的价值领域内达成主体间认识的一致性，这种共识无疑为最后意见的合法性提供了支撑。

究其本质而言，哈贝马斯的商谈理论是一种程序主义民主模式。在西方国家的民主实践中存在两种主要的民主理论模式：自由主义民主和共和主义民主。② 哈贝马斯以交往理论为认知模式，肯定了共和主义民主的价值，因为共和主义民主也是一种"交往型"的民主，在这种民主模式下，政治意见和政治意志在公共领域和议会中的形成过程所遵循的不是市场的结构，而是一种独特的公共交往结构，目的在于通过沟通达成共识。当然，哈贝马斯也指出，共和主义民主让民主过程依附于公民的道德趋向，以道德来约束政治话语是错误的。因为在多元的社会里，对于共同体内部存在的利益和价值取向之间的冲突只能通过均衡达成共识，利益均衡表现为相互之间的妥协，而妥协是否公平则要看其前提和程序，使它们才赋予制度化的意见和意志以合法化的力量。③ 在此基础上，哈贝马斯提出，应该建构和完善一种以交往为前提、以商谈为核心内涵的程序主义民主模式。在哈贝马斯的程序主义民主模式中，民主的形成过程是商谈和交往。它依靠公民的文化共识，通过商谈和交往程序在协商、自我理解的话语以及公正话语之间建立

---

① （德）哈贝马斯著，曹卫东译：《交往行为理论》（第一卷），上海人民出版社2004年版，第274页。

② 自由主义民主理论认为，民主进程的作用在于根据社会的不同利益来安排国家，社会是私人及其社会劳动按照市场规律进行交换的系统。这里，作为公民政治意志形成意义上的政治，其作用在于联合和贯彻私人的社会利益，用以对抗国家，因为国家追求的使用行政手段行使政治权力，以实现集体目标。而共和主义民主理论认为，政治是一种媒介，有了政治，自发的团结共同体的成员就可以意识到他们相互之间的依赖性，就可以作为公民把已有的相互承认的关系有意识、有意志地发展和塑造成一个自由和平等的法人联合体。参见（德）哈贝马斯著，曹卫东译：《包容他者》，上海人民出版社2002年版，第280页。

③ （德）哈贝马斯著，曹卫东译：《包容他者》，上海人民出版社2002年版，第284页。

起了一种有机联系。在这种前提下，哈贝马斯相信合理乃至公正的结果是可以取得的。其次，民主的核心是商谈和交往程序的规则化。程序主义民主模式不是以国家而是以政治意见和意志的形成过程为核心的，为了保障以形成话语共识为目的的政治意见和意志形成过程——商谈过程——的有效性，哈贝马斯认为话语的共识必须满足以下规则：即"每一个有语言和行为能力的主体自觉放弃权力和暴力使用的前提下，自由平等地参与话语的论证，并且在此过程中，人人都怀着追求真理、服从真理的动机和愿望。不但如此，通过话语共识建立起来的规则，还必须为所有人遵守，每个人都必须对这种规则的实行所带来的后果承担责任。"①另外，程序主义民主模式超越了以主体性为核心的传统意识哲学，对互主体性的宠爱和张扬成为其最大的理论特色。互主体性是对主体间关系及其价值的一种认识。哈贝马斯认为，商谈理论基本原则的运用不是独白式的，而是对话式的，它是用以调节不同参加者之间的讨论论证的，而这种对话式商谈的基本精神就是互主体性。这样，在哈贝马斯的视野中，主体性成为一种基础层面的铺垫，而关注的核心转向了主体间的交往形式——商谈、理解和沟通。

哈贝马斯认为这种商谈理论完全可以适用于法律领域，并把商谈视为"合法行使之民主统治的基础"。因为在这种新的语境下，传统的实践理性概念也获得了新的、某种程度的启发性价值。它的作用不再是直接引导出一个关于法和道德的规范理论。相反，它提供的是一种导向作用，引导人民对形成意见和准备决策的诸多商谈所构成的网络进行重构。从这个角度看，政治意志形成过程、立法过程和司法判决实践的那种法治国交往形式，都表现为处于系统迫令压力之下的现代社会的生活世界的总体合理化过程的一部分。② 在此基础上，哈贝马斯还运用商谈理论对司法的合理性进行了专门的探讨。他认为，"司法权利——确保所有人都得到同等的法律保护、都具有同等的要求法律听证的权利、司法平等、也就是法律面前平等对待等等司法权利——有可能根据商谈原则得到论证。"③

在哈贝马斯将商谈理论适用于司法活动的论证中，他认为单个的法官原则上必须把它的建构性诠释看作是一项以公民间公共交往为支撑的公共事业，而法的

---

① 张国锋：《哈贝马斯访谈录》，《外国文学评论》2000 年第 1 期。

② （德）哈贝马斯著，童世骏译：《在事实与规范之间——关于法律和民主法治国的商谈理论》，三联书店 2003 年版，第 7 页。

③ （德）哈贝马斯著，童世骏译：《在事实与规范之间——关于法律和民主法治国的商谈理论》，三联书店 2003 年版，第 152—153 页。

范式性前理解要能够消除受理论影响的判决的不确定性，并确保足够程度的法律确定性，它就必须是被所有公民主体间共享的，必须表达构成法律共同体之认同的那种自我理解。对于司法判决形成程序的理想建构，哈贝马斯认为，可以从法律商谈的视角将其视为一种"合作的理论形成程序"。在这里，法律商谈理论把司法判决的合理可接受性不仅同论据的质量相联接，而且同辩论过程相联接，它充分地考虑到了做出唯一正确判决的规范性理想与实际判决活动可错性之间的矛盾，尽管这种矛盾不可能予以彻底解决，但至少是加以认真对待的。此外，哈贝马斯将判决的有效性建立在商谈——论证——的基础上。他认为，"确定一个判断之有效性的，当然是它的有效性条件被满足这个事实。但是，要澄清这些事实条件是不是被满足，不可能通过直接诉诸经验证据和理想直觉中提供的事实，而只能以商谈的方式，确切地说通过以论辩的方式而实施的论证的过程。"[①] 而法律意义上的商谈在很大程度上支撑着司法判决理由的正当化。因为实质性的理由绝不可能在逻辑推理关系或判决性证据的意义上具有"强制性"——逻辑推理关系仅仅阐明前提的内容，而经验证据不过是单称的直觉判断，即使在经验领域它的作用也不是没有争议的。因此，对于可能的实质性理由的链条来说，是不存在"自然的"终端的；我们无法断然否定有可能会提出新的信息和更好的理由。我们在有利的条件下要在事实上结束一场辩论，只有当先前一直不成问题之背景假设的视域中的那些理由凝聚成一个融贯整体，从而导致对那个有争议之有效性主张出现一个无强制性同意。[②] 而此时，商谈还发挥着"闭合缺口"功能，即在那些至多有一些说服力的单个的实质性理由和原则上始终未完成的论据系列与"唯一正确"判决主张的无条件性之间，存在合理性缺口，这种缺口只能通过合作地寻求真理的论辩过程而理想地闭合。当然，哈贝马斯并没有忽略法庭审判的程序规则对法律商谈的限制，他认为对论辩程序的理想性要求与由于事实上的调节需要而出现的种种限制，必须协调起来。程序法并不对规范性法律商谈进行调解，而只是在时间向度、社会向度和实质向度上确保受运用性商谈之逻辑支配的自由的交往过程所需要的制度框架。这样，由于程序规则严格地调节了有关发生了什么事实的取证过程，所以，案件各方可以在一个限定的范围内对法律采取策略性

---

① （德）哈贝马斯著，童世骏译：《在事实与规范之间——关于法律和民主法治国的商谈理论》，三联书店 2003 年版，第 278 页。

② （德）哈贝马斯著，童世骏译：《在事实与规范之间——关于法律和民主法治国的商谈理论》，三联书店 2003 年版，第 278 页。

的态度，而法庭的法律商谈则结束于一个程序法的真空，判决的作出仅仅取决于法官的职业能力。"法律商谈之所以被转移到实际程序之外，是因为这样可以使它免受来自外部的影响。"①

哈贝马斯的商谈理论从互主体性的视角探讨了交往主体间的商谈、沟通对于形成话语共识的积极价值，同时也支撑了通过这种机制获得的意见或意志的合法性。尤其是他运用商谈理论模式对司法判决过程的分析，凸显了司法判决形成过程中在各诉讼主体之间进行的辩论、沟通所具有的重大的诉讼价值，它对于增强判决理由的说服力以及保障判决的合法性发挥着重要的功能，因为"所有诉讼过程的参加者，不管其动机是什么，都对一个从法官的视角来看有助于得到公平判断的商谈过程做出了贡献。"② 也正因如此，笔者认为在研究刑事判决的合法性问题时，不能忽略哈贝马斯商谈理论的巨大借鉴价值，他为我们提供了一个崭新的理论视角，把理论研究中已经忽略的论辩对刑事判决合法性的影响重新纳入我们的视野，使我们有可能从各诉讼主体间关系的维度来重新审视刑事判决的形成过程，从而对影响刑事判决合法性的因素进行相对周全的分析，完善刑事审判制度的合理建构，进而促进刑事判决的合法性。

三、法治理论：刑事判决合法性理论基础的整合

在当代社会，随着国家和社会治理在法治化模式向度上改造的普遍化，世界各国在法治及其价值问题上已经形成广泛的话语共识。在这种背景下，笔者以为，法治无疑正在以其强大的理论整合能力支撑着刑事判决合法性的建构。

（一）法治的概念及其理论整合功能

在人类社会的历史上，存在两种类型的国家和社会治理模式：人治和法治。

---

① （德）哈贝马斯著，童世骏译：《在事实与规范之间——关于法律和民主法治国的商谈理论》，三联书店 2003 年版，第 290 页。
② （德）哈贝马斯著，童世骏译：《在事实与规范之间——关于法律和民主法治国的商谈理论》，三联书店 2003 年版，第 283 页。

法治是对人治的否定。①　古希腊哲学家亚里士多德认为，法治就是"已成立的法律获得普遍地服从，而大家所服从的法律又应该本身是制定的良好的法律。"②亚里士多德为我们描绘出了法治型治理模式的基本框架：法律至上和良法之治。尽管在亚里士多德以前的古希腊已经出现了法治观念的萌芽和治理实践，但是亚里士多德对法治的阐述，无疑对后世法治理论的系统化和法治实践产生了深远影响。从1215年英国的《自由大宪章》到1787年《美国宪法》和1789年法国《人权宣言》，以及当今世界各国普遍进行的法治实践，无不充分地体现了对"法律至上"和"良法之治"这些法治理念的张扬。

　　但是，对于如何界定法治的具体含义这个问题，几千年来，尽管西方学者一直在寻求为法治找到一个内涵合理、外延周延的定义，但是却都无不汗颜以对。以至于英国著名法学家戴维·沃克说，法治是一个无比重要、但未被定义、也不是随便就能定义的概念。③　因此，在西方国家学者对法治的阐述中，大都沿袭了亚里士多德的法制定义模式，法治基本上是一个描述性的概念。如戴维·沃克认为："法治是指所有的权威机构、立法、行政、司法及其他机构都要服从于某些原则。这些原则一般被看作是表达了法律的各种特性，如：正义的基本原则、道德原则、公平和合理诉讼程序的观念，它含有对个人的至高无上的价值观念和尊严的尊重。在任何法律制度中，法治的内容是：对立法权的限制；反对滥用行政权力的保护措施；获得法律的忠告、帮助和保护的大量的和平的机会；对个人和团体各种权利和自由的正当保护；以及在法律面前人人平等。……它不是强调政府要维护和执行法律及秩序；而是说政府本身要服从法律制度，而不能不顾法律或重新制定适应本身利益的法律。"④　此外，英国宪法学家戴雪也从三个方面描述了法治（法律主治）的含义。他认为，法治首先指法律至上，其次意味着法律面前人人平等，最后还表示一个公式，"用之以解证一件法律事实"。根据戴雪的阐述，这件法律事实是："凡宪章所有规则，在外国中，皆构成宪法条文的各部

---

　　①　古希腊哲学家柏拉图最早提出了人治理论。后来，晚年时期的柏拉图在《法律篇》中把"法律的统治"作为现实社会的最佳选择。他认为，"如果一个国家的法律处于从属地位，我敢说，这个国家一定要覆灭；然而，我们认为一个国家的法律如果在官吏之上，而这些官吏服从法律，这个国家就会获得诸神的保佑和赐福。"（参见柏拉图的《法律篇》，《西方法律思想史资料选编》，北京大学出版社1983年版，第25页。）

　　②　（古希腊）亚里士多德著，吴寿彭译：《政治学》，商务印书馆1965年版，第199页。

　　③　（英）戴维·沃克著，邓正来等译：《牛津法律大辞典》，光明日报出版社1988年版，第790页。

　　④　（英）戴维·沃克著，邓正来等译：《牛津法律大辞典》，光明日报出版社1988年版，第790页。

分；而在英格兰中，不但不是个人权利的渊源，而且只是由法院规定与执行个人权利后所产生之效果。"①

　　显然，描述性的法治概念为我们展现了一个所谓法治或法治社会的制度框架以及一些具体原则。当然，这种描述是学者对法治或法治社会应然状态的设计，而不是对现实社会治理模式的复制和概括，因为法治永远是一种超越现实的理想模式，人们可能无限地接近，但是却无法达到理想的境界，现实社会在法治的实践中总会或多或少地存在遗憾。但是，正是这种理想和现实之间的"距离感"，维系着人们对法治社会的信仰和执著追求，一旦"距离感"不存在了，对法治的信仰也就无从谈起。因此，笔者不同意国内有些学者将描述性概念理解为"对客观存在的、具体的法治进行客观、准确地描述"的观点。② 正因为如此，也有一些西方学者将法治直接定义为一种政治理念。如美国法学家菲利普·塞尔茨尼克认为，"法治指一种理念，某种作为良好行为的标准的东西，法律必须符合诸如公平和公正的理念，简言之，法治是限制权力的法律加上有关社会公正的标准。"③ 当代自由主义哲学大师哈耶克也认为，"把所有的技术性概念拿掉，这（法治）就意味政府的所有行为都受到制定好的、事前宣布的规则之约束——这些规则是人们能够有相当把握地预见了在特定情况下权威当局会如何使用其强制力，并且能够以这个预见为基础来规划人们的个人事务。"④ 哈耶克对法治的定义显然折射出对"通过法律限制政府权力"这一启蒙思想家所阐述的法治理念的崇尚。在此基础上，美国著名哲学家罗尔斯则中和了上述以规则为视角和以理念为视角的两种法治概念，主张法治就是在正义理念支配下的法律秩序的规则建构。罗尔斯认为，形式正义的观念和有规则的、公平的行政管理的公共规则被运用到法律制度中时，它们就成为法律规则。如果法律秩序是一个对理性人提出来的公开规则体系，我们就能解释与法治相联系的正义准则，这些准则在体系上涵盖以下四个方面：一是法律的可行性，二是类似案件类似处理；三是法无明文规定不为罪；四是自然正义观。如果一种法律秩序较完善地实行着法治的准则，那

---

① （英）戴雪著，雷斌南译：《英宪精义》，中国法制出版社 2001 年版，第 244 页。
② 参见张琪：《法律推理与法律制度》，山东人民出版社 2003 年版，第 114 页。
③ 张琪：《法律推理与法律制度》，山东人民出版社 2003 年版，第 117 页。
④ 转引自周天玮：《法治理想国》，商务印书馆 1999 年版，第 80 页。

么这个法律秩序就比其他法律秩序更为正义。[①]　其实，早在 1959 年召开的国际法学家会议上通过的关于法治的《新德里宣言》，就从规则和理念两个方面为我们阐述了什么是法治的问题。这份宣言称，法治是一个动态的概念，……不仅用来保障和促进个人在自由社会之中享有公民和政治权利，并且要建立社会的、经济的、教育的和文化的条件，使其正当愿望和尊严得以实现。同时还确立了法治的五项规则：①立法机关应当创造和维护条件，使个人尊严得到尊重；②在行政方面，既要防止权力滥用，又要有效维持法律秩序，以保障社会和经济的生活条件；③在刑法适用方面，必须遵守正当的刑事程序；④应当保障司法的独立；⑤应当保障律师的自由和权利。[②]

对于上述西方学者对法治定义的阐述，笔者无意进行批判或褒扬，无意也不可能提出一种新的或全面的法治含义。因为在笔者看来，既然国外法治发达国家的学者尚未能就法治的概念给予一个确切的定义，说明法治概念丰富的内涵是无法用一句或几句话来概括的。而在我国这样一个没有法治传统的国家里，正在发生的"依法治国"这种法治模式尽管为我们提供了一定的法治实践的经验积累，但是理论研究的不成熟和实践经验的不丰富无法支撑我们来建构一个相对独立的、体系化的法治概念。如果一味地从经验出发非要给法治下一个定义，可能还是一种非常不妥的做法，它在一定程度上不但会导致法治概念的异化，而且还会影响我国法治社会的建构。因此，笔者在这里只是希望能把国外法治发达国家学者对法治定义的阐述予以解构，厘清法治概念的内部构造，为本书的研究奠定基础。在笔者看来，支撑国外法治发达国家法治建构和运作的"法治"，涵盖了理念和制度两个层面的内容。在理念层面上是"法律至上"——对法律的信仰。法律至上意味着法律具有至高无上的地位和权威，获得政府和人民的普遍服从，而对法律的服从不是基于法律强制力的畏惧，是出于对法律所代表的普遍正义的信仰以及对法律所蕴含的自由保障价值的诉求。"法律至上"作为一种信仰，是法治的精神支柱。在制度层面上是"规则治理"。规则治理是指国家权力的运作必须严格依循既定的规则，作为一种技术手段，"规则治理"构成维系法治存续的制度基础。

---

① 详见（美）约翰·罗尔斯著，何怀宏等译：《正义论》，中国社会科学出版社 1988 年版，第 233—237 页。

② *The Rule of Law in a Free Society*, A Report on the International Congress of Jurists, New Delhi, 1959, Geneva, Switzerland.

　　从"法律至上"和"规则治理"这两个层面来理解法治概念，我们就会发现法治概念强大的整合能力，它可以将前述一切关于合法性理论的阐述都纳入到"法治"的视野中。一方面，无论是古希腊、古罗马的古典正义理念，还是启蒙思想家的社会契约理论，以及马克思主义经典作家的法律观，都是对法律价值的理解和阐述。亚里士多德视正义为法律的价值，认为压制性的法令是"卑鄙和非正义的"，卢梭认为法律是"公意"的体现，而马克思把法律看作是"人民自由的圣经"，是人民意志的体现，这些无不体现了对法律价值的认知和信仰。同时，对法律价值的信仰，也衍生了对法律的服从义务。这是一种道德义务，而不是实定法上的强制。它是在承认法律价值并产生信仰的同时所承担的一种道义责任：既然希望法律来保障自己的权益和自由，那么就应当服从"法律"的统治。苏格拉底接受死刑判决、践行服从法律的信仰以及罗尔斯的法律服从理论，无不体现了这种精神和理念。另一方面，无论是启蒙思想家对以罪刑擅断为主要特征的封建专制主义刑事法律制度的猛烈抨击，还是马克思主义经典作家对资本主义刑事审判和刑罚制度的无情揭露，无疑都是指对国家权力运作任意性的批判，而国家权力运作的任意性，正是对法治所倡导的"规则治理"原则的背离。从启蒙思想家和马克思主义经典作家的阐述中，我们可以发现他们对"规则治理"——国家权力运作规范性——的向往。而韦伯的合理性理论、当代哲学家罗尔斯的程序正义理论和哈贝马斯的商谈理论，则是直接阐述了如何实现"规则治理"的具体设想。当然，整合功能的强大并不意味着法治理论是一个"大口袋"，上述各种学说和理论之所能纳入到法治理论的体系中，是因为它们都将法治视为一种理想的国家治理模式，并基于对法治的坚定信仰和执著追求，从不同的视角来论证了实现法治的不同路径，这对于丰富法治理论的内涵无疑具有重大的理论价值。

（二）法律至上：刑事判决合法性的信念基础

　　自从法律至上的理念在古希腊萌芽以来，它就成为维系后世人们对法治国家信仰的精神支柱，延绵数千年而经久不息。

　　在古罗马，哲学家西塞罗继承了柏拉图的法治思想，认为在一个共和国里，"官吏的职能是治理，并发布正义、有益且符合法律的指令。由于法律治理者官吏，因此官吏治理着人民，而且可以确切地说，官吏是会说话的法律，而法律是沉默的官吏。"① "政府权力的行使应当服从于法律"这一理念是洛克法治理论的核心内容。洛克认为，政治权威是根据社会契约由法律来创设的，因此，政府的权力只能是一种有限的权力，政府只能根据法律来行使其权力。这是因为，"政府所有的一切权力，既然只是为社会谋福利，因而不应该是专断的和凭一时高兴的，而是应该根据既定的和公布的法律来行使。"② 即使在中世纪的欧洲大陆，法律至上的法治思想在阿奎纳等经院哲学家的著作中也得到充分的体现。如阿奎纳认为，"权力必须是合法的或后来变成合法的。至于合法的权力，它按定义来说就是以法律为根据的权力。"③ 当然，君主专制主义并没有因为法治思想的存续而在中世纪的政治统治实践中丝毫有所逊色，不过封建君主专制统治的鼎盛却催生了法治思想的繁荣，孟德斯鸠、卢梭等启蒙思想家在猛烈抨击封建专制统治的同时也对法治思想进行了系统地论证。孟德斯鸠通过对法律和自由关系的阐述强调了法律至上的思想，他认为自由就是做法律所许可的一切事情的权利，"如果一个公民能够作法律所禁止的事情，他就不再有自由了，因为其他人也同样会有这个权利。"④ 卢梭也认为，在法治国家，"统治者是法律的臣仆，他的全部权力都建立于法律之上。同时，由于他享受着法律的一切好处，他若强制他人遵守法律，他自己就得更加严格地遵守法律。"⑤ 这些思想后来被罗伯斯庇尔等资产阶级革命家所接受，并在《人权宣言》和法国宪法中得到充分的体现。在美国，启蒙思想家潘恩 "法律就是国王" 论断把法律至上思想展示的淋漓尽致。潘恩认为，"在专制政府中国王便是法律，同样地，在自由国家中法律便应该成为国王，而且不应该有其他的情况。"⑥ 美国的开国元勋们通过把法律至上思想写进宪法，从而确立了美国联邦最高法院崇高的宪法地位，使其成为正义的坚强维护者。

　　正是因为法律至上信念的确立，才使服从法律的心理动机得以产生。洛克指出，"无论何人，如果不用国家法律规定的方法取得行使统治权的任何部分的权力，即使国家的形式仍被保存，也并不享有使人服从的权利；因为它不是法律所

---

① （古罗马）西塞罗著，沈叔平等译：《国家篇、法律篇》，商务印书馆 1999 年版，第 214—215 页。
② （英）约翰·洛克著，叶启芳等译：《政府论》（下篇），商务印书馆 1964 年版，第 86 页。
③ 转引自程燎原、江山著：《法治与政治权威》，清华大学出版社 2001 年版，第 96、98 页。
④ （法）孟德斯鸠著，张雁深译：《论法的精神》，商务印书馆 1961 年版，第 154 页。
⑤ （法）卢梭著，王运成译：《论政治经济学》，商务印书馆 1962 年版，第 9—10 页。
⑥ （美）托马斯·潘恩著，马清槐等译：《潘恩选集》，商务印书馆 1981 年版，第 36 页。

制定的人，因而就不是人民所同意的人。"① 即使在中世纪，服从法律的精神在基督教统治下的欧洲大陆国家也得以延续。公元 7 世纪托莱多宗教会议为国王治理世俗事务专门制定的教规就规定，"君权，如同人民，必须尊重法律。对上帝意志的顺从给予我们和我们的臣民明智的法律。我们的显贵和我们后代的显贵必须服从法律，全国的百姓也必须服从法律。"② 霍尔巴赫则把服从统治者的权威和服从法律联系起来，认为"最高统治者只要依据公正的、有益的和必要的法律治国，臣民就不能认为自己不应该无条件地服从他。"③ 1620 年 11 月，前往北美马萨诸塞的殖民者签署了著名的《"五月花号"公约》，公约宣称，"我们在上帝面前共同立誓签约，自愿结为一民众自治团体。为了使上述目的能得到更好地实施、维护和发展，将来不是依此而制定颁布的被认为是对这个殖民地全体人民都最适合、最方便的法律、法规、条令、宪章和公职，我们都保证遵守和服从。"这份宣言充分地展示了北美殖民者守法精神的心理动因，并成为后来美国社会建构法治国家的心理基石。

　　刑事判决作为社会秩序的调整机制，对于公共秩序的维护和保障发挥着重要的功能，刑事判决的合法性是刑事判决能够得到公众认同和服从的一种价值属性。因此，自觉服从判决是确保这种机制发挥作用和维护判决合法性至关重要的因素。然而，刑事判决毕竟是以被告人刑事责任的确定和实现手段的宣告为内容的，在作出有罪判决的情况下，被告人对判决的服从心理何以产生呢？ 毋庸置疑，在任何类型的社会中，法律和判决的强制力都是使被告人产生服从心理的重要力量。但是拥护工具论的人把法律和判决的强制力绝对化，认为因为人们害怕不这样就会招致司法当局的强力制裁，所以一般要遵从法律或司法判决。实践证明，任何依赖强制力为主要手段的刑事判决都不可能获得人们真正的认同和服从，而且还成为统治暴戾性的重要表征。对此，蒙德斯鸠指出："如果有一个国家，那里的人所以不敢犯法纯粹是因为惧怕残酷的刑罚的话，我们也可以肯定，这主要是因为政府的暴戾，对轻微的过错使用了残酷的刑罚。"④ 显然，尽管强制力是一种促进服从的重要力量，但它不是一种起根本作用的力量。那起着决定作用的因素又是什么呢？ 伯尔曼指出，是人们对法律的信仰起着根本的作用，

① （英）约翰·洛克著，叶启芳等译：《政府论》，商务印书馆 1964 年版，第 121 页。
② （法）基佐著，程洪逵等译：《欧洲文明史》，商务印书馆 1998 年版，第 155—156 页。
③ （法）霍尔巴赫著，陈太先等译：《自然政治论》，商务印书馆 1994 年版，第 76 页。
④ （法）孟德斯鸠著，张雁深译：《论法的精神》，商务印书馆 1961 年版，第 86 页。

"正如心理学研究现在已经证明的那样，在确保遵从规则方面，其他因素如信任、公正、信实性和归属感等远较强制力为重要。法律只有受到信任，并且因而并不要求强制力制裁的时候，才是有效的；依法统治者无需处处仰赖警察。"① 日本著名法社会学家川岛武宜也指出："如果没有这样一种信仰，法律规范就不能内在化，进而落实到自发的行为之中，主体的自由和社会的强制这一现代法的矛盾就会呈现出来并造成精神上的不安。在这种情形之下，法的效力只有仰仗强制命令才能维持，从而导致现代法治的基本原则名存实亡。"② 伯尔曼和川岛武宜的论述无疑指出了刑事判决的合法性与法律至上理念之间的密切的联系。在确立了法律至上理念的社会中，法律能够得到很好的认同和服从，因为服从法律是公民的一项道德义务，而对以适用法律为主要特征的刑事判决的服从也是公民守法义务的必然要求。这样我们就可以理解苏格拉底为什么要接受和服从死刑判决——对刑事判决的服从体现着公民法律至上的信念和对法律秩序所维护的普遍正义的信仰。因此，在现代社会以法治为治理模式的国家，人们对法律的信仰和对刑事判决的服从不可能从法律与判决的强制力中产生，法律至上理念的确立无疑是刑事判决合法性的精神支撑，它不但是刑事判决合法性获得的心理基础，也是促进刑事判决自愿服从的重要保障，还是体现和维系刑事判决制度民主化的重要因素。

（三）规则治理：刑事判决合法性的制度基础

"规则治理"是法治在制度层面的基本内涵。20 世纪晚期以来的许多美国法学家认为，法治主要是指以规则治理，现任美国联邦最高法院大法官史卡利亚（Antonin Scalia）也认为，法治就是规则之法。因此，从制度层面上来理解，法治是政府和人民所有的行为都受事前订立的规则的约束，法治也就是以规则治理或法的统治。③

作为法治概念基本的制度性内涵，"规则治理"体现了人们限制政府权力的强烈愿望。在前现代社会中，统治者的个人意志就是法律，正如潘恩指出的，"在专制政府中国王便是法律"，政府权力的行使完全以统治者的个人意志为转

① （美）伯尔曼著，梁治平译：《法律与宗教》，中国政法大学出版社 2003 年版，第 17 页。
② 转引自季卫东：《法治秩序的建构》，中国政法大学出版社 1999 年版，第 309 页。
③ 参见周天玮：《法治理想国》，商务印书馆 1999 年版，第 79—80 页。

移，丝毫不受任何约束。没有限制和约束的政府权力，会导致权力滥用而侵蚀个人的权利。这种现象在现代社会中也会同样存在，因为诚如孟德斯鸠所言，"一切有权力的人都容易滥用权力，这是万古不易的一条经验。"① 本来，国家权力是保护个人权利的最有效的工具。对个人权利和自由的保障是其合法性的来源或根据。但是，"事物总是存在着正反两个方面，光明与黑暗互依，天使与魔鬼同存。国家权力既是个人权利的保护神，又是个人权利的最大最危险的侵害者。"② 因此，对国家权力的限制便成为法治的一个重要原则，也是法治社会秩序建构的基本规则。

对国家权力进行限制的思想渊源，最早见于亚里士多德对人治的批判。亚里士多德指出，人是有欲望、有感情的动物，"常人既不能完全消除兽欲，虽最好的人们（圣贤）也未免有热忱。这就往往在执政的时候引起偏见。"③ 鉴于此，亚里士多德认为"法律是最优良的统治者"，因为"法律恰恰正是免除一切情欲影响的神祇和理智的体现。"④ 而这种思想的集大成者当属孟德斯鸠了。孟德斯鸠指出，在既无法律又无规章的专制社会，"由单独一个人按照一己的意志与反复无常的性情领导一切"，权力是高度集中的，"权力的集中便是自由之死"，因为，"当一个人握有绝对权力的时候，它首先便是想简化法律。在这种国家里，它首先注意到的是个别的不便，而不是公民的自由，公民的自由是不受到关怀的。"⑤ 而从事物的性质来说，"要防止滥用权力，就必须以权力约束权力。"⑥ 因此，孟德斯鸠主张立法权、行政权和司法权分立，形成权力的互相制衡，从而为法治社会的建构提供了制度框架。后来，在美国宪法的起草过程中，汉密尔顿等人也继受了孟德斯鸠的思想，从"人性之恶"和"以权力制约权力"的视角对美国法治社会的构建进行了系统地阐述。在汉密尔顿等人的论述中，通过规则设定以限制权力的思想得到了充分的体现和张扬。他们认为，"如果人都是天使，就不需要任何政府了。如果是天使统治人，就不需要对政府有任何外在的或内在的控制了。在组织一个人统治人的政府时，最大困难在于必须首先使政府能管理

---

① （法）孟德斯鸠著，张雁深译：《论法的精神》，商务印书馆 1961 年版，第 154 页。
② 张曙光：《个人权利和国家权力》，载《市场逻辑与国家观念》，三联书店 1995 年版，第 4—5 页。
③ （古希腊）亚里士多德著，吴寿彭译：《政治学》，商务印书馆 1965 年版，第 169 页。
④ （古希腊）亚里士多德著，吴寿彭译：《政治学》，商务印书馆 1965 年版，第 169 页。
⑤ （法）孟德斯鸠著，张雁深译：《论法的精神》，商务印书馆 1961 年版，第 76 页。
⑥ （法）孟德斯鸠著，张雁深译：《论法的精神》，商务印书馆 1961 年版，第 154 页。

被统治者，然后再使政府管理自身。毫无疑问，依靠人民是对政府的主要控制；但是经验教导人们，必须有辅助性的预防措施。"① 汉密尔顿等在这里所谓的"辅助性的预防措施"就是分权和制衡等一系列的治理规则。哈耶克更是直截了当地指出，"法治意味着政府除非实施众所周知的规则以外不得对个人实施强制，所以它构成了对政府机构的一切权力的限制。"②

当然，作为对权力的一种限制，规则主要是以程序为中心的，是对权力行使的程序性限制。因为权力的价值在静态层面上，只是一种标示或符号，权力价值的实现是一个动态的过程，只有通过这个过程，权力的权威才会体现，权力的效果也才能够得以实现。当然，也正是在这个过程中，权力才可能异化——毋宁说在立法上对权力的行使已经做出了何种限制。因此，权力的运作过程是对权力予以限制的主要环节。诚如程燎原教授所言，"在宪制和法律之中，约束政治权威及其权力的过程及其方式问题，也必须关注规范与约束政治权威实际行使权力的过程及其方式问题。假如不约束其过程，不限定其方式，那么对政治权力空间范围的确定，就可能变得毫无意义。"③ 正是在这种意义上，为政治权力的行使设计行之有效的程序性约束机制，也便成为法治国家建构的基本原则。对此，威廉·道格拉斯曾经指出，"权利法案的大多数条款都是程序性条款，这一事实决不是无意义的。正是程序决定了法治与恣意的人治之间的基本区别。"④ 这也可以在法治发达国家的治理实践中予以发现，诸如选举制、多数表决机制和司法裁决程序等问题的设计，无不体现着这种理念。

在刑事判决的形成过程中，通过规则对刑事判决形成过程中国家权力的合理限制，促进判决的正当性和可接受性，对于支撑和维系刑事判决的合法性具有重要的价值。刑事判决的形成过程是国家权力和被告人个人权利相博弈的过程。在这个过程中，以控诉权为存在形式的国家权力和被告人的个人权利天然地不对等，如果不对控诉与辩护之间的对抗人为地设置一些规则来适当限制控诉权力的行使，以保障控诉和辩护之间的相对平衡，强权和武力将不可战胜，正义和真理则无从谈起，刑事判决也就没有任何价值。因为，"在其他个人和组织的侵害面前，个人不仅可以自卫，而且还可以寻求国家权力的保护，甚至还可以诉诸于社

---

① （美）汉密尔顿等著，程逢如等译：《联邦党人文集》，商务印书馆1980年版，第264页。
② （英）哈耶克著，邓正来译：《自由秩序原理》，三联书店1997年版，第260页。
③ 程燎原、江山著：《法治与政治权威》，清华大学出版社2001年版，第191页。
④ 季卫东：《法治秩序的建构》，中国政法大学出版社1999年版，第1页。

会正义和人类理性，而在国家权力的侵害面前，个人无能为力，权利也无以自保，社会正义和人类理性统统都失去了它昔日的灵光和作用。"① 因此，在刑事判决的形成过程中，国家权力的行使必须受到限制。刑法和刑事诉讼法的出现无疑就是为这种国家权力行使设置的限制。这是因为，为了惩罚犯罪，人类根本不需要刑法，没有刑法，对所谓犯罪行为的认定和惩处无疑更加自由，更有利于惩治犯罪，刑法只是在贝卡利亚之后主要问题成为"谁不应受惩罚"时才有必要；同样，刑事诉讼法的出现也不是为了查明事实真相的需要。在刑事诉讼中，根本不需要任何程序就能够查明真相，正如科学家从假设的形成到最终的试验和结论不用任何规范加以指导一样，刑事案件的调查官也无需任何程序上的设置就能查明真相。事实上，没有程序上的障碍，他更便宜行事，也更富实效。一旦国家为了发现刑事案件的真相应禁止实施哪些行为，这一问题被提出，刑事诉讼就作为一种建议之上的事物应运而生了。因此，刑法和刑事诉讼法实质上是对国家权力的抑制（或限制）。从政治上说，他们是资产阶级反对贵族政体权力擅断的产物。②

　　具体而言，在刑事判决形成过程中通过一系列的规则设置来限制国家权力，主要体现在两个方面。一方面，保障控辩之间诉讼能力的相对平衡。控辩平衡是刑事诉讼的一个基本原则，其含义是指在刑事诉讼中控辩双方的诉讼权利和诉讼义务应当对等，以保证辩方有足够的防御能力和充分的防御机会来对抗控方的指控，简而言之，包括控辩双方诉讼地位的平等、权力和权利的平衡以及攻防机会与能力（手段）的对等三个基本特征。基于控辩平衡原则，当代世界各国无不在法律上设置一些规则对刑事诉讼中的国家权力予以合理限制，如对控方的侦诉行为予以同步的司法审查；与此同时，通过赋予犯罪嫌疑人沉默权，强化其权利保障，赋予辩护人实质的调查权、独立的会见权、讯问时的在场权、全面的阅卷权等，提升犯罪嫌疑人和被告人的诉讼地位以及加强其对抗能力。③ 另一方面，裁判权也是一种国家权力，对刑事诉讼中国家权力的限制当然也涵盖了对裁判权的限制。在现代社会中，对裁判权的限制主要是通过一系列的裁判规则来实现的。如在英美国家，体系完善、建构合理的刑事诉讼规则和证据规则，对法官和陪审

---

① 张曙光：《个人权利和国家权力》，载《市场逻辑与国家观念》，三联书店1995年版，第4—5页。
② 参见（斯洛文尼亚）卜思天·M·儒攀基奇著，何慧新等译：《刑法——刑罚理念批判》，中国政法大学出版社2002年版，第123—124页。
③ 冯军：《程序正义视野中的控诉与辩护》，《新疆大学学报》（哲学社会科学版）2004年第2期。

团对事实的裁断和刑罚的裁量发挥着巨大的规范作用；而在大陆法系国家，尽管缺乏如英美国家那样的证据规则，但是仍然通过集中审理、直接言词审理、证据裁判等一系列规则限制裁判权的擅断。毋庸置疑，这些规则的设置，对于保障裁判中立性有着重要价值。在这样的刑事判决的形成过程中，"因为被追诉者和追诉者的法律地位平等，诉讼权利和攻防手段对等，同时又平等地受法律的保护，裁判者在整个刑事审判过程中对各方的证据、主张、意见予以同等的对待，对各方的利益予以同等的尊重和关注，所以通过这种刑事程序所产生的裁判结果就具有较强的说服力和可接受性，最大程度地接近正义。"[1]

---

① 冯军：《程序正义视野中的控诉与辩护》，《新疆大学学报》（哲学社会科学版）2004 年第 2 期。

第五章　刑事判决合法化手段的历史演进
及其整合

　　作为一种社会控制的方式，刑事判决应当能够获得最低限度的公众认同和服从，在政治社会学研究的话语系统中，这属于刑事判决合法性概念的范畴，而刑事判决获得合法性的过程就是刑事判决的合法化。刑事判决的合法化必须依赖一定的手段。伯尔曼曾指出："在任何一个社会，法律本身都力促对其自身神圣性的信念。它以各种方式要求人们服从，不但诉诸他们物质的、客观的、有限的和理性的利益，而且求助他们对超越社会功利的真理、正义的信仰，也就是说，它以那些与流行理论所描绘的现世主义和工具主义面目不同的方式要求人们的服从。"刑事判决合法化手段的选择无非是借助于神圣的力量使刑事判决神圣化，或借助于理性的力量使刑事判决理性化，从而"唤起并维持"人们对刑事判决合法性的认同，除此以外，受政治社会化思潮的影响，当代各国还普遍地依靠社会化的力量使刑事判决合法化。

一、司法的神圣化

　　毋庸置疑，在人类社会历史上，司法的神圣化是刑事判决得以合法化最早采用的手段。司法的神圣化，在传统社会中经历了从神化到宗教化的演变过程。当然，无论是神化还是宗教化的司法，都反映了意识形态对刑事判决合法化的支撑功能。

　　司法的神化，是把司法活动看作是以神的意志或神圣的力量来解决冲突的过程。它通过把人们普遍敬畏的"神圣之物"引入司法，从而依靠"神圣之物"的神圣力量来使裁判获得人们的认同和服从。这种手段就是"神明裁判"或曰"神判"。它从一个侧面反映了当时人们探求真理的迫切愿望，也是古代人类试图伸张正义，反对邪恶，在迫不得已的情况下采用的一种原始的、朴素的，当然也是唯心的判定是非的手段。① 此时，人们认同和服从裁判的结论，不是因为它实质上的公正性，而是因为人们基于对神圣力量的敬畏而相信乃至从来没人怀疑这种裁判的公正性。因为在当时，这种神圣的力量被人们视为人类社会秩序的主宰，维系着人类社会的生存和发展，如果怀疑这种神圣的力量却又找不到更好的精神寄托，对自然界神秘现象的恐惧就会使人无法生存，所以人们宁愿相信而不去怀疑它的公正性。对此韦伯曾经指出，"它们的'合法性'存在一方面是建立在某些特定的习惯本身绝对神圣之上的，偏离这些习惯会招致恶魔，或者引起精灵的动乱，或者神明的愤怒。"② 这种手段在人类社会的早期普遍存在。韦伯指出，"类似的发展踪迹几乎处处可见。包括对一般在很大程度上都理性化了的政治和社会的情况下，起初都大量采取通过取得某一项神谕来作法律行为的判决，这是得到证实的，例如对埃及（阿蒙神谕）和巴比伦也是如此，它肯定也是构成希腊神谕权力地位的原始支柱之一。以色列的法律神谕也具有类似的功能。"③ 神化这种手段的选择，显然迎合了人们对神圣力量信仰的需要，所以，容易使刑事判决获得人们的认同和服从。

　　后来，随着宗教的产生以及宗教神学思想影响的日益强大，人们对神圣力量的信仰开始转移至对宗教的信仰，从而使得作为刑事判决合法化的手段也相应地发生了转移，宗教化成为支撑刑事判决合法化的主要手段。根据伯尔曼的解释，宗教是法律重要的依赖力量。在伯尔曼看来，宗教不仅仅只是一套信条和仪式；它是人们表明对终极意义和生活目的的一种集体关切——它是一种对于超验价值的共同直觉与献身；它有助于给予社会面对未来所需要的信仰，给予法律以精神、方向和法律获得尊敬所需要的神圣性。在法律与宗教彼此分离的地方，法律很容易退化成为僵死的法条。④ 刑事司法是一种法律的适用活动，因此，依靠宗教的力量使法律获得神圣性并被信仰的同时，法律适用的结果——刑事判决——的合法性也就诞生了。其实，刑事司法宗教化和刑事司法神化的作用机理是一致

---

① 转引自龙宗智：《上帝怎样审判》，中国法制出版社 2000 年版，第 92 页。
② （德）马克斯·韦伯著，林荣远译：《经济与社会》（下卷），商务印书馆 1997 年版，第 100 页。
③ （德）马克斯·韦伯著，林荣远译：《经济与社会》（下卷），商务印书馆 1997 年版，第 110 页。
④ （美）伯尔曼著，梁治平译：《法律与宗教》，中国政法大学出版社 2003 年版，第 11—12 页。

的。① 它也是为了迎合人们信仰的需要，在刑事裁判的过程中注入宗教的因素，使刑事判决披上宗教的外衣，利用宗教不容怀疑的合法性及其内化作用，使人们认同和服从刑事判决。此外，伯尔曼还指出，"如果在人们看来，有一种制度与他们的信仰（用全部的生命去信仰，而不仅仅是在理智上认为如此）的某种超验实体相悖，他们就会抛弃这种制度。"② 就此而言，之所以将刑事司法宗教化，还在于如果刑事判决及其形成过程不符合人们的宗教信仰，宗教信仰的排异性会否认该刑事判决的合法性。

二、司法的理性化

14 世纪以后，随着文艺复兴和宗教改革运动的兴起，宗教的权威日益衰落，法律和宗教的逐渐分离，使得人们对神法或神圣信念的信仰热情日渐减退，并催生了公共生活的世俗化。此时，靠神圣化的手段已经不足以唤起人们对刑事判决合法性的信仰，科学的发展使人类对自身的理性及其力量产生了新的认识。对此，哈贝马斯指出，神灵法的拱顶塌陷之后，废墟上留下来的是通过政治途径制定的法律和作为工具来运用的权力这两根支柱，世俗的、自我授权的法律只能从理性那里找到一个替代物，它可以把真正的权威送给一个被设想为政治立法者的权力拥有者。因为，"法律和政治之间的那种标志着一种进化上成功地结合——它使得向组织为国家的社会过渡成为可能——取决于一种构成性条件，而政治权利如果不在能够由一种内在地合法的法律来提供合法性的话，这种条件就会受到伤害。"所以，"理性应该取代这些枯竭了的神灵正义之源。"③

当然，理性化之所以成为那个时代以来支撑刑事判决合法化的主要手段。究其原因，在于理性可以为一种理论论证或判断提供可信服的根据。诚如博登海默教授所言，我们说一种论证或判断是理性的，这意味着它是建立在下述基础之上

---

① 尽管刑事司法神化和宗教化的作用机理相同，但是二者还是有区别的，神化的刑事司法是以超自然的力量来作为裁判的依据，而宗教化的刑事裁判则是以系统的教会法作为裁判依据的。参见左卫民、周长军：《变迁与改革：法院制度现代化研究》，法律出版社 2000 年版，第 53 页。

② （美）伯尔曼著，梁治平译：《法律与宗教》，中国政法大学出版社 2003 年版，第 65 页。

③ （德）哈贝马斯著，童世骏译：《在事实与规范之间——关于法律和民主法治国家的商谈理论》，三联书店 2003 年版，第 180 页。

的，①详尽考虑所有同解决某个规范性问题有关的实施方面；以及②根据历史经验、心理学上的发现和社会学上的洞识去捍卫规范性解决方案中所固有的价值判断。"一个具有这种性质的理论论证和判断，从逻辑的角度来看，可能既不是演绎的、也不是归纳的，而且严格来讲也不是诗人非相信不可的。不过它却可能具有高度的说服力，因它所依赖的乃是积累的理性的力量，而这些力量则是从不同的但却通常是相互联系的人类经验的领域中获得的。……这种论证具有独立和不偏不倚的精神——人们正是本着这种精神寻求解决方法的……"①

司法理性化的重要标志就是司法的职业化。司法的职业化也即司法的专业化。"知识能够发现'正确的'解决方案"。② 博登海默认为，"西方文明的知识历史所提供的大量权威典籍可以用来支持这样一个命题，即一个判断或结论，只有在它是以确定的、可靠的、明确的知识为基础的情形下，才能被认为是'理性的'。"③ 因此，通过司法的专业化以体现刑事判决主体的理性化，最终追求判决的合法化便成为刑事判决合法化的主要路径。司法的专业化是传统司法向现代司法进化过程中的必然要求。安贝尔指出，"当社会变得愈来愈复杂时，法律规范也变得愈来愈具有抽象性和普遍性，因为只有这样它们才能协调组成社会的各种集团的利益与价值。由于同样的原因解决纠纷或对其可能的解决方式提出建议的工作变得更为困难，更需要专门的训练。"④ 这样，法律便成为一门专业知识，司法也便成为一种特殊的职业。这种职业并不是每个人都可以涉足的，其实庞德早就告诫我们，由普通人直接来执法或直接操纵审判过程就像普通人直接行医或控制医疗过程、由普通人指挥军队、控制军事专业技术一样，都是不可能的。学习过去的经验并结合现实进行科学地分析理解时达到所追求的目的的途径。掌握一门专门的技术知识体系的唯一方法只有通过特殊的学习和训练。⑤ 通过法律知识的专业化和司法的职业化，司法活动逐渐地实现了同社会生活的分离，司法逐

---

① （美）博登海默著，邓正来译：《法理学、法律哲学与法律方法》，中国政法大学出版社 1999 年版，第 260 页。

② （美）查尔斯·林德布洛姆著，王逸舟译：《政治与市场》，上海三联书店、上海人民出版社 1994 年版，第 373 页

③ （美）博登海默著，邓正来译：《法理学、法律哲学与法律方法》，中国政法大学出版社 1999 年版，第 259 页。

④ R. Abel, A Comparative Theory of Dispute Institutions in Society, Law and Society Review, 8 (1974), p. 288.

⑤ （美）罗斯科·庞德著，唐前宏等译：《普通法的精神》，法律出版社 2001 年版，第 57 页。

渐作为一种精英话语从大众话语中脱壳而出。同时，对法律知识的垄断和司法的精英化使司法职业获得空前的权威，使得司法判决获得人们广泛的认同。

此外，司法理性化还体现为司法活动在形式上的合理化。司法活动形式上的合理性，是对以彰显实质合理性价值绝对性的传统司法的否定。韦伯指出，在这种司法活动中，具体的判决缺乏任何逻辑上合理的说明，而且在判决中实现的"客观的"的法，只要没有完全普遍地承认严格的传统准则，也是完全确定的，使可伸可缩的。① 韦伯认为，之所以出现这种情况，是因为僧侣统治者或专职君主都感觉到，在他们的道路上，存在着法逻辑的抽象的形式主义和通过法来满足实质要求的需要之间无法避免的矛盾。他们除了遵守那些必须被他们视为宗教上普遍神圣的、因此也是绝对有约束力的准则外，不想接受任何形式限制的约束，也不受他们自己确定的规则的约束。而特殊的法的形式主义会是法的机构像一台技术上合理的机器那样运作，他为有关的法的利益者提供了相对而言最大的活动自由的回旋空间，特别是合理预计它的目的行为的法律后果和机会的最大的回旋空间，他把法律过程看作是和平解决利益斗争的一种特殊形式，它让利益斗争受固定的、信守不渝的"游戏规则"的约束。② 显然，在韦伯看来，这是一种非理性的司法活动，是必须予以摈弃的，在现代社会中，司法首先应当在形式上具有合理性。而司法的形式合理性的集中体现，就是司法活动的进行应当严格依据确定的、合理的实体规则和遵循合理设置的程序规则。具体而言，一方面，司法判决应当依据确定的规则进行，无论是神谕，还是传统的道德信念都不足以成为判决的依据；另一方面，作为一种实现正义的活动，司法首先应当公开地进行，此外，司法还应当遵循特定的、严谨的程序规则。在现代社会中，司法活动的这种形式合理性，不但使其获得公众认同的基础性因素，而且还是法治社会赖以建构和运行的重要保障。

三、司法的社会化

人类社会进入 20 世纪后半叶以后，司法职业化的实践经验积累使人们逐渐

---

① （德）马克斯·韦伯著，林荣远译：《经济与社会》（下卷），商务印书馆 1997 年版，第 102 页。
② （德）马克斯·韦伯著，林荣远译：《经济与社会》（下卷），商务印书馆 1997 年版，第 140 页。

认识到：随着司法职业化模式的巩固，司法和社会的距离愈来愈远，司法精英话语与大众话语的疏离开始慢慢地削弱着司法获得信任的基础。正如我国台湾学者苏永钦所言，司法的高度职业化不仅会使司法偏于机械、呆板，而且还会使其陷入"法官越专业就越自以为是，民众越不懂就越不信任的"的困境，使得"司法的专业性越强，社会的疏离感越强。"① 面对人们对司法感情的日益低落，司法的理性抑或理性的司法已经突显出在支撑司法裁判合法化方面的艰难和困惑。"现代的法官不得不日复一日地说服公众相信其人格的高尚和正直。因此，借助一切可能的手段维护司法机能的尊严首先是当代政府的任务。"② 在这种背景下，为了寻求新的支撑力量，使司法裁判重新唤回人们对其合法性的信任，以赢得公众信赖为取向的司法社会化运动在一些国家和地区纷纷展开。

　　司法社会化是在政治社会化思潮浸淫下进行的司法改革运动。司法社会化作为政治社会化的一个重要环节，旨在通过法律文化的传播以及通过对司法在开放性和亲和性向度上的改造，使司法摆脱由于疏离于社会而导致信任危机的困窘局面，重新赢得人们的信赖。

　　司法社会化的主要内容是主流法律文化的传播。根据美国学者温伯格等的解释，所谓法律文化，是人们对法律、法律机构和法律判决制作者，诸如律师、法官和警察等人的知识、价值、态度和信仰。人们使用法律的意愿和希望以及遵守法律判决的程度，都与法律文化有着密切的联系。③ 不同的国家或一国之内不同的利益集团的法律文化也有差异，统治集团拥有主流法律文化的话语权，而在社会公众中却可能存在诸多的法律亚文化。司法裁判能够被社会公众认同和服从，在很大程度上是因为主流法律文化被人们所接受并内化为认同和服从的动力，而司法判决与社会的疏离、人们对司法判决的不信任，则在很大程度上是因为社会公众对反映统治者意愿的主流法律文化的排斥。此时，为了使司法判决获得人们的认同和服从，以通过安定法律秩序来维护统治秩序，国家就必须积极地在社会公众中传播和灌输主流的法律文化。对社会公众而言，对司法判决的认同和服从是一种感情，而催生这种感情的基础就是法律文化。埃尔曼说过，"法律的发展

---

　　① 苏永钦：《漂移在两种司法理念间的司法改革——台湾司法改革的社经背景与法制基础》，《环球法律评论》2002 年春季号。

　　② （日）小岛武司等著，汪祖兴译：《司法制度的历史与未来》，法律出版社 2000 年版，第 207 页。

　　③ 转引自武树臣等著：《中国传统法律文化》，北京大学出版社 1994 年版，第 26 页。

不可能与其赖以存在的社会制度的变化以及社会变化着的情感和要求相分离。"①
"人际各方面的关系——屈从的态度或对平等的希冀、信任或猜疑，甚至有关人
性的某些基本的（如果不总是精确的）概念——都对法律在社会中的作用具有影
响。在不同的制度和不同的时期里，这种作用可能是首要的，也可能只是次要
的；与其他调整人类行为的方式相比较，它的相应重要性可能有所增减。然而，
无论是在初民社会还是在发达社会里，法律文化都是传递行为传统的重要工
具。"② 这样，通过主流法律文化的传播，使社会公众接受主流法律文化中所蕴
含的司法理念，积极地利用法律和司法维护权利，并自觉服从法律和司法判决，
使其作为一项法律传统代际传承，最终确立对法律的忠诚和信仰。

在司法社会化的过程中，主流法律文化的传播不是依靠国家暴力威慑来强制
推行的，它所凭赖的手段主要是司法在开放性和亲和性向度上的改革。"司法固
然依赖专业的运作，但绝不是为了专业而存在。"③ 所以司法的开放性，意味着
职业的专业化不再被看作是维护司法权威的重要手段，司法必须拆除专业壁垒，
向社会公众开放。司法在开放性向度上的改革，主要体现在陪审制度的确立和完
善上。如俄罗斯早在 1864 年就曾建立了陪审制度，但后来由于历史的原因，一
度废止。1993 年，俄罗斯重新恢复了陪审制度，期望通过公民参与司法使其赢
得人们的信赖。日本也早在 1922 年全面修改刑事诉讼法时，就通过颁行《陪审
法》确立了陪审制度。它以英美法系的陪审制度为榜样，由国民中合法选举出来
的 12 名陪审员做出有无犯罪事实的判断。但是，因为有不少被告人拒绝陪审团
的审理，更愿意接受法官的审理，使陪审制度没有取得什么成绩便衰退了。④ 在
1999 年以来日本的司法改革过程中，社会各界强烈要求恢复陪审制度。在《日
本司法制度改革审议会意见书》中也提出，要通过引入国民参与诉讼程序的制度
来提高国民对司法的信任程度。⑤ 在该意见书所确立的司法改革的基本框架中，
要求通过陪审制和参审制使市民参与司法，①促进市民参与司法，根据宪法修改
陪审法，激活陪审制和参审制，制定市民参与司法活动的其他具体措施；②在司

---

① （美）埃尔曼著，贺卫方等译：《比较法律文化》，清华大学出版社 2002 年版，第 3 页。

② （美）埃尔曼著，贺卫方等译：《比较法律文化》，清华大学出版社 2002 年版，第 12 页。

③ 苏永钦：《司法改革的再改革》，月旦出版社股份有限公司 1998 年版，第 14 页。

④ （日）西原春夫主编，李海东等译：《日本刑事法的形成与特色》，法律出版社、日本成文堂联合
出版 1997 年版，第 39 页。

⑤ 《司法制度改革审议会意见书》，国家检察官学院 2002 年 3 月印，第 6 页。

法改革过程中，要充实已经实行的有市民参加的调解仲裁制度和检察审查会制度。通过司法的开放性，在增强司法运作过程透明度的同时，还期望公民在实际参与司法的过程中找回失落已久的主体性感觉，从而使司法判决最大程度地体现民意并获得民意的支持，重新确立赢得人们信赖的根基。

司法的亲和性，意味着揭开司法神秘、威严的面纱，拉进司法与民众的距离，使民众确立对司法的感情依赖，从而愿意利用司法并服从司法判决。司法的亲和性主要体现在两个方面。一方面是法官形象的亲和性。法官形象的亲和性是法官权威得以生成的重要渊源。在英美国家，法官之所以有权威，很大程度上是因为在英美国家的人们看来，"法官是有修养的人，甚至有着父亲般的慈严。"①鉴于此，《日本司法制度改革审议会意见书》提出，要通过法科研究生院的培养，"提高法曹与享受珍贵人生的国民同喜同悲、具有共同人情味的人性涵养。"② 在我国台湾地区的司法改革中，"维护优良司法风气，塑造优良司法形象"也是实现"司法为民"理念的重要措施。另一方面是司法制度的亲和性。司法制度的亲和性要求司法制度的运作要方便人们参与司法。如在刑事司法领域，法国在1993年建立了刑事调解制度，允许当事人就轻罪和违警罪案件在专职调解员的主持下进行调解，通过当事人之间的合意来解决冲突。此外，还在各司法机构和地方各级政府部门创建了司法与法律处，以保证司法贴近大众、预防犯罪、处理日常的轻微犯罪等。③ 在我国台湾地区，为体现和落实"司法为民"的改革理念，采取了一系列的司法便民措施，如"各审裁判文书类及司法改革措施以最快速度全面上网，并新增检索查询功能，俾人民随时查询最新、最完整的司法资讯，提升人民对司法的了解与信赖"；"全面实施各法院单一窗口联合服务中心及电脑化之便民措施，并经常办理服务人员之在职训练，提供人民快速、便捷、现代化之服务品质"；"各法院备置职员名牌，接受人民监督、公评，以落实执行便民礼民的司法政策。"同时还要求，"在办理各种在职训练时，开设加强司法同仁便民礼民及以人民为主的服务观念之课程，"以及"办理各项司法满意度问卷调查，了解民众对司法服务之需求及反映司法改革绩效，提升司法公信力"。④

---

① （美）约翰·亨利·梅利曼著，顾培东等译：《大陆法系》，法律出版社2004年版，第34页。

② 孙谦等：《司法改革报告：有关国家司法改革的理念与经验》，法律出版社2002年版，第81页以下。

③ 参见刘立宪等主编：《海外司法改革的走向》，中国方正出版社2000年版，第32页。

④ 参见刘立宪等主编：《海外司法改革的走向》，中国方正出版社2000年版，第193，194页。

四、刑事判决合法化手段的整合

毋庸置疑，在现代社会刑事判决合法化的手段体系中，神化手段已经销声匿迹了，宗教化的手段也随着宗教社会和世俗社会的分离使其只残留在少数一些政教合一的国家，理性化和社会化无疑成为目前刑事判决合法化的主要的手段。当然，在现代社会中，理性化仍然是刑事判决合法化主要凭赖的基础性手段，任何国家都不会否认其刑事司法抑或刑事判决的理性化基础。而社会化则是为了弥补理性司法的缺陷而采取的一种手段，这一特点决定了它永远不可能成为刑事判决合法化手段的主流。

另外，在现代社会中，司法的理性化并没有排斥司法的神圣化。几乎所有的国家都在通过司法仪式化的功能使司法活动神圣化，以期"唤起并维持"人们对其合法性的信仰。究其原因，在伯尔曼看来，仅仅依靠权威是不足以使法律获得合法性的，它必须和仪式、传统和普遍性一起构建起产生和支撑法律合法性的语境，只有在这个语境中宣誓的法律才会产生合法性。"法律像宗教一样起源于公开仪式，这种仪式一旦终止，法律便丧失其生命力"① 所以，即使在理性化的语境中，刑事判决的合法化还需要仪式化的支撑：庄重的法官袍服、威严的法庭布置、缜密的程序和尊敬的辞令。以至于苏永钦先生认为，司法的理性本质从社会学的观点来看，仍是一种仪式，类似宗教仪式，其有效运作完全系于多数民众信赖其足以实现正义，而非仪式实现正义的正确。② 这种仪式化，"不仅是为了反映那些价值，也不仅是为了彰显那种认为它们是有益于社会的价值的知识信念，而且是为了唤起把它们视为生活终极意义之一部分的充满激情的信仰。更有甚者，如果没有这种戏剧化的过程，那么价值便无以存身，意义尽失。凭借它们在司法、立法的和其他仪式中的符号化，司法正义的理想主要不是被当作某种功利的东西，而是作为神圣之物，主要不是作为抽象的理念而是人所共享的情感而得到实现：共同的权利、义务观念，对公正审理的要求，对法律不一致的反感，受

① （美）伯尔曼著，梁治平译：《法律与宗教》，中国政法大学出版社2003年版，第23页。
② 苏永钦：《司法改革的再改革》，月旦出版社股份有限公司1998年版，第37页。

平等对待的渴望，对非法行为的憎恶，以及对合法性的强烈诉求。① 因此，笔者以为，现代社会的刑事判决合法化手段是由理性化为基础、以社会化和神圣化为补充的一个体系。正是基于它们的共同作用，刑事判决才得以获得社会公众的普遍认同。

① （美）伯尔曼著，梁治平译：《法律与宗教》，中国政法大学出版社 2003 年版，第 22 页。

第六章　中国最高人民法院与全国人大的关系：
历史、现状及其改善

最高人民法院与最高权力机关关系的合理设计及其规范运作，对于体现、维护宪法权威以及保障法院的独立裁判权，有着十分重要的价值。在我国，最高人民法院与全国人大的关系是我国宪法规范的主要范畴，从最高人民法院和全国人大关系的宪法设计来看，全国人大监督权的行使与最高人民法院依法独立行使审判权之间不存在根本性的对立。但是，最高人民法院与全国人大关系的宪法设计和《中华人民共和国人民法院组织法》（以下简称《法院组织法》）、《中华人民共和国全国人民代表大会和地方各级人民代表大会代表法》（以下简称《代表法》）等法律支撑下二者关系的实践运作之间，却存在一定的不协调。这种关系状态的形成，与我国司法制度的历史传统、对法院地位和功能的认识以及近些年来社会公众对法院系统腐败现象的认识，有着密切的关系。只有深入分析最高人民法院和全国人大关系的形成过程，研究最高人民法院和全国人大关系实际运作存在的问题及其形成原因，才能为最高人民法院和全国人大关系的改善找到一条切实可行的路径。

一、最高人民法院与全国人大关系的流变

1949 年 11 月，我国最高人民法院成立。"在这以前，华北、东北以及西北、华东、中南部分老解放区早已有了地方性的各级人民法院，并从实际工作中培养了一批人民司法干部。他们创造和积累了建设人民法院的宝贵经验，以及和我们政权性质相适应的、切合人民实际需要的群众路线的工作方法和工作作风，这对于我们在全国范围内进一步建设人民法院和人民司法工作，提供了有利的条件。

最高人民法院就是在这样的基础上建立起来的。"① 根据当时的需要，最高人民法院还在东北、西北、华东、中南和西南行政区设立最高人民法院分院，各分院是各行政区的终审法院，并代表最高人民法院对管辖的各级人民法院实施监督、领导责任。

从最高人民法院成立一直到 20 世纪 80 年代初期，我国宪法和宪法性法律、文件的频繁更迭，使得不同时期最高人民法院与全国人大的关系也呈现出不同的样态。

（一）最高人民法院与全国人大关系的历史流变

1、第一届全国人民代表大会召开前，最高人民法院与执行全国人大职权的中国人民政治协商会议全体会议以及中央人民政府委员会的关系

我国全国人民代表大会第一次会议是 1954 年召开的，以前这段时间，"由于社会动荡尚未平息，新政权尚未稳定，新秩序尚在建立之中。当时，普选产生全国人民代表机关的条件显然尚不具备。然而，新政权需要建立比较强大的、深入全国各地的、系统的行政组织机构，以推动各项社会改革的进行以及国民经济的迅速恢复和发展。为此，由中国共产党、各民主党派、人民团体、人民解放军、各地区、各民族以及国外华侨等各方面代表组成的中国人民政治协商会议，代行全国人大的权力。"②

根据 1949 年 9 月 27 日中国人民政治协商会议第一届全体会议通过的《中华人民共和国中央人民政府组织法》第 3 条的规定，在普选的全国人民代表大会召开前，由中国人民政治协商会议全体会议执行全国人民代表大会的职权，制定中华人民共和国中央人民政府组织法，选举中华人民共和国中央人民政府委员会，并付之以行使国家权力的职权。中央人民政府委员会组织政务院，以为国家政务的最高执行机关；组织人民军事委员会，以为国家军事的最高统辖机关；组织最高人民法院和最高人民检察署，以为国家最高审判机关和最高检察机关。③ 中央人民政府委员会依法任免最高人民法院的院长、副院长和委员。④ 1951 年，中央

---

① 沈均儒：《最高人民法院工作报告》，1950 年 6 月 17 日。

② 参见姜明安、沈岿：《法治原则与公共行政组织——论加强和完善我国行政组织法的意义和途径》，《行政法学研究》，1998 年第 4 期。

③ 《中华人民共和国中央人民政府组织法》，第 5 条。

④ 《中华人民共和国中央人民政府组织法》，第 7 条。

人民政府委员会制定了新中国第一部法院组织法《中华人民共和国人民法院暂行组织条例》，统一规定了人民法院的组织与职权。其中第 10 条规定，"各级人民法院（包括最高人民法院分院、分庭）为同级人民政府的组成部分，受同级人民政府委员会的领导和监督。"

　　从上述宪法性法律的规定来看，在这一时期，由于国家的政权建设刚刚起步，召开全国人民代表大会的时机尚未成熟，所以暂时由中国人民政治协商会议全体会议执行全国人民代表大会的职权，并由其选举中央人民政府委员会，再由中央人民政府委员会组织产生最高人民法院。①

　　2、1954 年宪法颁布后至"文革"前最高人民法院与全国人大的关系

　　1954 年 9 月 20 日，第一届全国人民代表大会第一次会议通过了《中华人民共和国宪法》。《宪法》规定全国人民代表大会选举产生、罢免最高人民法院院长；② 全国人大常委会有权监督最高人民法院的工作，任免最高人民法院的副院长、审判员和审判委员会委员；③ 最高人民法院对全国人民代表大会负责并报告工作，在全国人民代表大会闭会期间，对全国人民代表大会常务委员会负责并报告工作。④ 根据《宪法》的规定，第一届全国人民代表大会第一次会议选举董必武为最高人民法院院长；1959 年 4 月 27 日，第二届全国人民代表大会第一次会议选举谢觉哉为最高人民法院院长。1965 年，第三届全国人民代表大会第一次会议选举杨秀峰为最高人民法院院长。

　　1954 年 9 月 21 日，第一届全国人民代表大会第一次会议通过了《中华人民共和国人民法院组织法》，系统地规定了最高人民法院的性质、任务、组织及其活动的基本原则和制度。同时重申："最高人民法院对全国人民代表大会负责并报告工作，在全国人民代表大会闭会期间，对全国人民代表大会常务委员会负责并报告工作。"⑤ 实际上，从 1955 年到 1965 年，除 1958 年、1961 年、1962 年和 1965 年外，最高人民法院每年都向全国人大作工作报告。

　　1954 年《宪法》的规定确立了最高人民法院和全国人大关系的基本模式：

---

　　① 1949 年 10 月 1 日，中央人民政府委员会任命沈钧儒为中央人民政府最高法院院长，10 月 19 日，任命吴溉之、张之让为副院长，陈绍禹等 17 人为委员，组成最高人民法院委员会。
　　② 《中华人民共和国宪法》（1954 年），第 27、28 条。
　　③ 《中华人民共和国宪法》（1954 年），第 31 条。
　　④ 《中华人民共和国宪法》（1954 年），第 80 条。
　　⑤ 《中华人民共和国人民法院组织法》（1954 年），第 14 条。

最高人民法院由全国人大产生，对其负责、受其监督。显然，与1954年以前最高人民法院和最高权力机关的间接产生关系不同，1954年以后，最高人民法院不再隶属于最高行政机关，而是由全国人大直接产生。对于二者关系的这种变化，张友渔曾经明确地指出："宪法草案（初稿）规定法院要对人民代表大会负责，独立行使职权，只服从法律，不受其他机关干涉，这就是说，以后市长是不能管法院的。"①

这一时期属于最高人民法院与全国人大关系模式形成的重要阶段。在这一阶段，经过几年时间的法制建设，积累了一定的经验；而在苏联的帮助下，我国的法学理论研究也开始逐步规范和科学；同时，经过几年的建设，新中国的政权基本上已经稳固，也需要按照科学的理论来进行政权建设，以保障政权建构的合理性。所以在这一时期，通过颁布宪法，确立了最高人民法院和全国人大关系的基本模式。

3、"文革"时代最高人民法院与全国人大的关系

"文革"十年，我国的法制建设全面停滞。1966年"文革"开始后不久，最高人民法院便受到冲击，组织机构趋于瘫痪，1968年初被实行"军管"。1969年3月，除少数人外，大多数工作人员被下放劳动，直到1972年初才陆续回到最高人民法院。1973年7月，最高人民法院"军管"撤销。这段时间，党的领导绝对化、直接化，使得1954年宪法的规定形同虚设，最高人民法院不再向全国人大及其常委会作工作报告。尽管1975年1月17日第四届全国人民代表大会第一次会议通过的《中华人民共和国宪法》第25条仍然规定，"各级人民法院对本级人民代表大会和它的常设机关负责并报告工作。"但是，最高人民法院的工作报告制度仍未启动。

这一时期，最高人民法院与全国人大关系的一个明显变化是：1975年《宪法》改变了1954年《宪法》确立的各级法院院长产生模式。根据1954年《宪法》的规定，最高人民法院院长由全国人大选举产生；但是，1975年《宪法》则规定，各级法院院长由本级人民代表大会的常设机关——常务委员会——任免。显然，1975年《宪法》不但改变了最高人民法院院长的产生主体，而且还变更了最高人民法院院长的产生方式。据此，1975年1月，第四届全国人大常委会任命江华为最高人民法院院长。另外，对于最高人民法院的副院长、审判员和

---

① 张友渔：《宪政论丛》，群众出版社1986年版，第23页。

审判委员会委员的产生问题，1975 年宪法根本就没有涉及。

4、后"文革"时代最高人民法院与全国人大的关系

1976 年，"文革"结束。1978 年 3 月 5 日，第五届全国人民代表大会第一次会议通过了《中华人民共和国宪法》，规定全国人民代表大会选举产生、罢免最高人民法院院长；全国人大常委会有权监督最高人民法院的工作，任免最高人民法院的副院长；全国人大代表有权向最高人民法院提出质询，受到质询的最高人民法院必须负责答复；最高人民法院对全国人民代表大会和全国人民代表大会常务委员会负责并报告工作。同时，会议选举江华继续担任最高人民法院院长。1979 年 6 月 27 日，最高人民法院院长江华向第五届全国人大第二次会议作最高人民法院工作报告，从此，最高人民法院恢复工作报告制度。1979 年 7 月 1 日，第五届全国人大第二次会议通过了修订后的《法院组织法》，规定最高人民法院对全国人民代表大会和全国人民代表大会常务委员会负责并报告工作；最高人民法院院长由全国人民代表大会选举；副院长、庭长、副庭长、审判员由全国人大常委会任免。1983 年 9 月 2 日，第六届全国人大常委会第二次会议对《法院组织法》进行了修改，但是，上述规定并没有变化。

1982 年 12 月 4 日，第五届全国人大第五次会议通过了《中华人民共和国宪法》。该《宪法》规定，全国人民代表大会选举产生、罢免最高人民法院院长；全国人大常委会有权监督最高人民法院的工作，任免最高人民法院的副院长、审判员和审判委员会委员；最高人民法院对全国人民代表大会和全国人民代表大会常务委员会负责。与 1978 年《宪法》相比，1982 年《宪法》除肯定了最高人民法院和全国人大的产生与被产生、监督与被监督关系外，明显的区别是取消了对最高人民法院的质询制度，而且不再要求最高人民法院向全国人大及其常委会报告工作。但是，1983 年修改后的《法院组织法》却规定了最高人民法院向全国人大及其常委会报告工作的制度，时至今日，最高人民法院仍然一如既往地每年向全国人大做工作报告。另外，尽管有关法律规定了质询制度，但是到目前全国人大代表或常委会组成人员尚没有对最高人民法院提出过质询。

从后"文革"时代最高人民法院和全国人大关系的流变过程来看，可以细划为两个阶段：从"文革"结束到 1982 年《宪法》颁布前为一个阶段，这个阶段是从"文革"时期最高人民法院与全国人大关系建设的全面停滞到 1982 年《宪法》颁布后的相对完善之间的过渡阶段；1982 年《宪法》颁布一直到现在为一个阶段。在前一个阶段，受"文革"的影响，人们在反思"文革"时期国家权力制约机制瘫痪给国家和人民造成重大灾难的同时，强烈地要求加强对国家权力的监督制约。所以在恢复最高人民法院工作报告制度的同时，还在宪法上规定了对最高人民法院的质询制度。而在后一个阶段，我国的政权和社会建设已经逐步走出了"文革"的阴影，在国家宏观管理的观念上趋于理性化、科学化；同时，思想的解放也极大地促进了法学研究的繁荣，其指导作用日益加强，因此宪法规范的设置相对合理，不再要求最高人民法院向全国人大做工作报告，以及取消了对最高人民法院的质询制度。但是，由于长期以来我们在法院的管理模式问题上始终有一种强烈的行政化倾向，而且这种观念的影响根深蒂固，所以在最高人民法院和全国人大关系的现实运作中，习惯于依赖一种行政化的手段来维系最高人民法院和全国人大的关系，其结果就是工作报告和质询制度的存续。

（二）最高人民法院与全国人大关系的流变特点分析

通过上述描述和分析，我们可以看出，最高人民法院与全国人大的关系，也即最高审判机关与最高权力机关的关系，在整个历史流变过程中呈现以下特点：

1、由最高权力机关产生最高审判机关——最高人民法院，是 1949 年以来我国在二者关系立法设计问题上一直沿用的基本思路。一方面，1954 年《宪法》明确规定了作为最高权力机关的全国人大和最高人民法院之间的直接产生与被产生关系：全国人民代表大会选举产生、罢免最高人民法院院长；全国人大常委会任免最高人民法院的副院长、审判员和审判委员会委员。1954 年以来，这种直接的产生与被产生关系一直在宪法上得到确认。另一方面，在 1954 年第一届全国人民代表大会召开以前，执行全国人大职权的是中国人民政治协商会议全体会议，它选举产生中央人民政府委员会，再由中央人民政府委员会组织产生最高人民法院。根据董必武的解释，中央人民政府委员会产生后，中央人民政府委员会就成为国家最高政权机关，对外代表国家，对内领导全国政权；人民政治协商会议选出的全国委员会不再具有国家权力机关的性质，它只是国家政权以外各党派、各人民团体的协议机关。① 因此，最高人民法院由中央人民政府委员会直接组织产生，仍然体现了国家最高权力机关和最高审判机关（最高人民法院）之间的产生与被产生关系。

---

① 董必武：《中华人民共和国中央人民政府组织法的草拟经过及其基本内容》，《中华人民共和国人民代表大会文献资料汇编》，中国民主法制出版社 1991 年版，第 209、230 页。

2、最高权力机关和作为最高审判机关的最高人民法院之间的关系，经历了从领导与被领导关系到监督与被监督关系的转变。1954年《宪法》颁布以前，中央人民政府委员会是国家最高政权机关，它组织产生最高人民法院，所以二者之间是一种领导与被领导关系。对于这种关系，周恩来在1949年9月7日的《关于中华人民共和国中央人民政府组织法草案》中明确指出："最高人民法院和最高人民检察署，受中央人民政府委员会的领导，这不用多做解释。"① 而后来的1954年《宪法》规定，全国人民代表大会是国家最高权力机关，其常设机关是全国人大常委会，全国人大常委会有权监督最高人民法院的工作。从而在产生与被产生关系的基础上，宪法将全国人大与最高人民法院的关系定位于监督与被监督关系，彻底改变了二者之间的领导与被领导关系模式。全国人大和最高人民法院的这种监督与被监督关系，在后来的1975、1978、1982年宪法中都得到了确认，使得这种关系一直延续到现在。

3、最高权力机关和作为最高审判机关的最高人民法院之间的关系，不断完善。透过上述分析，我们可以看出，在50多年的发展历程中，最高人民法院和全国人大的关系不断完善。目前最高人民法院和全国人大的关系，无论是从立法的规定，还是从现实运作来看，都要比20世纪80年代以前有所进步。比如说，20世纪50年代立法确认最高人民法院的产生机关和最高人民法院之间是一种领导与被领导关系，后来的宪法和宪法性法律都尊重审判权运作的独立性要求，将全国人大和最高人民法院之间的关系还原为监督与被监督关系，符合审判权运作的规律。再比如根据1975年《宪法》的规定，最高人民法院院长是由全国人大常委会任免的，这样的规定降低了最高人民法院的权威，破坏了全国人大和最高人民法院的关系，所以后来的1978、1982年《宪法》都没有延续该规定，而是重申最高人民法院院长由全国人大选举产生。但是，我们还应当看到，最高人民法院和全国人大的关系在某些方面仍然值得反思。比如工作报告制度的运作并没有现行宪法规范的支撑，但是1982年以来，最高人民法院仍然每年都在向全国人大作工作报告。因此，最高人民法院和全国人大关系的完善只能是相对而言的，这在后文将重点论述。

4、最高权力机关与作为最高审判机关的最高人民法院之间始终保持着一种

---

① 全国人大常委会办公厅研究室编：《中华人民共和国人民代表大会文献资料汇编》，中国民主法制出版社1991年版，第208页。

单项的制约关系。在国外许多国家的宪政设计中，立法机关和司法机关之间一般保持一种双向的制约关系，即审判机关在依法运作审判权的同时，由于最高人民法院享有宪法赋予的违宪审查权，可以对立法机关制定的法律的合宪性进行审查，从而形成司法机关和立法机关之间的双向制约关系。这种关系模式无疑是最符合分权原则的，它充分体现了权力制衡理念，保障了权力运作的正当性和合目的性，同时也保障了审判权的独立性。从我国宪法的规定来看，全国人大作为立法机关，它制定的法律是最高人民法院审判权运作的规范支撑，同时它针对某些问题颁布的决定或决议，最高人民法院也必须贯彻执行，尽管最高人民法院有司法解释权（审判解释权），但是审判解释不能突破法律规范的框架，否则无效。然而，《宪法》并没有赋予最高人民法院的违宪审查权，最高人民法院无权对全国人大制定的基本法或全国人大常委会制定的其他法律是否违宪进行审查。因此，由于不存在最高人民法院对全国人大制约机制的宪法预设，所以作为立法机关，全国人大和最高人民法院之间仍然是一种单向的制约关系。

二、从工作报告制度透视最高人民法院与全国人大的关系

如前所述，全国人民代表大会是最高人民法院的产生机关，它选举产生最高人民法院院长，通过颁布宪法和法律决定最高人民法院的性质、职能、案件管辖和机构设置等。此外，全国人民代表大会制定的法律、决定是最高人民法院审判权运作的规范支撑。因此，最高人民法院与全国人民代表大会的关系，是最高人民法院与全国人大关系的基础层面。该部分我们主要以最高人民法院的工作报告制度为中心，来分析最高人民法院与全国人民代表大会的关系。

（一）最高人民法院工作报告制度的嬗变

在每年的全国人民代表大会会议期间，最高人民法院都要向全国人民代表大会提交过去一年工作情况的全面报告，并提出新的一年的工作计划，以便全国人民代表大会对最高人民法院的工作进行全面的了解和监督。听取和审议最高人民法院的工作报告，已成为全国人民代表大会及其常委会行使监督权的基本方式。而最高人民法院的工作报告，也是最高人民法院向全国人民代表大会负责并自觉

接受其监督的重要形式。

最高人民法院的工作报告制度肇始于 1950 年。1950 年 6 月 17 日，时任最高人民法院院长的沈均儒向政协第一届全国委员会第二次会议作工作报告，揭开了最高人民法院工作报告制度的序幕。我国 1954 年《宪法》、1975 年《宪法》、1978 年《宪法》和 1954 年、1979 年《法院组织法》都曾明确规定，最高人民法院应当向全国人民代表大会及其常委会报告工作。但是，现行 1982 年《宪法》第 128 条只规定，"最高人民法院对全国人民代表大会和全国人民代表大会常务委员会负责，""而没有'并报告工作'这个尾巴。"① 依此规定，现行《宪法》并没有要求最高人民法院和国务院一样都必须向全国人民代表大会及其常委会报告工作，但是，1983 年《法院组织法》的修改并没有执行 1982 年《宪法》的规定，而是重申："最高人民法院对全国人民代表大会和全国人民代表大会常务委员会负责并报告工作。"据说，这是最高人民法院"争取"来的"权利"，旨在保持和国务院同样的宪法地位。这样一来，最高人民法院的工作报告制度就没有因宪法规定的缺位而中断，并得以继续维系。2004 年 3 月 10 日，在十届全国人民代表大会二次会议上，最高人民法院院长肖扬所作的工作报告主要报告了最高人民法院自身的工作情况，而不再汇报整个法院系统的工作。这可以说是最高人民法院工作报告制度的重大调整。

（二）全国人大对最高人民法院工作报告的审议和表决

审议最高人民法院的工作报告，是全国人民代表大会对最高人民法院进行工作监督的重要方式。旨在通过审议，发现并指出最高人民法院工作中存在的问题，以期最高人民法院改进自身的工作，保障审判的公正，促进审判效率的提高。

审议的方式主要有两种：一是分组审议，二是全体会议的审议。分组审议，是以各代表团为单位对最高人民法院的工作报告进行审议;② 全体会议的审议，主要是在分组审议的基础上将各代表团的审议意见和建议进行汇总，并最终形成对最高人民法院工作的审议结果——《关于最高人民法院工作报告的决议》（草案）。

---

① 张友渔：《宪政论丛》，群众出版社 1986 年版，第 359 页。
② 如肖扬在九届人大五次会议上作《最高人民法院工作报告》后，各代表团分组进行审议。在福建代表团的审议中，代表们对最高人民法院卓有成效的工作给予肯定，同时也对怎样做到公正司法、如何加强法官队伍建设提了不少建议。《福建代表团审议常委会报告和"两高"报告》，《福建日报》2002 年 03 月 15 日。

　　审议的内容来主要集中在法院改革、队伍建设以及如何最大限度地实现司法公正与效率等问题上。经过审议，要指出最高人民法院过去一年的工作取得了哪些成绩，还存在哪些问题，最后还要针对发现的问题提出明确、具体的建议和要求。如第九届全国人民代表大会第二次会议审议了最高人民法院院长肖扬所作的《最高人民法院工作报告》后认为，"一年来，最高人民法院认真贯彻第九届全国人民代表大会第一次会议精神，履行宪法和法律赋予的职责，大力加强审判工作，为改革开放和社会主义现代化建设，为维护社会稳定，做了大量工作，法院工作取得了新的进展。法院队伍开展集中教育整顿，思想重视，措施有力，认真听取人大代表和群众的意见，取得了比较明显的成效。报告对最高人民法院一年工作的总结是符合实际的。"同时还指出，"加强司法队伍建设，是一项长期的任务。最高人民法院要狠抓法院队伍建设，继续清除司法队伍中的腐败现象。要严格执行法律，进一步提高审判工作质量和效率，确保司法公正。要继续努力推进司法改革，完善审判工作的各项制度，发挥人民法院在依法治国、建设社会主义法治国家中的重要作用。"①

　　经过审议，就进入表决程序，即由与会代表投票表决是否通过最高人民法院的工作报告。这些年来，最高人民法院工作报告的得票率一直不高。1996年八届全国人大四次会议对最高人民法院工作报告的表决结果显示：赞成票2168张，反对票243张，弃权票208张，未按表决器者63人，反对、弃权、未按者共计514位代表。② 1997年八届全国人大五次会议表决最高人民法院工作报告时，赞成者为1839人，反对者为515人，弃权者为331人，另有35人未按表决器。而在2001年，最高人民法院的工作报告只得到70%的赞成票。③ 2004年，最高人民法院的工作报告只获得71.9%赞成票，而政府工作报告以高达99.2%的赞成票通过，人大常委会的工作报告也得到了96.2%的赞成票。④ 上述得票率的反差，反映出全国人民代表大会代表对最高人民法院工作的评价与看法。

---

①　《关于最高人民法院工作报告的决议》，资料来源：http://www.sina.com.cn，1999年3月16日。

②　《增强执法力度，解决执法难的问题要抓关键》，资料来源：http://www.yfzs.gov.cn，2003年6月10日。

③　参见《参考消息》，2001年3月16日。

④　政府工作报告的赞成票为2874张，全国人大常委会工作报告的赞成票为2785张，最高人民检察院工作报告的赞成票为2161张，最高人民法院的工作报告的赞成票为2082张，反对票586张，弃权票228张。资料来源：http://www.csa888.com/news_disp.asp? ID=436 12K，2004年3月19日。

（三）工作报告制度对最高人民法院工作的影响

得票率不高的现实对最高人民法院触动很大。最高人民法院深知自身的工作与全国人民的期望和要求之间还有很大的差距，为了扭转这种被动的局面，开始积极地采取以下措施，在努力改进自己工作的同时，加强同全国人大代表的联系。

首先，针对全国人大在决议中提出的问题，最高人民法院认真整改。如九届全国人大二次会议《关于最高人民法院工作报告的决议》提出，"要狠抓法院队伍建设，继续清除司法队伍中的腐败现象"。之后，最高人民法院采取坚决有力的措施，加大了法院队伍建设的力度，巩固和发展了集中教育整顿的成果。这些措施包括：深入开展"三讲"教育，加强领导班子建设；积极开展"两满意"活动，树立人民法官良好形象；改革、完善法官管理、选任和培训制度，提高法官队伍素质；落实领导检讨责任制，坚决查处违法违纪的人和事；完善诉讼费管理，坚决实行"收支两条线"。①

其次，最高人民法院十分重视全国人民代表大会代表的意见和建议。每次最高人民法院作工作报告后，院领导全部出动，分头带领上百名工作人员前往各代表团驻地，虚心听取分组审议报告的意见。② 最高人民法院在必要时派出负责人到各地区征求全国人民代表大会代表对做好法院工作的意见和建议。此外，最高人民法院也非常重视同全国人民代表大会代表和常委会委员的联系，主动接受全国人民代表大会代表和常委会委员的监督。最高人民法院把加强同全国人民代表大会代表及全国人民代表大会常委会委员的联系作为一项经常性的工作，并使这项工作制度化、规范化。③ 最高人民法院还设立了全国人民代表大会代表联络室，向全国人民代表大会代表公布联系电话、通讯地址、联系人，以便及时听取人大代表对法院工作的意见和建议，负责同全国人民代表大会代表联系工作的日常事务，并及时向全国人民代表大会常委会报告工作联系情况。

---

① 《最高人民法院工作报告》，2000 年 3 月 10 日。

② 如 2002 年全国"人代会"期间，最高人民法院副院长万鄂湘和 5 位工作人员提前 15 分钟就出现在浙江代表团小组讨论的会场，听取代表对最高人民法院工作的意见。参见《中国青年报两会特刊》，2002 年 3 月 12 日。

③ 如最高人民法院于 1998 年 12 月 24 日公布了《关于人民法院接受人民代表大会及其常务委员会监督的若干意见》，2000 年 12 月 29 日公布了《最高人民法院关于加强与人大代表联络工作的决定》，2001 年 1 月 15 日公布了《关于加强与人大代表联络工作的决定》和《办理全国人大代表来信的暂行规定》。

最后，最高人民法院开始重视报告的起草工作。在 2004 年最高人民法院工作报告的起草过程中，最高人民法院院长肖扬直接领导起草工作，对报告的指导思想、目的要求、具体内容和有关章节的安排都阐述了具体的意见。起草组提交报告初稿后，肖扬还提出了很多修改意见，并强调最高人民法院向全国人民代表大会报告工作是接受监督的一项基本宪法原则。根据宪法的要求和全国人民代表大会代表、政协委员和专家学者的建议，对 2004 年的工作报告进行了重大改革，使报告成为真正意义上的《最高人民法院工作报告》。在报告的起草过程中，肖扬还亲自主持最高人民法院的特邀咨询员座谈，直接听取专家们的意见。[①]

三、最高人民法院与全国人大各组织机构、代表的关系

该部分我们主要探讨全国人大常委会、各专门机构以及全国人大代表、常委会组成人员等与最高人民法院的关系。

（一）全国人大常委会与最高人民法院的关系

全国人大常委会是全国人大的常设机关，所以全国人大和最高人民法院的联系主要是通过常委会来实现的。最高人民法院与全国人大常委会的关系，首先体现在最高人民法院必须严格执行全国人大常委会制定的法律和做出的决定。如1984 年 11 月 4 日，第六届全国人大常委会通过了《关于在沿海港口城市设立海事法院的决定》，最高人民法院依据这个决定，先后在广州、上海、青岛、天津、大连和武汉设立了海事法院。其次，最高人民法院与全国人大常委会的关系还体现在法官任免制度上。根据我国《宪法》、《法院组织法》和《法官法》的规定，全国人大常委会根据最高人民法院院长的提请，有权任免最高人民法院副院长、审判委员会委员、庭长、副庭长和审判员。另外，《常委会人事任免办法》规定，最高人民法院副院长、审判委员会委员、庭长、副庭长和审判员的任免程序包括提案、表决、公布三个环节。最后，最高人民法院与全国人大常委会的关系还体现在全国人大常委会听取最高人民法院的报告和汇报制度上。听取最高人民法院

---

① 参见倪寿明：《重新架构报告回归宪法原则》，《人民法院报》2004 年 3 月 11 日。

就重大事项的报告和有关事项的汇报，是全国人大常委会对最高人民法院进行工作监督的一种经常性的形式。

从实践来看，最高人民法院就一些重大事项及时、主动向全国人大常委会报告。从 1999 年 6 月开始，根据工作需要和群众关心的问题，全国人大常委会每次例会都会听取最高人民法院等机关的专门工作报告。在九届全国人大期间，全国人大常委会共听取并审议了最高人民法院等机关的 40 个专题工作报告。从专题报告的内容来看，一般包括：某一时期着重打击某类犯罪活动或实施某项法律情况的报告；全国范围内有重大影响案件审判情况的报告；法院管理存在的重大问题的报告等。当然，"上述大都是全国人大常委会在实践中的做法，有待于通过立法和补充立法对听取专题工作报告的方式和程序加以规定"。①

有关事项的汇报制度，是指就法律实施、全国人大及其常委会决议的执行、法院管理、队伍建设等方面的问题，最高人民法院向全国人大常委会或者专门委员会所作的汇报。如 1997 年，全国人大常务委员会听取和审议了最高人民法院关于开展集中教育整顿工作情况的汇报。1998 年 7 月 2 日，全国人大常委会副委员长曹志召集《关于加强社会治安综合治理的决定》执法检查组召开第一次全体会议，听取最高人民法院等有关机关关于该决定实施情况的汇报。1999 年 1 月 29 日，九届全国人大常委会第二次会议专门听取了最高人民法院关于开展集中教育整顿的情况汇报。2000 年 8 月，全国人大常委会听取了最高人民法院和司法部关于《刑事诉讼法》执法情况的汇报。十届全国人大一次会议以来，全国人大常委会先后听取了最高人民法院贯彻执行《农业法》、《建筑法》、《农村土地承包法》、《未成年人保护法》等法律，以及清理刑事超期羁押案件等情况的专题汇报。

全国人大常委会在听取最高人民法院的报告或汇报后，一般要对报告或汇报进行评议，并对最高人民法院今后的工作做出指示。如九届全国人大常委会第七次会议在听取了最高人民法院关于开展的集中教育整顿工作的汇报后，经审议指出，法院系统开展的集中教育整顿工作，措施比较得力，解决了一些突出问题，取得了较为明显的成果。但要清醒地看到，搞好司法队伍建设，惩治司法腐败，是一项长期的任务。

对于全国人大常委会的意见，最高人民法院在实践中会积极改进和落实。如最高人民法院根据教育整顿的进展情况，先后三次召开全国性会议，贯彻落实全

---

① 蔡定剑：《中国人民代表大会制度》，法律出版社 1998 年修订版，第 396 页。

国人大常委会对法院集中教育整顿工作的指示精神，对集中教育整顿工作进一步进行部署，针对少数法院集中教育整顿走过场的情况，要求坚决进行补课。同时，把思想教育贯穿于集中教育整顿的始终。最高人民法院和地方各级人民法院在集中教育整顿的各个阶段，认真学习邓小平理论，学习江泽民同志关于开展反腐败斗争和加强政法工作的一系列重要指示，开展"审判工作究竟代表谁的利益、为谁服务"和"如何维护司法公正"的大讨论，开展宗旨教育、廉政教育、纪律作风教育、职业道德教育和正反两方面的典型教育，提高了认识，统一了思想。此外，对全国法院集中教育整顿加强监督检查。最高人民法院先后派出由院领导和督导员带队的 15 个检查组，分赴全国各地法院检查指导集中教育整顿工作，保障并推动了集中教育整顿工作健康有序地进行。

（二）全国人大专门机构与最高人民法院的关系

1、全国人大信访局与最高人民法院的关系

全国人大信访局是全国人大专门负责信访工作的办事机构。它负责接待人民群众对全国人大常委会及领导的来信来访，向全国人大常委会领导及中央有关领导及时反映人民群众的重要批评、意见和建议；受理人民群众的申诉、控告和检举，并及时交由最高人民法院等司法机关处理，限期向全国人大常委会报告处理结果。通过这种方式，对最高人民法院的工作予以监督。

最高人民法院非常重视信访案件的处理，把全国人大及其常委会交办的信访案件作为接受监督的一项内容，认真查处，并分别不同情况做出处理。对正确的意见虚心接受，并按照法定程序妥善处理；对因与事实、法律不符而没有采纳的意见，主动报告并说明理由和原因。对于全国人大及其常委会交办的要求回报处理结果的信件，及时通报情况和回报处理结果。全国人大及其常委会对最高人民法院已审结的重大案件或者有重大影响的案件，通过法定监督程序要求最高人民法院审查的，最高人民法院会认真进行审查；对确属错判的案件，按照法定审判监督程序予以纠正；对裁判并无不当的，书面报告结果和理由。

2、全国人大内务司法委员会与最高人民法院的关系

内务司法委员会是全国人大的专门委员会，它负责研究、审议最高人民法院、最高人民检察院和国务院所属公安部、安全部、监察部、司法部、民政部、人事部以及全国总工会、全国妇联等社会团体部门提出的法律议案，并自己拟定有关内务、司法方面的议案；检查内务、司法机关执法情况，协助全国人大及其

常委会做好对内务司法部门的监督工作。

听取最高人民法院就有关事项的汇报，是全国人大内务司法委员会对最高人民法院进行监督的一种经常性的形式。2001 年，全国人大内务司法委员会就关于加强社会治安工作和开展严打整治斗争的情况，听取和审议公安部、"两高"和司法部的汇报。2004 年 2 月 13 日，全国人大内务司法委员会听取了最高人民法院开展"公正与效率"司法大检查等情况的专题汇报。全国人大内务司法委员会在听取最高人民法院的汇报后，一般也要对最高人民法院今后的工作做出指示。如王兆国在听取最高人民法院开展"公正与效率"司法大检查等情况的专题汇报后指出：为了维护司法公正，要保证人民法院依法独立行使审判权；同时，审判权的行使要受到监督。权力的行使关键是靠人，中央反复强调要抓好政法队伍建设，就是为了使行使审判权的司法人员具备相应的思想政治素质、职业道德、业务能力和公正执法水平。司法大检查要进一步落实到司法公正这一主题上来。人大对"两院"的监督是国家权力机关对司法机关的监督，今后要进一步加强。同时还要进一步加强和完善"两院"的内部监督，充分发挥各种监督机制应有的作用。顾秀莲也指出：通过这项活动，审判人员司法为民的宗旨观念得到增强，依法履行职责的能力水平得到提高，队伍的整体形象得到改善。她强调，审判和工作要强化"为谁执法，为谁服务"观念，为人民的利益惩治犯罪、裁判纠纷、纠正错误。心中时刻装着人民群众是队伍建设的基础，是实践"三个代表"重要思想在司法工作中的本质体现。①

3、全国人大法工委与最高人民法院的关系

全国人大法工委是全国人大法制工作委员会的简称，它是全国人大常委会和法律委员会双重领导下专门从事立法工作的服务机构。法工委的主要任务是协助全国人大及其常委会起草、研究、修改法律草案；负责将法律草案征求意见，广泛进行调查研究，就草案中的重大问题和已提出的意见，召开各种座谈会，征求意见，开展讨论；受全国人大常委会的委托，研究拟订法律解释草案等。在实践中，最高人民法院与全国人大法工委有着密切的联系，但是它们之间的关系不同于最高人民法院与全国人大常委会、内务司法委员会以及全国人大代表之间的监督与被监督关系，而是呈现出一种双向的互动关系。

首先，在法律的起草过程中，全国人大法工委一般要征求最高人民法院的意

---

① 资料来源：中国人大网，http//www. npc. gov. cn. 2004 年 2 月 13 日。

见和建议，而且由于最高人民法院享有较高的法律权威，所以最高人民法院的意见在很大程度上将对全国人大法工委的起草、研究、修改法律草案产生积极的影响。以刑法典草案的草拟为例，早在 1954 年第一届全国人民代表大会第一次会议后，草拟刑法草案的准备工作由当时的全国人大常委会法律室负责。法律室在 1955 年 6 月草拟出"中华人民共和国刑法草案"草稿后，首先征求了最高人民法院的意见，同时还配合最高人民法院对刑事案件的罪名、刑种和量刑幅度的经验进行了总结。法律室根据这些意见和总结，于 1956 年 3 月对刑法草案作了修改，然后分送各有关单位和地方征求意见。①

其次，最高人民法院积极影响、配合全国人大法工委的工作，促进现行法律的修改、完善。一方面，最高人民法院在对具体案件的审判和指导过程中，及时发现现行法律规范在适用过程中存在的问题，通过司法判决的形式弥补法律规范的不足，为全国人大法工委进行相应立法的修改奠定基础。这种方式以民事判决最为常见。在我国刑法修订前，刑事判决也具有这种作用。比如《中华人民共和国最高人民法院公报》1990 年第 1 号上刊载的《马晓东侵占他人财产类推案》，人民法院依据原刑法第 79 条的规定，类推马晓东犯非法侵占他人财产罪，解决了在当时刑法没有具体规定情况下的定罪量刑问题。此后，各地人民法院遇到类似案件一般都依此类推定罪量刑。除此以外，还有"阿利穆拉多夫·沙米利·哈吉——奥格雷劫持飞机案"等。经过一段时间的司法实践，在刑事立法上先后确立了侵占罪和劫持航空器罪。另一方面，最高人民法院积极参与、配合全国人大法工委组织的法律修改工作。如在刑法修订过程中，根据全国人大法工委的统一安排，最高人民法院专门成立了刑法修改小组，并于 1996 年 9 月、10 月分别在南宁、天津两次召开了部分高、中级法院和基层法院刑法修改座谈会，邀请有一定理论基础又有丰富实践经验的法官，就法工委 1996 年 8 月 8 日《刑法修改草案》和 10 月 10 日《中华人民共和国刑法（修订草案）》进行了座谈。与会者紧密结合审判实践，提出了许多很好的意见和建议。② 在刑法修订期间，最高人民法院多次复函全国人大法工委，提出对刑法修订草案的意见。

最后，在法律解释问题上，最高人民法院和全国人大法工委也存在密切的联

① 高铭暄、赵秉志：《新中国刑法立法文献资料总览》，中国人民公安大学出版社 1998 年版，第 1939 页。

② 高铭暄、赵秉志：《新中国刑法立法文献资料总览》，中国人民公安大学出版社 1998 年版，第 2423 页。

系。一方面，为了进一步加强法律解释工作，规范法律解释的工作程序，2004年2月17日，全国人大常委会委员长会议通过全国人大常委会法律解释工作程序。根据规定，最高人民法院等单位可以向全国人大常委会提出法律解释要求。对于提出的法律解释要求，由常委会办公厅报秘书长批转法工委研究拟订法律解释草案。法工委拟订法律解释草案应当听取提出法律解释要求的机关以及其他有关机关、组织和专家的意见。另一方面，审判解释自身或审判解释与检察解释之间存在的矛盾和冲突也是启动全国人大法工委法律解释程序的重要因素，目的是保持法律适用的统一。如在刑事司法实践中，对于村民委员会等村基层组织人员在从事哪些工作时属于"依法从事公务的人员"的问题，最高人民法院的审判解释和最高人民检察院的检察解释未能取得一致的见解，导致刑事控诉和法院裁判之间的矛盾和冲突。为了解决这一问题，全国人大法工委拟定了相关的立法解释并提交全国人大常委会。2000年4月29日，第九届全国人民代表大会常务委员会第15次会议通过了《关于〈中华人民共和国刑法〉第九十三条第二款的解释》，明确了村民委员会等村基层组织人员只有在协助人民政府从事特定工作时，才属于"依法从事公务的人员"，从而使最高人民法院和最高人民检察院在该问题上的矛盾得以消解。再者，全国人大法工委有权审查最高人民法院司法解释的合法性问题，如果发现司法解释同法律规范相抵触，可以向全国人大常委会修改或撤销的建议。

（三）全国人大代表、常委会组成人员与最高人民法院的关系

根据法律的规定，全国人大代表不能在法律规定的程序外行使监督权，他们根据法律的授权，可以通过全国人大及其常委会、有关专门机构，以法定的方式和程序行使监督权。如前所述，听取和审议、投票表决最高人民法院的工作报告，参加最高人民法院院长的选举等，都反映出全国人大代表、常委会委员与最高人民法院的密切关系。也正因为如此，最高人民法院才会采取一系列措施，加强同代表的联系。此外，全国人大代表与最高人民法院的关系还通过质询、具体案件的监督方式来体现。尽管这种方式的监督仍然属于全国人大的职权，但是全国人大在质询和具体案件的监督问题上只是承担着程序规范和组织保障功能，具体推动制度运作的主体还是全国人大代表。所以，笔者拟通过这两种制度来谈一下全国人大代表与最高人民法院的关系。

1、全国人大代表、常委会组成人员对最高人民法院的质询

质询是人大通过一定的法律程序，强制被监督对象回答代表提出的问题，代表或委员可以根据回答情况采取必要措施，以实现一定的监督目的。①

在我国宪法发展史上，不同历史时期的宪法对质询权的规定存在较大的差异。1954 年《宪法》规定，全国人民代表大会代表有权向国务院或者国务院各部、各委员会提出质询，受质询的机关必须负责答复。1975 年《宪法》则没有对质询权做出规定。1978 年《宪法》规定，全国人民代表大会代表有权向国务院、最高人民法院、最高人民检察院和国务院各部、各委员会提出质询，受质询的机关必须负责答复。1982 年《宪法》规定，全国人民代表大会代表在全国人民代表大会开会期间，全国人民代表大会常务委员会组成人员在常务委员会开会期间，有权依照法律规定的程序提出对国务院或者国务院各部、各委员会的质询案，受质询的机关必须负责答复。从上述规定来看，尽管在历史上确实曾经存在对最高人民法院进行质询的宪法规定，但是根据现行宪法，质询的对象显然不包括最高人民法院。

根据现行宪法的规定，1989 年 4 月 4 日第七届全国人大第二次会议通过的《中华人民共和国全国人民代表大会议事规则》对于询问和质询问题，只是规定了对国务院或者国务院各部、各委员会提出询问和质询的程序。时任全国人大法律委员会主任委员的王汉斌在《关于两个法律草案审议结果的报告》中指出，在起草和审议该规则时，也有代表提出，提质询案的对象应当包括最高人民法院，草案也的确曾把最高人民法院列入提质询案的对象，但是考虑到这样的规定同宪法有关规定不一致，因此，草案最后作了修改，没有将最高人民法院列为质询对象。②

但是，1987 年 11 月 24 日第六届全国人民代表大会常务委员会第二十三次会议通过的《中华人民共和国全国人民代表大会常务委员会议事规则》却作出了不同的规定。该规则第 25 条规定，"在常务委员会会议期间，常务委员会组成人员十人以上联名，可以向常务委员会书面提出对国务院及国务院各部、各委员会和最高人民法院、最高人民检察院的质询案。"在该规则的草案中，原来也只是规定，"在常务委员会会议期间，常务委员会组成人员十人以上联名，可以向常务委员会书面提出对国务院及国务院各部、各委员会的质询案。"但是，后来根据

---

① 蔡定剑：《中国人民代表大会制度》，法律出版社 1998 年修订版，第 397 页。
② 王汉斌：《关于两个法律草案审议结果的报告》，1989 年 4 月 1 日。

有些委员的意见，并同最高人民法院、最高人民检察院商议后，草案的规定就修改为"对国务院及国务院各部、各委员会和最高人民法院、最高人民检察院的质询案。"① 并最终获得通过。此外，1992 年《代表法》也规定，在全国人大会议期间，一个代表团或 30 名以上的代表联名，有权书面提出对最高人民法院的质询案。最高人民法院应按照要求，由院长到会对质询的问题认真负责地当面答复，或者由院长签署书面答复。

根据《中华人民共和国全国人民代表大会常务委员会议事规则》第 25 条的规定，全国人大常委会组成人员向最高人民法院提出质询案时，必须写明质询对象、质询的问题和内容。质询案由委员长会议决定交由有关的专门委员会审议或者提请常务委员会会议审议。质询案由委员长会议决定，由最高人民法院院长在常务委员会会议上或者有关的专门委员会会议上口头答复，或者书面答复。在专门委员会会议上答复的，专门委员会应当向常务委员会或者委员长会议提出报告。质询案以书面答复的，应当由最高人民法院院长签署，并印发常务委员会组成人员和有关的专门委员会。专门委员会审议质询案的时候，提质询案的常务委员会组成人员可以列席会议，发表意见。另外，《代表法》也规定质询案应当写明质询对象，质询的问题和内容，由最高人民法院按照主席团的决定答复；半数以上的代表不满意的，可以要求再答复。

当然，迄今为止，全国人大代表或常委会组成人员还没有在会议期间对最高人民法院工作进行公开的质询。究其原因，"质询程序仍不很完善是一方面的原因。但人民代表大会本身不善于适用质询权，政府和司法机关更害怕被质询也是重要的原因"。②

2、全国人大代表对最高人民法院提出建议、批评和意见

根据宪法和有关法律的规定，全国人大代表有权对最高人民法院提出建议、批评和意见。这主要有两种情况，一是就具体案件对最高人民法院提出建议、批评和意见；二是就一般问题向最高人民法院提出建议、批评和意见。

一方面，全国人大代表有权就具体案件向最高人民法院提出批评、建议、意见。如 2002 年 3 月 28 日的《法制日报》刊发了这样一条消息：汪河池是九届全

---

① 张友渔：《全国人大法律委员会对〈中华人民共和国全国人民代表大会常务委员会议事规则（草案）〉审议结果的报告》，1987 年 11 月 9 日。

② 蔡定剑：《中国人民代表大会制度》，法律出版社 1998 年修订版，第 398 页。

国人大代表，来参加全国人大会议之前，她接到一封群众反映当地法院错误查封财产、七年未予解除的来信，希望她能够在会上"为民说话"。她认真看完来信后，认为这封信反映得有理，就在小组会上作了发言。会后，又以建议的形式将材料转给最高人民法院，很快最高人民法院给予了答复。可以说，当前全国人大代表或全国人大常委会委员就具体案件向最高人民法院提出批评、建议、意见，已经成为一种主要的监督形式。

另一方面，根据《代表法》的规定，全国人大代表有权对最高人民法院的工作进行视察，并提出有关建议、批评和意见。在视察最高人民法院时，如果发现问题，代表可以直接提出建议、批评和意见，但是不能直接处理问题；也可以将有关情况向全国人大提出，由全国人大转交最高人民法院处理。[①] 最高人民法院也非常重视全国人大代表对最高人民法院的视察。在全国人大闭会期间，最高人民法院根据全国人大常委会的统一安排，接受代表到法院视察工作；必要时，主动邀请全国人大代表来视察，并为视察提供方便。最高人民法院的负责人亲自汇报工作，积极反映情况，如实解答问题，虚心接受批评，使代表通过视察了解法院的工作情况，支持最高人民法院的工作。代表视察中提出约见负责人或者有关部门负责人的，被约见的人员或者由他委托的负责人员应当实事求是地汇报工作情况和存在的问题，认真听取代表的批评、建议和意见，并切实加以改进和解决。对代表提出的涉及具体案件的问题，要严格按照法定诉讼程序办理。

最高人民法院对全国人大代表提出的有关法院工作的批评、建议和意见，非常重视，认真办理。[②] 对全国人大代表提出的建议、批评和意见，最高人民法院

---

① 参见王晨光：《论法院依法独立行使审判权和人大对法院个案监督权的冲突及其调整机制》，载蔡定剑、王晨光主编《人民代表大会二十年发展与改革》，中国检察出版社 2001 年版，第 390 页。

② 十届全国人大一次会议闭幕之后，最高人民法院共收到全国人大代表针对人民法院工作提出的建议 87 件，全部及时办理完毕并答复。对全国人大代表建议的办理工作，最高人民法院高度重视。肖扬指出，全国人大代表对人民法院工作提出建议，是依法履行法定职责的行为，是社会主义民主政治的重要体现，要高度重视全国人大代表建议的办理工作，要以高度的政治责任感和对人民负责的精神，优质、高效地完成好建议的办理工作。两会结束后，最高人民法院党组立即召开专门会议听取全国人大代表所提建议和所关注案件的情况。随后，肖扬亲自主持由各庭、厅、室、局负责人参加的院长办公会，进一步落实承办全国人大代表建议的工作部署，并对有关具体建议进行了分析。2003 年 4 月初，最高人民法院办公厅专门组织召开代表建议交办会，在总结上年办理工作的基础上，对 2003 年的办理工作在质量、时间和程序等方面提出明确的要求。建议交办后，十个有关承办部门及时将代表建议的办理工作落实到专人，针对建议的具体内容，依照国家的法律、法规和人民法院的工作实际，以实事求是和对人民负责的态度进行了认真办理。参见《代表建议沉甸甸——最高人民法院办理全国人大代表建议工作综述》，《人民法院报》2004 年 3 月 5 日。

遵循交办、承办、催办、审核、答复、总结等程序，保证答复准确、及时。同时，分别已经解决、基本解决、正在解决或者列入规划逐步解决、因条件限制或其他原因需待以后解决、留作参考等不同情况，一般在要求的期限内办结并以书面形式答复代表，并抄送全国人大常委会。对涉及面广、情况复杂或者涉及具体案件需要依照法定程序查处而一时难以答复的，在法定期限内作出程序性答复，实体答复一般也不能超过法定审理期限。确有必要直接听取代表意见的，要及时安排时间。对一时难以解决的，要实事求是地介绍情况，说明原因。

四、最高人民法院与全国人大关系的反思与改善

（一）最高人民法院与全国人大关系的反思

从最高人民法院和全国人大关系的宪法设计来看，全国人大监督权的行使和最高人民法院依法独立行使审判权之间不存在根本性的对立。宪法充分地考虑到了最高人民法院作为最高审判机关，有着与最高行政机关不同的功能和作用，因此在监督的方式选择与程度把握上，都做出了不同的规定。如根据宪法的规定，全国人大不能撤销最高人民法院对具体案件的裁判或其他决定；全国人大的代表可以向最高行政机关及其部委提出质询案，而没有赋予代表向最高人民法院提出质询案的权利；再如，宪法规定最高行政机关应当向全国人大作工作报告，但是并没有要求最高人民法院也这么做。可见，宪法对最高人民法院和全国人大关系模式的确定，一方面实现了全国人大对最高人民法院审判活动的监督；另一方面，还最大程度地保障了最高人民法院依法独立行使审判权。但是，最高人民法院和全国人大关系的宪法设计和《法院组织法》、《代表法》等法律支配下二者关系的实践运作之间，却存在一定的矛盾和冲突。

1、这种矛盾和冲突首先表现为《法院组织法》对最高人民法院向全国人大作工作报告的规定，不符合宪法的精神。1982年以前的宪法和法院组织法都规定，最高人民法院应当向全国人大作工作报告，但是1982年宪法却只是要求最高人民法院向全国人大负责，而没有要求作工作报告。很显然，1982年宪法的上述规定是对最高法院工作报告制度的否定。因为最高人民法院不同于最高行政机关，最高行政机关是全国人大的执行机关，负责全国人大决定的具体执行，所

以必须将执行情况向全国人大作工作报告；而最高人民法院审判权的行使并不是具体执行全国人大的决定①，所以谈不上作工作报告的问题。但是 1982 年《宪法》出台以后修订的《法院组织法》（1983）却背离了宪法的规定，要求最高人民法院继续向全国人大作工作报告。这种与宪法规范精神相背离的法律规范应当是无效的，以维护宪法的权威，保障法制的统一。可是，从目前的现实来看，最高人民法院的确在一直坚持着向全国人大作工作报告。这种法律规范扩张并侵蚀宪法规范现象的存续，在一定程度上映射着我国宪法的现实权威。

2、这种矛盾和冲突还表现在《中华人民共和国全国人民代表大会常务委员会议事规则》和《代表法》对常委会委员、全国人大代表向最高人民法院提出质询案的规定。如前所述，尽管 1978 年《宪法》确实曾经存在对最高人民法院进行质询的宪法规定，但是根据现行宪法的规定，质询只是全国人大代表或全国人大常委会组成人员对国务院或者国务院各部、各委员会进行监督的方式，质询的对象不包括最高人民法院。但是，其后颁布的《代表法》和《中华人民共和国全国人民代表大会常务委员会议事规则》却作出了不同的规定。根据这些法律的规定，在全国人大会议期间，最高人民法院应当接受人大代表提出的质询；在全国人大常委会会议期间，接受人大常委会组成人员依法定程序提出的质询。在全国人大常务委员会会议期间，常务委员会组成人员十人以上联名，可以向常务委员会书面提出对最高人民法院的质询案。在这里，宪法的权威再次打了折扣。

3、全国人大监督权行使的其他形式同样缺乏充分的考量。目前，全国人大常委会和各专门委员会行使监督权的方式，除了前述的听取和审议工作报告并提出质询外，还有听取汇报、报告、工作评议制度，以及针对具体案件的监督。在上述宪法或法律规范外监督制度或监督方式的存在和运作，无疑都缺乏充分的考量。一方面，宪法对人大监督范围和方式的设计，旨在为审判权的独立行使提供充足的空间。但是上述宪法外监督方式的存在破坏了宪法对最高人民法院和全国人大关系的制度设计，压缩了审判权行使的空间。另一方面，对案件事实的认定和法律规范的选择是法官自由裁量的过程，是法官在公正理念的支配下查明案件事实，严格适用法律，做出公正裁判的过程。监督本身就是一种制约，对于审判而言，为了保证裁

---

① 全国人大根据需要也制定一些决定，如《全国人民代表大会常务委员会关于取缔邪教组织、防范和惩治邪教活动的决定》，对于最高行政机关来说，应当周密部署、严格贯彻实施，其他的工作可以暂时搁置；但是对于最高人民法院来说，《决定》即法律，执行《决定》只是意味着将其作为审判的依据。

判的公正，必要的、合理的监督有一定的价值，但是这种监督不能构成对法官裁判的干预。规范外监督方式的存在，主要就是针对具体案件的监督，而这种监督直接构成对裁判法官的外在压力，势必影响法官对案件的公正裁判。

4、全国人大监督权的行使还缺乏具体运作规范的保障。早在 1987 年，陈丕显同志就曾经谈到：人大及其常委会应当怎样行使监督权？查处违法行为、案件应当采取什么样的方式和程序？对这些行为、案件调查核实清楚后应当如何制裁？现行法律都缺少明确的规定。① 时至今日，仍然没有一部法律来规范这些监督行为的实施。尽管全国人大在监督问题上已经积累了一些经验，但是由于缺乏有效的制约，监督行为的任意性仍不能避免，尤其是不能避免基于个人感情或利益驱动而任意启动监督程序等。对最高人民法院的监督本来是为了保障司法的公正，但是这样一来，却为滋生新的权力腐败提供了契机，并可能导致监督权的异化。

上述四个方面问题的存在，影响了最高人民法院审判权的运作及其权威。根据宪法的精神及其制度设计，全国人大的监督应该在遵循分权原则的制度框架内进行。我们不实行资本主义国家"三权分立、相互制衡"的制度设计原则，但是为了充分地实现社会主义民主，国家权力的合理分工是十分必要的。因为在社会主义国家，"人们完全可以根据民主的需要而将国家权力进行合理的分工，授予不同的国家机关行使，这不仅不会伤害人民自身，反而会使人民的主权得以更好地实现。"② 宪法在全国人大的设计上也遵循了这样的思路，"人大和'一府两院'之间的监督和被监督关系，既是法定的权利和义务的关系，又是国家机关之间分工合作的需要。"③ 通过这种制度设计，最高人民法院作为专门的审判机关，其他任何机关包括全国人大自身不得行使该项权利。尽管宪法规定全国人大有权监督最高人民法院的工作，但是全国人大的监督不应突破宪法确立的制度框架，否则监督就缺乏存在的合理性。对此问题，彭真同志早就提出，"我们全国人大常委会要注意，一不要失职，就是要认真履行宪法赋予的职权；二不要越权，就是不要越俎代庖，干扰宪法规定由政府、法院、检察院分别行使的行政权、审判权、检察权。这是一个严格依法办事的问题"。"全国人大和它的常委会监督国务

---

① 陈丕显：《论人大及其常委会的监督权》，载《中华人民共和国人民代表大会文献资料汇编》，中国民主法制出版社 1991 年版，第 613 页。

② 周永坤：《分权——中国法制的战略突破口》，《法律科学》1996 年第 3 期，第 17 页。

③ 陈丕显：《论人大及其常委会的监督权》，载《中华人民共和国人民代表大会文献资料汇编》，中国民主法制出版社 1991 年版，第 613 页。

院、中央军委、最高人民法院、最高人民检察院的工作，主要是审查他们的工作报告。"① 而对于全国人大代表或常委会委员对具体个案的监督问题，更应慎重。因为，"全国人大有2978位代表，全国人大常委会由155位组成人员，如果哪一代表、委员，谁告状搞到他那里，谁把具体问题提到他那里，它就处理，直接去处理行政、司法等事务，那就等于在宪法规定的行政机关、司法机关之外增加好多政府、检察院、法院。那样，工作还怎么进行？国务院、法院、检察院的工作还怎么进行？"② 无疑，裁判应当公正，但是裁判也应当具有一定的权威——对于终审的裁判一般不得任意启动重新审判程序。从最高人民法院制定《关于人民法院接受人民代表大会及其常务委员会监督的若干意见》，以及《最高人民法院关于加强与人大代表联络工作的决定》和《办理全国人大代表来信的暂行规定》，我们一方面可以看出全国人大基于其宪法地位的至上性而对最高人民法院形成的压力；另一方面，我们还可以察觉出最高人民法院对全国人大所表现出来的态度和感情。

（二）全国人大监督权运作现状的形成原因

我们认为，最高人民法院与全国人大之间这种紧张关系的形成，与近些年来社会公众对法院系统的腐败现象的不满、宪法权威的弱化、司法独立制度设计缺陷以及对法院地位和功能的认识偏差，有着密切的关系。

1、法院系统的腐败促使全国人大积极探索监督途径，加大对最高人民法院的监督力度

20世纪80年代中后期以后，我国经济体制的转轨为权力的寻租提供了契机，腐败成为当时主要的社会问题。而在法院系统中，有些法官和工作人员经不起改革、开放的考验，违法乱纪，甚至执法犯法的现象不断攀升。（见表一）

司法腐败损害了法院的整体形象，动摇了人民群众对法律的信赖和对司法公正的信心。面对法院系统持续不减的司法腐败问题，全国人大的代表们在审议和表决最高人民法院工作报告时，通过投反对票或弃权票的方式对最高人民法院的工作表示不满。据前述统计，这些年来，最高人民法院工作报告的得票率一直在

---

① 彭真：《一不要失职，二不要越权》，载《中华人民共和国人民代表大会文献资料汇编》，中国民主法制出版社1991年版，第607页。

② 彭真：《一不要失职，二不要越权》，载《中华人民共和国人民代表大会文献资料汇编》，中国民主法制出版社1991年版，第607页。

75%左右，始终没有突破过80%。与此同时，全国人大代表也在迫切地要求和呼吁全国人大加大对最高人民法院的监督力度，最大限度地遏制司法腐败，保障司法公正。早在1990年，江泽民在参加全国人大、政协两会的党员负责同志会议上就指出，"目前，在实际生活中有法不依、执法不严的现象比较突出，人民群众对此反映强烈。如果允许这种现象存在，就会影响法律的严肃性和权威性，而且会危及国家和社会的稳定。人大及其常委会要理直气壮地把法律监督抓起来。"① 所以，全国人大和地方各级人大从20世纪90年代初期便开始积极采取措施加强监督力度，个案监督就是这一时期的产物。此外，执法检查、代表评议、述职评议、执法责任制等各种形式的监督措施应时而生，且被广泛适用。

表一：1988——2009年法院系统处理违法违纪人员统计②

年份	处理总数/人	受刑事处分/人	备注
1988	401	18	有383人因违法乱纪受到纪律处分（其中审判员164人），被依法追究刑事责任的18人（其中审判员6人）
1989	690	31	审判员11人被追究刑事责任
1990	887	25	审判员326人受党、政处分，7人被追究刑事责任
1991	／	29	审判员15人被追究刑事责任
1992	／	157	开除违法违纪干警138人（内有审判人员32人）；审判员44人被追究刑事责任
1993	850	53	审判员35人被追究刑事责任
1994	1094	47	审判员34人被追究刑事责任
1995	962	72	审判员61人被追究刑事责任，河北省高级人民法院原院长平义杰因违纪被撤职
1996	1051	59	审判员50人被追究刑事责任
1997	／	／	
1998	2512	221	给予行政处分的1654人，给予党纪处分的637人，追究刑事责任的221人。受到党纪、政纪处理的地方各级人民法院院长、副院长28人，其中，高级人民法院副院长1人，中级人民法院院长、副院长7人，基层人民法院院长20人，被追究刑事责任的3人，广西壮族自治区高级人民法院原副院长潘宜乐受贿案，被依法判处有期徒刑十五年。

---

① 江泽民：《关于坚持和完善人民代表大会制度》，1990年3月18日。
② 数据来源于1989年至2010年《最高人民法院工作报告》。

（续表）

年份	处理总数/人	受刑事处分/人	备注
1999	1450	73	全国法院共追究了 32 名领导干部的责任。云南省高级人民法院原院长孙小虹严重违纪，最高人民法院依法报请全国人大常委会撤销其职务；山西省绛县人民法院原院长姚晓红违法犯罪，被依法判处无期徒刑。全国人民法院处理的 1450 名违法违纪人员中，给予党纪政纪处分的 377 人
2000	1292	46	
2001	995	85	沈阳市中级人民法院原院长贾永祥因贪污、受贿、挪用公款被判处无期徒刑
2002	/	/	全国人民法院违法违纪人数已从 1998 年的 6.7‰下降到的 2‰
2003	794	52	广东省高级人民法院原院长麦崇楷因受贿被判处 15 年有期徒刑；辽宁省高级人民法院原院长田凤岐因受贿案被判处无期徒刑，剥夺政治权利终身，并处没收个人全部财产。
2004	461		
2005	378	66	广西壮族自治区高级人民法院原副院长杨多铭因受贿罪被判处有期徒刑 10 年，没收财产人民币 2 万元。黑龙江省高级人民法院原院长徐衍东严重违纪被开除党籍、开除公职。
2006	292	109	湖南省高级人民法院原院长吴振汉受贿 607 万，被判死缓。
2007	218		
2008	712	105	最高人民法院原副院长黄松有被中纪委立案审查。
2009	795		137 人移送司法机关处理。

2、宪法权威的弱化，为宪法外监督方式和手段的出现及其畅行提供了契机

宪法权威意味着宪法规范在国家政治和社会生活中的地位。宪法权威的强弱，在一定意义上反映出国家权力主体和社会公众遵守宪法规范的程度：如果宪法的权威强，宪法确定的基本制度就能得以实现和保障；如果宪法的权威弱，宪法规范就会沦为一般的法律规范，而对宪法规范的任意修改和解释也会较少受到观念和制度的阻碍。

在法治发达国家，宪法一般具有较高的权威，宪法确立的基本制度能够保持较长时间的相对稳定。例如经过了 200 多年的时间，美国宪法"至今仍然治理着美国"。[1] 然而在我国目前的社会背景下，虽然我们也一直认为宪法具有作为根

---

[1]　（法）托克维尔：《论美国的民主》（上卷），商务印书馆 1997 年版，第 126 页。

本大法的崇高地位，但是由于缺乏宪法至上理念的支持和保障，宪法的权威在政治统治的需要面前总是黯然失色。在政治合理性的前提下，宪法规范的频频修改甚至以法律规范来对抗和取代宪法规范，就成为我国宪法文化的重要表征。例如，尽管 1982 年《宪法》不再要求人民法院应当向人民代表大会作工作报告，可是 1983 年《法院组织法》仍然做出了相反的规定，而在实践运作过程中很少有人怀疑《法院组织法》前述规定的效力。还有在质询问题上，《中华人民共和国全国人民代表大会常务委员会议事规则》和《代表法》的规定与宪法的精神相背离，对此也只有个别学者提出异议，大部分人还是认为人大向法院提出质询是符合法律规定的，当然这里所谓的法律就是《中华人民共和国地方各级人民代表大会和地方各级人民政府组织法》和《中华人民共和国全国人大代表会常务委员会议事规则》，而没有从维护宪法权威的角度来审视这一问题。① 当然，在这种观念的支撑下，宪法外、法律外监督方式和手段的出现及其畅行，也就不足为奇了。

3、对法院地位和功能的传统认识，为全国人大监督权的扩张提供了观念支持

法院地位的独立和权力制约功能的承担，是现代法院制度的基本特征。② 但是在我国，"由于历史、传统和意识形态方面的原因，对于'权力分立与制衡'的理论，我们过去一向予以坚决排斥，法院一直被视为无产阶级专政的工具和维护社会治安的'刀把子'，处于附庸的工具地位，在主流的意识形态中，法院和军队、公安及其行政机关没有什么区别。"③ 对法院地位和功能的这种传统认识，直接影响着全国人大和最高人民法院关系的立法设计和现实运作。

建国初期，最高人民法院由最高行政机关产生并对其负责的立法和运作模式，无疑是上述观念最充分的印证。尽管后来由于现代政治理念的影响，全国人大和最高人民法院关系的立法设计在 1954 年宪法中得到了根本的改变，并延续至今，但是这种立法和运作模式却一直在左右着 50 多年来全国人大和最高人民法院关系的现实运作。比如工作报告制度问题，本来只是一种下级机关向上级机关汇报工作情况的制度，国务院作为最高权力机关的执行机关适用该制度当然没

---

① 详见王利明：《论人大对法院独立行使审判权的监督》，《人民代表大会二十年发展与改革》，中国检察出版社 2001 年版，第 378 页。

② 关于现代法院制度的特征，详见左卫民、周长军：《变迁与改革：法院制度现代化研究》（法律出版社 2000 年版）上篇的论述。

③ 左卫民、周长军：《刑事诉讼的理念》，法律出版社 1999 年版，第 225 页。

有问题，但是最高人民法院作为最高审判机关，其审判权的行使具有独立性，是法官依据证据和法律认定案件事实并据以做出裁判的过程，这种活动不依庭审法官以外的任何个人和机关的意志为转移，因为它不是执行全国人大工作安排的活动，所以不宜适用工作报告制度。但是，从现行法律的规定和全国人大与最高人民法院关系的实际运作来看，全国人大无疑认为一定程度上或某些方面最高人民法院仍然是在执行全国人大作为最高权力机关的决定，所以最高人民法院也须像国务院一样向全国人大作工作报告。显然，这种做法的目的无非是通过最高人民法院的工作来实现对社会的控制而已。因此，我们认为正是对法院地位和功能的这种传统认识，为全国人大监督权扩张的正当化提供了观念基础。

（三）最高人民法院和全国人大关系的完善

我国最高人民法院和全国人大在国家权力机关的组织构造中处于非常重要的地位，所以完善二者的关系，充分发挥最高人民法院和全国人大各自的功能，以实现宪法制度设计的价值取向，具有十分重要的意义。

在西方法治发达国家，最高法院和议会（国会）关系的设计和运作，同样也是国家政治生活中的一个重要问题。尽管西方法治发达国家最高法院的形态各具特色，但是它们和各自国家议会（国会）的关系都有一些共同的特征。首先，议会（国会）通过法律规定最高法院的组织机构、管辖权和审判程序。如美国联邦最高法院是根据1789年的第一司法条例（The First Judiciary Act）和美国宪法的有关规定于1790年成立的。另外，国会还通过立法规定了联邦最高法院的开庭期间：从每年10月的第一个星期一到第二年的6月底或7月初的第一周。其次，议会（国会）通过立法规定最高法官的产生方式、任职资格、职权以及职业保障等。虽然各国最高法院法官任免的具体情形不尽相同，但是基本上都存在负责最高法院法官遴选的提名机构，如德国的法官选拔委员会、法国的最高司法委员会、英国的司法大臣及首相、美国的总统等等。另外，为了防止提名者在最高法院法官提名问题上的任意性，各国都建立了一定的考察机制，如日本的国民审查制、德国联邦最高法院的常务委员会以及美国由司法部和参议院对被提名者的例行调查和听证等。第三，议会（国会）通过立法规定最高法院法官的弹劾、免职等制度，有的议会（国会）还直接享有弹劾权。在法官弹劾问题上，美国国会众议院有权对联邦最高法院大法官依法定程序向参议院提出弹劾。参议院经过听审，如有2/3参议员通过，可以决定免职处分。而日本的法官起诉委员会和法官弹劾裁判所都是由国会议员组成的，有权决定是否起诉、审判最高法院大法官和免去其大法官职务。再次，议会（国会）的立法是最高法院审理案件的主要依据或唯一依据。在大陆法系国家，最高法院审理案件只能依据议会制定的成文法，法官没有造法的权力。在英美法系国家，最高法院的裁判依据曾经主要依据普通法，但是目前议会成文法的法渊地位已经优于普通法，从而成为主要的裁判依据，当然普通法在审判实践中仍然发挥着重要的作用。最后，有些国家的最高法院对议会（国会）也有一定的制约作用，突出的表现是这些国家的最高法院享有司法审查权。美国是典型的由联邦最高法院独享司法审查权的国家。虽然在美国联邦宪法中没有联邦最高法院享有司法审查权的规定，但是在 1789 年的第一司法条例（The First Judiciary Act）中确立了美国联邦法院的司法审查权，而联邦最高法院司法审查权在实践中的确立和得到国家政治权力的认可，还是发轫于1803 年联邦最高法院大法官马歇尔在"马伯里诉麦迪逊"一案的判决。该判决事实上确立了联邦最高法院享有审查国会立法是否违宪的权力。

同上述法治发达国家最高法院和议会（国会）的关系相比较，我国最高人民法院与全国人大关系在最高人民法院的组织机构、案件管辖权、法官任免权、职业保障等方面具有相同的特征。当然，毋庸置疑，由于我国最高人民法院没有司法审查权，所以最高人民法院在国家权力机关的构造中处于从属地位，不可能像一些西方法治发达国家最高法院一样具有较高的政治地位。诚然如此，由于政治制度的差异，我们不可能完全移植西方国家最高法院和议会（国会）的关系模式，即使移植，也必然产生"南桔北枳"的效果，而导致政治系统功能的紊乱。但是，西方法治发达国家的最高法院和议会（国会）的关系，毕竟经历了几百年的实践，它所蕴含的宪法至上、司法独立等价值理念以及法官任免、弹劾等基本制度，有些已经通过有关的国际公约成为司法制度建构的国际标准。所以，在我国法院制度现代化建构的过程中，最高人民法院和全国人大关系的完善，应当在根植于中国特殊国情的基础上借鉴这些国家的成功经验。

通过上述分析，我们拟就最高人民法院和全国人大关系的完善提出以下思路，作为将来制度改革的参考。

第一，加快"宪法至上"理念的培养，维护宪法权威。

宪法至上，是指宪法具有不可侵犯的神圣地位和普遍的约束力，在规范各种国家权力运作的规则体系中，具有至高无上的地位。宪法至上既是对宪法地位的客观描述，也是一种宪法理念。作为一种宪法理念，宪法至上意味着人们在社会政治、经济生活中认识到宪法具有至高无上的地位和绝对的效力，并自愿接受宪法规范的约束，履行宪法确定的义务。

宪法的至上性是和宪法权威的绝对性相联系的，只有"宪法至上"理念在全社会广泛根植，同时通过严格的违宪责任追究机制来保障，社会公众尤其是国家机关公务人员才会视宪法为国家权力运作的基本规范，并将一切权力的行使都限制在宪法规定的制度框架内，最终体现、维护宪法的权威。只有宪法的权威得以树立，才能保障宪法中基本制度的规范运作，实现制度设计的价值取向。当然，宪法理念的培养和宪法权威的树立，都不是朝夕之间的事情，需要一个较长时间的培育过程。而在宪法理念的培育过程中，国家领导层宪法意识的树立起着非常关键的作用。中共中央总书记胡锦涛就任伊始，就发表重要讲话强调宪法的作用，极大地推动了我国宪法意识的培育进程，对宪法权威的提升和保障有着十分重要的意义。

第二，改革现行监督体制，规范监督主体，逐步取消宪法规范以外的监督方式，切实保障最高人民法院依法独立行使审判权。

最高人民法院与全国人大的组织关系和最高审判权与国家最高权力之间的权力关系是两种不同关系。全国人大与最高人民法院的组织关系，意味着最高审判权来源于国家最高权力；但是在权力的具体运作上，最高审判权和国家最高权力行使均被限制在既定的场域内，旨在保障分权原则的实现和权力运作的合理性。在我国目前的宪政体制下，既然基于合理的分权原则使得司法权和行政权、立法权从政府权力中分化出来，而且宪法明确规定审判权由法院独立行使，这就意味着分权以后的全国人大没有审判权的保留，它不能代替最高人民法院行使审判权。当然，最高人民法院独立行使审判权并不排斥和否认全国人大的监督权。但是，全国人大对最高人民法院的监督只能限定在宪法的框架内。

如前所述，宪法对最高人民法院和全国人大关系的界定，充分地尊重了最高人民法院独立行使审判权的客观要求，所以现行监督体制的改革，应当以实现最高人民法院充分、独立行使审判权为原则和根本目的。从我国宪法对监督体制的规定来看，全国人大对最高人民法院的监督实际上只是以全国人大及其常委会为主体的监督，以全国人大代表的监督为辅助形式。但是从目前的现状来看，却存在各专门委员会、信访局等机构的监督问题，这些机构的监督都缺乏相应的宪法授权，所以，将来可以考虑使这些监督主体逐步退出监督领域。另外，对于现行宪法规范以外的监督方式问题，从远期目标来看，可以考虑逐步取消工作报告制度、质询制度、对具体案件的监督以及汇报和报告制度等，真正实现审判权的独立行使。当然就目前来看，比较可行的思路是在现有的法律框架内谋求各种监督方式的规范运作，以及监督体制内部的协调统一。

第三，借鉴法治发达国家的成功经验，逐步完善最高人民法院法官的任免、监督机制。

国外议会（国会）和最高法院关系的现实运作，主要由两方面的制度：一是法官任免机制，二是法官弹劾机制。"就正义的实现而言，操作法律的人的质量比其操作的法律的内容更为重要。"① 而法官任免机制尤其是考察机制的存在及其对最高法院法官遴选的约束，在很大程度上限制了提名者个人权力的滥用，并在一定程度上体现了民众在选择最高法院法官时的意愿，从积极意义上保障了最高法院法官的质量。而法官弹劾机制作为现任最高法院法官的执业监督措施，从消极意义上有利于形成这些法官的职业自律，促使他们恪守职业道德，维护自己的职业尊荣，保障裁判的公正。

相比之下，我国最高人民法院法官的任免尤其是在最高人民法院院长的提名问题上，尚没有形成一定的规则予以规制和保障。至于法官监督问题，我国全国人大的质询权只是针对最高人民法院工作的（接受质询的是最高人民法院的院长），而非适用于法官个人。所以，当务之急是完善最高人民法院院长的提名、选举机制和副院长、审委会委员、庭长、副庭长、审判员的任免机制，以及对法官的弹劾机制，保障最高人民法院法官的素质。最高人民法院法官任免、监督机制的完善，是全国人大监督权行使的最直接、最有效的手段，因为它从初始环节上保障了最高人民法院法官的素质。正义是司法制度设计的基本价值趋向，"如果说法院是社会正义的最后一道防线，那么法官便是这道防线的守门人"②，所以，提名、选拔那些具有良好道德修养、较高专业素质和丰富审判经验的法律人担任最高人民法院法官，并给予他充分的职业保障，同时执行严格的弹劾机制，即使没有前述各种宪法外的监督措施，也能够保障最高人民法院的法官独立地行使审判权，实现公平和正义——审判权运作的基本价值取向。

---

① 转引自王利明：《司法改革研究》，法律出版社 2000 年版，第 20 页。
② 肖扬：《当代司法体制》，中国政法大学出版社 1998 年版，第 1 页。

第七章　中国最高人民法院的功能解读：
基于历史的分析

在社会科学中，功能的基本含义是指一定组织或体系发挥的作用，以及为发挥作用而完成的一整套任务、活动与职责。① 套用上述定义，我们认为，最高法院的功能是指它作为最高级别的审判组织在政治和社会生活中发挥的作用和影响。审判制度的首要任务是解决纠纷，在任何形态的社会中，最高法院无疑和其下级法院一样都具有纠纷的解决功能。但是随着传统社会向现代社会的转型，各国法院从传统型法院向现代型法院转变的过程，可以说在一定程度上就是其功能得以积极拓展的过程。考察当今世界各国最高法院的功能，我们发现由于最高法院宪政地位的特殊性，大部分最高法院的延伸性功能在得以充分的展示的同时，它们的直接功能——纠纷解决功能——却在一定程度上相对弱化。这些延伸性功能主要体现为社会控制功能、权力制约功能、公共政策的制定功能等。最高法院功能发展的世界性趋势充分地显示，最高法院功能结构的合理性、完整性无疑是衡量一个国家最高法院现代化程度的重要尺度。

新中国成立60多年来，我国最高人民法院在较长的历史时期内一直处于传统型法院的范畴，只是近20年来，随着经济和政治体制的改革，才开始了从传统型法院向现代型法院的转变过程。在这样的社会背景下来考察、分析我国最高人民法院的功能，我们会发现我国最高人民法院的传统或直接功能并没有相对弱化，而与此同时也在积极地拓展其延伸功能，但是受制于法院体制现代化的程度，其延伸功能被立法限定在一定的范围和程度内，因而功能的发挥非常有限。

---

① （法）莫里斯·迪韦尔热著，杨祖功、王大东译：《政治社会学——政治学要素》，华夏出版社1987年版，第180页。

一、纠纷解决功能

如前所述，解决纠纷是审判制度的基本任务，就此意义而言，"解决争端是法院最为重要的职能，并始终为其他功能的实施创造条件。"① 可以说，纠纷的解决功能是审判制度赖以存在的、基本的功能支撑，是其他功能得以衍生并发挥功效的先决条件；纠纷解决功能的丧失就意味着法院功能的异化，而使法院沦为一般的社会管理机构。尽管国外的最高法院在向现代化转型的过程中，纠纷解决功能有所萎缩，但是它们并没有放弃对纠纷的裁决，只是与最高法院的宪政地位相适应，所裁决的纠纷越来越被限定在具有普遍意义和有重大影响的案件范围内，但是毋庸置疑，纠纷解决仍是它们最基本的功能。当然，之所以出现这种功能的流变，其中一个重要原因还在于纠纷数量的日益增多和最高法院法官数量相对短缺之间的矛盾。在我国，纠纷解决一直是最高人民法院基本的、主要的功能，且呈现逐步扩张的趋势。如 2001 年，最高人民法院共审结各类案件 3047件，而到了 2009 年，最高人民法院受理案件的数量就达到了 13318 件。② 而且为了最大程度发挥这种职能，最高人民法院从法官人数、审判机构的设置等各个方面予以保障。如在最高人民法院机构改革以后，全院编制由原来的 606 人减少为546 人，编制压缩 10%；审判人员的编制 340 人，占机关编制的 62.9%，在全院总体编制减少情况下，审判人员的编制却比机构改革前同比增加了近 11 个百分点；另外，减少了行政部门，增设立案庭和审判监督庭，相应地充实了审判力量。通过改革，无疑使最高人民法院的纠纷解决功能更为突出。

（一）纠纷解决对象的性质和范围

在美国，最高法院所解决的纠纷范围非常的广泛，在纠纷属性上，除了无所不包的各类社会纠纷外，托克威尔说过，"美国出现的任何政治性问题几乎没有不能解决的，或早或迟，它都会成为一个法律、司法问题。"③ 国外有些国家的

---

① （英）罗杰·科特威尔著，潘大松等译：《法律社会学导论》，华夏出版社 1989 年版，第 89—91页。

② 参见 2002 年和 2010 年度《最高人民法院工作报告》。

③ De Tocqueville, Democracy in America, 280（Alfred A. Knopf, Inc. 1945）

审判体系是多元制的，如德国、意大利和法国等，普通最高法院、最高行政法院或宪法法院独立行使相应领域的终极纠纷解决权，从而也使最高审判机构体系所解决的纠纷范围较为全面。而一元制的法院组织体系，决定了我国最高人民法院在案件的管辖上与地方各级法院所管辖的案件的范围和性质是一致的，就目前我国法院所管辖的案件的性质来看，主要涉及刑事、民商事和行政案件，我国最高人民法院也是按照刑事、民事、行政三大审判体系来设置审判机构的。尽管随着社会的发展，我国最高人民法院所管辖的案件纠纷的类型呈现逐渐多样化的趋势，但是在性质上这些纠纷仍属于传统性质的纠纷。这也就决定了我国最高人民法院在纠纷解决的范围上仍非常有限，诸如一些涉及权力和权利冲突、民族纠纷等性质的问题尚不能通过司法途径予以解决，而不得不诉求于政治途径。另外，即使有些纠纷属于传统性质的纠纷，但是由于立法的限制，而尚未纳入最高人民法院所解决的纠纷的范畴，典型的如在行政纠纷中，行政管理相对人不服国务院各部门的规定可以在对具体行政行为提起行政诉讼时，一并请求法院对该规定予以审查，但是对于国务院的法规或部门规章不服请求审查的，法院不能受理。此外，有些宪法权利的纠纷问题，其中除了根据最高人民法院对"齐玉苓案"的批复使教育权利的纠纷问题在一定程度上得以司法化外[①]，还有诸如宗教信仰、男女平等问题，这些宪法权利的纠纷很难说民事的还是行政的，而相应的基本法又没有将其纳入诉讼的范畴，这样一来，这种性质的纠纷不得已只能在诉讼领域外自行寻找解决的方式。

（二）纠纷的来源

根据我国《法院组织法》第 32 条的规定，最高人民法院负责审理下列案件：（1）法律、法令规定由它管辖和它认为应当由自己审理的第一审案件；（2）对高级人民法院、专门人民法院判决和裁定的上诉案件和抗诉案件；（3）最高人民检察院按照审判监督程序提起的抗诉案件。另外，我国三大诉讼法律对最高人民法院管辖的第一审案件范围分别做出了规定。《行政诉讼法》第 16 条规定，最高

---

① 针对齐玉苓案，最高人民法院于 2001 年 7 月 24 日做出了《关于以侵犯姓名权的手段侵犯宪法保护的公民受教育的基本权利是否应承担民事责任的批复》。时任最高人民法院审判委员会委员、民一庭庭长的黄松有谈到这一批复时说，"齐某的受教育权是属于民法理论难以包容的权利，明显属于宪法规定的公民基本权利，如不直接适用宪法的规定，司法救济是无法实现的。"见 2001 年 8 月 13 日《人民法院报》。

人民法院管辖全国范围内重大、复杂的第一审行政案件；《刑事诉讼法》第 22 条规定，最高人民法院管辖全国性的重大刑事案件；《民事诉讼法》第 21 条规定，最高人民法院管辖在全国有重大影响的案件和认为应当由其审理的案件。此外，上述各诉讼法还规定最高人民法院有权提审地方各级人民法院确有错误的判决、裁定。通过上述立法的规定，我们可以看出，我国的最高人民法院既是初审法院，也是上诉审法院。从纠纷的来源上看，我国最高人民法院所解决的纠纷由两部分构成，一是属于它作为初审法院直接受理的案件；二是它作为上诉审法院受理的上诉和抗诉案件以及按审判监督程序提审的案件。我国最高人民法院从建立到目前为止，作为初审法院而直接受理的案件微乎其微，除了两起刑事案件外[1]，民事和行政案件尚未涉及，而提审的案件也非常有限。由此而言，实际上我国最高人民法院所解决的纠纷主要还是来源于上诉和抗诉案件。这一特点和美国联邦最高法院是一样的。美国联邦最高法院也由初审权和上诉管辖权，但是它很少行使初审权，在历史上，美国联邦最高法院仅仅动用其初审管辖权大约 165 次，到目前为止，联邦最高法院的主要职能仍是上诉管辖。[2] 另外，美国联邦最高法院的上诉管辖权经历了一个从"权利"到"权力"的转变过程，现在联邦最高法院有权在上诉案件中进行选择，从而将那些认为由其管辖意义不大的案件予以排除。我国最高人民法院对上诉或抗诉案件的管辖仍受严格规则主义的制约，只要案件符合上诉或抗诉条件，最高人民法院必须予以审理。我们认为，这种制度设计的价值取向，一方面是为了体现最高人民法院的审判权威，另一方面也是为了维护法制的统一。

（三）审理的对象

在国外，由于最高法院所受理的案件主要是上诉或抗诉案件，所以最高法院在对案件的审理上主要是对法律适用问题的审理。如日本《刑事诉讼法》第 405 条规定，最高法院对上告案件的审理范围是：高等法院做出的第一审或这第二审判决，（1）违反宪法或对宪法的解释有错误；（2）做出与最高法院的判例相反

---

① 在我国历史上，由最高人民法院直接受理的这两起刑事案件分别是：1956 年对最高人民检察提起公诉的日本侵华战争犯罪案件的 45 名被告的审判，1980 年到 1981 年对最高人民检察院提起公诉的林彪、江青反革命集团案的 10 名被告的审判。参见《正义的审判》，人民法院出版社 1990 年版。

② 宋冰编：《读本：美国与德国的司法制度及司法程序》，中国政法大学出版社 1998 年版，第 112 页。

的判断的；（3）在没有最高法院的判例时，作处于大审院或作为上告法院的高等法院的判例或者本法实行后作为控诉法院的高等法院的判例相反的判断的。所以日本最高法院对案件的审理属于事后审查，即不审理案件事实本身，而是审查原判决是否得当。尽管我国最高人民法院直接受理的案件很少，但是在规范解释上，作为初审法院我国最高人民法院当然要负责对案件事实的审理，即进行事实审。而作为上诉审法院，由于受我国上诉制度中全面审理原则的限制，最高人民法院在对上诉或抗诉案件进行审理时，应当对原判认定的案件事实和适用的法律进行全面审理。对于再审案件的审理也同样坚持上述原则，即原来是一审案件的，重新审理；原来是二审案件的，适用全面审理原则。这样，与国外大部分国家的最高法院不同，我国最高人民法院在对其受理的案件的审理上，既要审查案件事实的认定，也要审查法律适用问题。

（四）纠纷解决的效力

为了维护判决的权威，判决的既判力应受到普遍的尊重，这是国际公约确立的一个基本的诉讼原则。鉴于最高法院在审判体系中地位的至上性，许多国家的法律在赋予最高法院的裁决终审效力的同时，还从程序上对其既判力予以保障。[1]如在美国，"对最高法院已经'说不'的案件不得再行上诉，除非诉之于公众或者其在国会的代表。"[2] 在我国，根据两审终审制原则，最高人民法院做出的一审判决或裁定、上诉和抗诉案件的判决或裁定是终审裁决。另外，根据刑事诉讼法的规定，由最高人民法院核准死刑的判决和裁定，也是终审裁决。由于最高人民法院是最高审判机关，所以当事人对于上述判决或裁定不得上诉；而对于最高人民法院的一审判决或裁定，最高人民检察院也不得适用二审程序进行抗诉。从上述规定来看，与其审判地位相适应，最高人民法院对纠纷的解决具有终审的效力。

当然，这里只是在审级上就最高人民法院的纠纷解决效力而言的，并不意味着我国最高人民法院的判决和裁定具有神圣的权威。根据我国法律的规定，当事

---

① 但是也有例外，如法国最高法院对非常上诉案件无裁决权，但认为下级法院的判决违反法律的，有权撤销原判决，送与原审法院同级的另一法院再审，因而有"撤销法院"之称。参见汪建成等：《欧盟成员国刑事诉讼法概论》，中国人民大学出版社 2000 年版，第 126 页。

② 宋冰编：《读本：美国与德国的司法制度及司法程序》，中国政法大学出版社 1998 年版，第 109 页。

人对于最高人民法院的判决或裁定不服，尽管不能提起上诉，但是可以申诉；最高人民检察院认为最高人民法院的判决或裁定确有错误，尽管不能适用二审程序提起抗诉，但是可以适用审判监督程序提起抗诉；最高人民法院院长发现本院已经生效的判决或裁定却有错误的，必须提交本院审判委员会处理。而且，除了申诉必须经由最高人民法院审查以决定是否启动再审程序外，最高人民检察院的抗诉具有引起再审程序的法定效力，而最高人民法院院长发现生效判决裁定却有错误，"尽管不能直接提起再审程序，却可以召集审判委员会对有关案件进行讨论，并做出开始再审的决定。"① 这样看来，我国最高人民法院的判决或裁定显然不受"一事不在理原则"的约束，也正因为如此，其判决或裁定的既判力便无从谈起。

二、社会控制功能

"社会控制"一词最早出现在社会学研究领域。在社会学上，社会控制的定义有广义和狭义之分。广义的社会控制，就是社会化，即人们接受社会价值、原则和规范的全过程；狭义的社会控制，是社会对异常行为的反映，具体包括确认、限制和禁止等。在法学研究领域谈及社会控制一词时，是在上述狭义的定义语境中进行的。如庞德认为，作为社会控制手段或方法之法律，通过对每个人所施加的压力迫使他自己维护文明社会并阻止他从事反社会行为。② 从这一视角来看法律的社会控制功能，可以说它就是对社会异常行为的规制和引导，其目的是为维护社会秩序的稳定。但是，法律只是一种静止的规范，其上述功能的实现有赖于建构合理、运行有效的司法制度。因为，"在社会控制机制中，法律的独特功能在于——化约了社会的复杂性，使人们的行为具有了理论上的可预测性和确定性；而司法的功能则在于——利用政治上组织起来的力量和权威，使人们行为的可预测性和确定性进入现实过程，从而使他们的行为处于实际的控制之中。"③ 就此而言，通过法律的社会控制就是司法机关在适用法律规范解决个案纠纷的过

---

① 樊崇义：《刑事诉讼法实施问题与对策研究》，中国人民公安大学出版社 2001 年版，第 594 页。
② （美）庞德著，沈宗灵译：《通过法律的社会控制》，商务印书馆 1984 年版，第 8—9 页。
③ 程竹汝：《司法改革与政治发展》，中国社会科学出版社 2001 年版，第 187 页。

程中所产生的规制、引导作用。可以说是法律规范和司法制度的共同作用才使法律的社会控制得以实现，其中司法的控制功能较法律的规范作用更为突显。

毋庸置疑，传统社会和现代社会都强调司法的控制功能，但是只有在现代社会中司法的控制功能才得以充分的彰显。而作为最高裁判机关的各国最高法院，无疑在实现司法的社会控制功能方面发挥着十分重要的作用。对于正在经历从传统向现代转型的中国社会来说，最高人民法院的社会控制功能日益加强，但是由于受到诸多因素的影响，其调控范围和效果的不足仍是显在的。

（一）最高人民法院在社会控制体系中的地位

在历史上，社会控制是政府最基本从而也是最古老的一项职能，但是在现代社会，随着政治系统的结构分化，社会控制的职能主要是由司法机构来承担的。[①]在我国社会从传统向现代转型的过程中，我国的社会控制体系也相应地发生了结构性的流变。其中，礼制、宗法、道德、意志形态、权力等传统的社会控制手段逐渐式微，而通过法律规范和司法制度的结合来实现对社会的控制正在成为我国当前社会控制的主要手段。在主要依赖法律规范和司法制度的社会控制体系中，我国最高人民法院至高无上的审判地位决定了它在社会控制体系中的重要性。从更深层次上来看，这是由我国特殊历史阶段的社会控制体系结构和"司法最终解决原则"决定的。如前所述，在目前我国的社会控制体系中，法律规范和司法制度是主要的控制手段，但是它们尚不是也不可能是排他性的控制手段。因为在当前我国社会从传统向现代转型的过程中，尽管由于法律规范和司法制度的价值在外部压力和内部需要的双重作用下，其地位和作用开始突显，但是它们仍然缺乏足够的权威，因而在使得那些传统的控制手段逐渐弱化的同时，还没有足够的能力使它们逐个退出历史的舞台。这样一来，我国目前的社会控制体系依然保留了传统的多元结构。而在多元社会控制体系结构中，司法的控制无疑是一种最有效力、因而也是最终的控制手段和微观结构。它是强大而又严密的国家司法机关对社会的控制，它是按照严格的程序要求对社会进行的控制，它是以国家强制力为保障的社会控制，所以司法的控制是一种成本最高的、最规范化的、最有保障力的社会控制，这是其他任何控制手段都无法比拟的。也正因为如此，司法的控制就成为一种最终的社会控制手段——在其他控制手段乏力时介入对社会的控制过

---

① 程竹汝：《司法改革与政治发展》，中国社会科学出版社 2001 年版，第 230 页。

程。最高人民法院处于我国"金字塔型"审判机构的最顶端，在审判机构体系中具有绝对的权威，它可以直接通过对具体案件的判决和裁定，也可以通过发布司法解释或向地方各级法院正在审理的案件做出批复的方式，来实现对社会的控制。显然与其他机构的社会控制功能或其他的社会控制手段相比较，最高人民法院的社会的控制地位无疑是显赫的。

（二）社会控制的范围

最高法院的社会控制功能所作用的社会关系的范围，同最高法院所解决的纠纷的范围是一致的。这是因为，对具体个案的裁判过程也是最高法院对社会关系的控制过程，最高法院对具体个案的裁判，其直接的功能在于通过诉讼程序来解决诉诸司法的纠纷，其间接的功能就在于通过体现在裁判中的对异常行为的积极的反映和否定评判，如惩罚或利益还原等，来恢复被异常行为所破坏的社会关系和社会秩序，并彰显社会的主流价值规范，从而实现对社会关系的调控。

从前述最高法院所解决的纠纷范围来看，尽管它对社会的调制范围呈现逐步扩大的趋势，但就目前而言，我国最高人民法院对社会关系的调制范围仍受到很大的限制，除了由于制度安排和基于对政治结构稳定的考虑等原因还没有对权力行为予以全面地调控外，主要体现为对于许多新类型的案件尚不能纳入调控的范围。究其原因，在于立法的滞后性和严格规则主义之间的矛盾。立法永远是滞后的，正如英国著名法社会学家梅因指出的："社会的需要和社会的意见常常是或多或少地走到'法律'前面的，我们可能非常接近地达到它们之间的缺口的接合处，但永远存在的趋向是要把缺口重新打开来。因为法律是稳定的，而我们谈的社会是进步的，人民幸福的或大或小，完全决定于缺口缩小的程度。"[①] 为了调和法律同社会发展之间的矛盾，梅因曾提出过三个有价值的命题，"法律拟制"、"衡平"和"立法"。法律拟制，"是要用以表示掩盖，或目的在掩盖一条法律规定已经发生变化这种事实的任何假定，其时法律的文字并没有被改变，但其运用则已发生了变化。"[②] 判例创制权正是以"法律拟制"为理论基础的，无疑它对于调和法律同社会发展之间的矛盾发挥着重要作用。一方面，我国目前正处于社会转型时期，各种新型的矛盾和纠纷层出不穷，由于立法的滞后，致使立法不能

---

① （英）梅因著，沈景一译：《古代法》商务印书馆 1959 年版，第 15 页。
② （英）梅因著，沈景一译：《古代法》商务印书馆 1959 年版，第 16 页。

及时地为纠纷的解决并进而实现对社会关系的调控提供规范基础。另一方面，最高人民法院在通过诉讼程序实现对社会关系的控制过程中，受严格规则主义诉讼理念和制度的约束，没有判例的创制权，使司法过程缺乏相应的能动性。近十几年来，尽管我国最高人民法院在民事诉讼领域使得司法过程的能动性得到充分的体现，但主要是以司法解释的方式来进行的，而司法解释制作的程序性要求使其在一定程度上也具有滞后性，不能及时满足调控社会关系的需要。

（三）社会控制功能的实现方式

在社会学上，社会控制的方式有积极方式和消极方式，直接方式和间接方式之分。司法的被动性特点决定了司法对社会关系的调控只能是一种消极的控制，但是这种消极的控制既可以直接作用于调控对象，也可以间接地作用于调控对象。我国最高人民法院在对社会关系的调控方式上，也主要是一种消极的调控。根据"不告不理"的诉讼原则，最高人民法院不能积极地、主动地实施对社会关系的调控，只有在当事人向最高人民法院提起诉讼（包括上诉和申诉），或最高人民检察院向其提起公诉、抗诉的情况下，最高人民法院才可以启动审判程序（对于申诉还要经过审查），并通过案件的裁判实现对社会关系的调控。但是，最高人民法院院长在发现本院的裁判有错误而提交审判委员会并引起再审程序的情况，就是上述调控方式的例外，因为它不是一种消极的调控，在一定程度上可以说是一种积极的调控。另外，最高人民法院对社会关系的调控既适用直接的方式，也适用间接的方式。最高人民法院以直接方式对社会关系进行调控，即最高人民法院通过对其审理的案件的裁判来实现对社会关系的调控；而间接方式的调控，则体现为最高人民法院通过发布司法解释或向地方各级法院发出批复的形式，来间接地对社会关系进行调控。从目前我国最高人民法院的司法实践来看，直接方式仍然是主要的调控方式。如据最高人民法院公布的数据，2001 年最高人民法院共审结各类案件 3047 件，而制定的司法解释才 34 件。[1] 到 2009 年，最高人民法院全年共受理案件 13318 件，审结 11749 件，同比分别上升 26.2% 和 52.1%。[2] 而同年最高人民法院出台的司法解释才 11 件。从上述调控方式可以看出，通过具体纠纷的解决来直接实现对社会关系的调控，是影响我国最高人民法

---

① 见 2001 年度《最高人民法院工作报告》。
② 见 2010 年度《最高人民法院工作报告》。

院机构设置和功能定位的主要制度性因素。

（四）社会控制功能的实践效果

社会控制的效果，是指一定的组织结构社会控制功能的实现程度，或者说是一定的组织结构对社会关系控制能力的强弱。从社会控制的过程来看，社会控制的效果同以下三个变量有着密切的关系：社会控制的主体因素、规范因素和干预因素。从这三个变量与社会控制效果的关系来分析我国最高人民法院对社会关系的控制效果，我们会发现我国最高人民法院对社会关系的控制效果其实并不理想。

首先，从影响控制效果的主体因素来看，社会控制主体的素质越高，控制效果越理想。就法院而言，较高素质的法官是司法公正得以实现的重要保障，有利于树立司法的权威和增强司法的亲和力，进而获得较好的控制效果。国外最高法院为了保障社会控制效果的最大化，对最高法院的法官准入资格做出了严格的限制，只有那些具有正直的人格、扎实的法律专业功底、广博的知识和丰富的经验的人才有可能成为最高法院的法官。相比之下，我国法律对最高人民法院法官准入资格的规定仍过于宽泛，再加上整个审判队伍存在的职能异化、法官腐败等现象的影响，严重败坏了审判机关的整体形象，致使司法的权威不高，司法的亲和力差，从而也使最高人民法院对社会关系的调控效果受到严重影响。其次，从影响控制效果的规范因素来看，规范的质量和数量越趋于优化，控制的效果越理想。因为科学、合理、分布均匀的规范为人们的行为提供了明确的行为模式，为司法的社会控制提供了确定的规范依据，所以控制效果就比较理想。从我国目前的情况来看，规范质量和数量都不尽如人意。一方面规范和规范之间的冲突大量存在，另一方面规范分布不均匀，许多社会关系尚缺乏规范的约制。这势必影响最高人民法院的社会调控效果。最后，从影响社会控制效果的干预因素来看，显然司法机关的调控过程受到的干预因素越少，司法的独立程度越高，其社会控制效果越理想。毋庸置疑，同地方各级人民法院相比，我国最高人民法院在诉讼过程中受到的干预要少得多，但是也不能完全排除，另外，对最高行政机关存在的严重的依附关系，以及最高权力机关的个案监督等，都在不同程度上影响着最高人民法院司法的独立性，在立法上和在权力关系构造中最高人民法院特殊的宪政地位，决定了它在对社会关系的调控过程中始终保持谨小慎微的态度，从而也影响了它对社会关系调控的能动性，至于调控的效果自然可想而知。

三、权力制约功能

博登海默认为，行政乃是为实现某个私人目的或公共目的而在具体情形中对权力的行使，根据权力的性质，行政分为私人行政和公共行政①，我们这里所谈的行政当然是就公共行政（the public administration）而言的，即政府官员为实现公共利益而采取具体行政措施的活动。行政权力作为一项重要政府权力，同公民的切身利益有着紧密的联系，它既是社会福祉和公民权利的重要保障，在一定程度上也构成对公民权利的最大威胁。正如哈耶克所言，"政府在保护所有的人并使他们免受其他人的强制和暴力的方面实是不可或缺的。但是需要强调的是，一旦政府为了达到这个目的而成功地垄断了实施强制和暴力的权力，那么它也就变成了威胁个人自由的首要因素。"② 鉴于此，对政府行政权力的规制便成了民主国家宪政设计的重要原则。而在现代社会，"司法功能的一个显著特征就是它不仅在私法领域，更重要的是在规范国家与社会、公民和政府关系的公法领域获得了引人注目的发展，即长期以来一直用于规约民众行为的法律和司法结构，现在发展到可以用来规约官员和政府的行为了。"③ 从二战后西方各国司法机关功能的流变来看，对政府行政权力的制约无疑成为司法功能发展的重要趋势。而各国最高法院在这种发展趋势中首当其冲扮演着重要的角色。如美国最高法院对行政行为的审查已成为一项重要的活动，全部受理的案件中约有 1/3 与这类问题有关。④ 在新中国成立后的较长一段时间，由于受政治权威的影响，我国法院对行政权力的制约功能付之阙如，只是到 1989 年《行政诉讼法》的颁布，我国法院才可以对行政机关的具体行政行为进行审查，从而使司法的权力控制功能得以生成。但是受传统政治文化的影响，无论从立法层面还是从实践层面来看，我国法院的权力控制控制范围有限，以至影响其控制效果。作为最高审判机关，我国最

① （美）博登海默著，邓正来译：《法律学、法哲学与法律方法》，中国政法大学出版社 1999 年版，第 364 页。

② （英）哈耶克著，邓正来等译：《法律、立法与自由》，中国大百科全书出版社 2000 年版，第 457至 458 页。

③ 程竹汝：《司法改革与政治发展》，中国社会科学出版社 2001 年版，第 245 页。

④ （美）埃尔曼著，贺卫方、高鸿钧译：《比较法律文化》，三联书店 1990 年版，第 245 页。

高人民法院对行政权力的规制功能也呈现出同样的特点。

1、制约的范围

司法权对行政权力的制约，既包括对行政行为主体的制约，也包括对行政行为本身的制约。对行政行为主体的制约由来已久，可以说司法权的权力制约功能形成的最初形态就是对行政行为主体的制约。因为人们认识到，"一个被授予权力的人，总是面临着滥用权力的诱惑，面临着逾越正义和道德界限的诱惑，人们可以把它比作附在权力上的一种咒语——它是不可抵抗的。"① 基于这种认识，对行政权力主体的——司法官员的行为予以制约从来都是司法的一项重要功能。尤其是在现代西方社会，最高法院对涉及包括总统在内的一些列案件的审判，充分地显示出法治的健全和司法制约功能的强大。② 在我国，随着反腐败工作的日益深入，一大批高级行政官员因职务犯罪而被依法惩处，通过对这些案件刑事审判的指导或对这些案件的死刑复核，加强对行政官员职务行为的制约已经成为最高人民法院的一项重要工作。

行政权力的行使有两种行为形式，一是具体行政行为，二是抽象行政行为。③在国外，最高法院对行政权力的制约是较为全面的，既涉及对具体行政行为的制约，也涉及对抽象行政行为的制约，其中由于抽象行政行为的普适性意味着它可能在更广的范围内对人们的生活带来巨大的影响，所以日益成为权力控制的主要内容。根据我国相关法律的规定，最高人民法院对行政权力的制约范围是：（1）对法律规定可以提起诉讼的具体行政行为的制约。但是国防、外交等国家行为，行政机关对行政机关工作人员的奖惩、任免等决定，以及法律规定由行政机关最终裁决的具体行政行为，由于不在人民法院行政诉讼受案范围内，所以最高人民法院尚不能对上述行为予以规制；（2）对特定的抽象行政行为的制约。我国1989年《行政诉讼法》曾明确规定，对于行政法规、规章或者行政机关制定、

---

① （美）博登海默著，邓正来译：《法理学、法哲学与法律方法》，中国政法大学出版社1999年版，第362页。

② 如众所周知的美国"水门事件案"、"伊朗门事件案"、"克林顿丑闻案"；日本的"洛克希德案"、"里库路特案"、"金丸信案"；印度的"拉奥案"；印度尼西亚的"苏哈托案"等。见程竹汝：《司法改革与政治发展》，中国社会科学出版社2001年版，第247页。

③ 具体行政行为是指行政人员以行政机关的名义对具体行政相对人的特定行为所实施的行政管理行为。与具体行政行为不同，抽象行政行为以抽象的、非特定的事实为行为对象，它虽然不对某一事件做具体规定，但一切合乎抽象规定的具体事件，都在其适用范围之内，是制定一般的、普遍适用的行为规则的行为。通常我们把行政机关制定行政法规、规章、发布决定、命令等行为视为抽象行政行为。

发布的具有普遍约束力的决定、命令不服提起行政诉讼的，人民法院不予受理。从而排除了最高人民法院对上述抽象行政行为的制约功能，但是能否对上述行为以外的抽象行政行为予以规制，由于受严格规格主义的影响，最高人民法院从未将这些抽象行政行为纳入规制之列。1999 年 4 月 29 日颁布的《行政复议法》首次将抽象行政行为纳入人民法院的审查范围，使得最高人民法院对行政机关抽象行政行为的制约成为现实。但是如前所述，能够进入最高人民法院控制领域的抽象行政行为非常有限，在形式上除了上述国务院各部门的规定外，只限于县级以上地方各级人民政府及其工作部门的规定和乡镇人民政府规定，至于国计民生有重大影响的行政法规、部门规章、地方性法规和地方政府规章等仍不受法院即使是最高人民法院的制约。可见，就形式而言，我国最高人民法院所能规制的行政行为尽管也包括了具体行政行为和抽象行政行为，但是无疑突出对具体行政行为的控制；而且无论是对具体行政行为的控制还是对抽象行政行为的控制来说，所能涵盖的范围都非常有限。

2、制约的方式

从国外最高法院对行政权力的制约实践来看，制约的方式因制约对象的不同而有所区别。对于行政官员的行为都是通过刑事审判的方式予以制约；对于具体行政行为，一般以行政审判的方式直接进行事后的制约；而对于抽象行政行为，则有抽象审查和附带审查之分。抽象审查是指最高法院对行政机关抽象行政行为的审查，是行政法规生效的必要条件，而附带性审查则是指最高法院在对具体行政行为的审判中附带对该行为所适用的行政法规、规章等进行审查。现代各国的普通最高法院一般适用附带审查。如在美国，"无诉讼则不实行司法审查"是一项重要的行政审查原则，它不仅来自美国宪法第 3 条的规定，而且是美国联邦最高法院的传统做法。根据这一原则，由于案件或争议必须实际发生后，法院才能行使司法审查权，所以当某个法律行政命令发布以后，即使其中有违宪内容，法院也无权主动宣布其无效。[①]

我国最高人民法院一般不直接参与审理行政官员职务犯罪案件，最高人民法院对这些行政官员职务犯罪案件，一方面通过死刑复核程序实施直接的制约，另一方面通过向地方各级人民法院发布相关的通知、意见或对具体案件的批复间接地予以制约。另外，我国最高人民法院对行政权力的制约也采用了行政审判的方

---

① 王利明：《司法改革研究》，法律出版社 2000 年版，第 273 页。

式，即行政管理相对人认为行政机关的行政行为侵害其具体权益而向人民法院提出行政诉讼，如果最高人民法院认为属于自己管辖的，依法对该行政行为进行审查和裁判。行政审判方式不但适用于具体行政行为的审查，而且也适用于抽象行政行为的审查。只是对于抽象行政行为的审查采用了附带性审查的方式，即行政管理相对人不服行政机关具体行政行为所依据的规定而提起诉讼的，最高人民法院不能直接受理并予以审查，只能在对具体行政行为的审判过程中，对于行政管理相对人不服该具体行政行为所依据的规定而提出审查申请时，才可以进行审查。毋庸置疑，这种审查方式是符合司法权运作的被动性要求的，具有一定的合理性。最后，我们不能忽视最高人民法院的司法解释、批复等在地方各级法院的行政审判中对行政权力的制约作用。就现实而言，尽管是一种间接的方式，但是它却是最高人民法院对行政权力予以制约的主要途径和方式。

3、制约的效果

最高法院对行政权力的制约效果同制约机制的建构有着密切的联系。制约机制健全、科学、合理，行政权力的规范运作程度就高；反之，制约机制不健全、不科学、不合理，行政权力的规范运作程度就低；制约机制流于形式，形同虚设，行政权力的运作就会复现权力的本质——破坏性、压制和紧张，因为"在权力未受到控制时，可以将它比作自由流动、高涨的能量，而其结果往往具有破坏性。权力的行使，常常以无情的和不可忍受的压制为标志；在权力统治不受制约的地方，它极易造成紧张、摩擦和突变。"① 毋庸置疑，在目前的制度框架内，我国最高人民法院在惩治国家工作人员职务犯罪以及合理制约行政权力的行使等方面发挥着重要的作用。如 2001 年 6 月 26 日，最高人民法院审判委员会针对四川省高级人民法院向最高人民法院提出的《关于公安机关不履行法定行政职责是否承担行政赔偿责任的问题的请示》，做出批复认为，"由于公安机关不履行法定行政职责，致使公民、法人和其他组织的合法权益遭受损害的，应当承担行政赔偿责任。在确定赔偿的数额时，应当考虑该不履行法定职责的行为在损害发生过程和结果中所起的作用等因素。"最高人民法院通过该司法解释明确了行政机关因不作为而造成对公民权利损害的行为承担行政赔偿责任，从而在一定程度上间接地对行政权力的行使进行了规制。

---

① （美）博登海默著，邓正来译：《法律学、法哲学与法律方法》，中国政法大学出版社 1999 年版，第 360 页。

但是我们还应当清醒地认识到，我国最高人民法院在实践中几乎不受理一审的行政诉讼案件，作为二审的行政诉讼案件也微乎其微，目前我国最高人民法院主要通过向地方各级人民法院发布司法解释或批复的途径，来行使对行政权力的制约功能，这样一来，受案范围的狭窄和制约方式的单一，势必影响其制约功能的发挥。另外，从立法上看，人民法院可以审查的抽象行政行为的范围非常有限，由于国务院的行政法规、部门规章甚至于地方性法规和地方政府规章都不受相应的司法审查，使得最高人民法院对行政权力制约范围非常有限；从实践来看，人民法院在《行政复议法》生效后，仍然不能直接受理对抽象行政行为的起诉，更不能对抽象行政行为做出维持、撤销或变更的判决，人民法院只是能在对具体行政行为进行审查的同时，可以对其所依据的规范性文件进行鉴别，不合法的规范性文件不能作为裁判的依据。① 这样一来，也决定了最高人民法院对行政权力的制约似有"隔靴搔痒之嫌"，在一定意义上可以说，它对权力制约理念的弘扬和引导价值或许要远远地超过其现实功能。

---

① 罗豪才：《在全国法院行政审判工作会议上的报告》，1999 年 12 月 2 日。

第八章　中国最高人民法院的出版物：
历史样态与现实功能

最高法院的出版物一般是指最高法院的机关报和机关刊物，在更广泛的意义上，还包括以最高法院各审判庭等机构名义出版的各类杂志、书籍。① 在中国，最高人民法院出版物的创办及其规模化运作，使得最高人民法院的出版物成为一种重要的治理方式和技术手段，对于最高人民法院审判职能以及其他延伸职能的实现，都发挥着重要的作用。笔者拟对我国最高人民法院出版物的历史流变、功能及其生成原因等问题予以初步的探讨，以期促进学界对此问题展开更加全面、深入地研究。

一、最高人民法院出版物的历史样态

（一）20世纪50年代至70年代末最高人民法院的出版物

我国最高人民法院最早创办的出版物是《人民司法》。除了《人民司法》以外，在最高人民法院成立后至20世纪70年代末长达30余年的法院建设中，最高人民法院再没有其他形式的正式出版物。

1957年1月13日，在合并当时最高人民法院《法院工作简报》和司法部《司法工作通讯》的基础上，创办了《人民司法》杂志。同年，司法部撤销，《人民司法》成为最高人民法院的机关刊物。创刊之初，《人民司法》将其宗旨和任务定位于："宣传贯彻党和国家有关审判工作的政策、法律，传播审判机关的有关经验，为提高司法工作人员的政治素质和业务素质服务，为加强社会主义

---

① 最高法院的出版物包括正式出版物和非正式出版物，本书的研究对象仅限于正式出版物。

法制建设服务，为促进两个文明建设服务。"① 根据这一宗旨，在内容上，《人民司法》主要"选登重要的法律、文件；配合中心工作和重要任务发表言论；总结交流审判工作经验；报道各地的法院工作动态；宣传依法办事典型。"②

（二）20 世纪 80 年代初至 90 年代末最高人民法院的出版物

进入 20 世纪 80 年代以后，基于审判指导工作的需要，最高法院的出版物大量出现。

1981 年 1 月，为了配合《中华人民共和国刑法》和《中华人民共和国刑事诉讼法》的实施，满足地方各级法院审判工作的需要，最高人民法院政策研究室编辑出版了《司法手册》。当时，由于传播手段的限制，《司法手册》成为法官、法律教学研究人员等获得法律、法规、司法解释等裁判依据颁布信息的重要渠道。

1985 年 5 月，《中华人民共和国最高人民法院公报》（以下简称《最高人民法院公报》）创刊，它主要刊载全国人大及其常委会颁布的有关法律、决定和立法解释；最高人民法院有关具体应用法律问题的批复、解答等司法解释；最高人民法院审判委员会做出的决定和讨论通过的刑事、民事、经济典型案例；最高人民法院重要会议的报道和需要公开发布的文件，以及有关法院的设立、撤销和变更等，是最高法院发布重大信息、展示公正形象的重要手段。

1986 年 4 月，为了适应教学工作的需要，最高人民法院所属的全国法院干部业余法律大学和《人民司法》编辑部联合编辑出版了《学习与辅导》，从 1987 年起面向社会公开发行，1993 年，更名为《法律适用》。

1992 年 10 月 1 日，《人民法院报》创刊。创刊当时为周报，面向国内外公开发行。它是由最高人民法院主管并集中反映法院审判工作的唯一一张全国大型报刊。《人民法院报》作为最高人民法院的机关报，通过及时传播党和国家有关审判工作的方针、政策、法律和最高法院的决定、司法解释等内容，成为最高人民法院的"喉舌"。此外，它还传播和交流各地法院的审判经验，反映审判工作的新情况、新问题以及重大案件的审理情况，是社会公众了解法院工作及其建设成就的重要窗口，也是全国各级法院的重要舆论阵地。

---

① 参见甘重斗主编：《中国法律年鉴：1987》，法律出版社 1987 年版，第 860 页。
② 参见甘重斗主编：《中国法律年鉴：1987》，法律出版社 1987 年版，第 860 页。

1992 年 10 月，人民法院出版社出版发行《人民法院案例选》，它是最高人民法院决定由中国应用法学研究所定期编辑的、反映法院审判活动的一种审判业务书籍，其目的旨在"及时反映法院审判工作的基本状况和执法水平，总结经验教训，指导审判业务，宣传社会主义法制，增强审判工作的社会效果。"①

1992 年 12 月，经最高人民法院党组研究决定，由最高人民法院中国高级法官培训中心和中国人民大学法学院合作编辑出版了《中国审判案例要览》，以反映我国审判工作概貌，指导审判实践，推进应用法学教学与研究，向海内外展示我国法制建设的成就。

（三）20 世纪 90 年代末以来最高人民法院的出版物

从 1999 年起，最高人民法院各审判庭陆续编辑出版了一系列审判指导丛书，使最高人民法院的出版物多达几十种，并对地方各级法院的审判工作发挥着积极的指导作用。

这类丛书中最先出版的是《刑事审判参考》。它由最高人民法院原刑一庭编辑，1999 年 5 月出版，旨在加强对地方各级法院刑事审判工作的指导。最高人民法院机构改革以后，2001 年 1 月，《刑事审判参考》开始由机构改革后的刑一庭和刑二庭共同编辑。逢单月由刑一庭负责编辑，逢双月由刑二庭负责编辑。1999年 12 月，最高人民法院原经济庭编辑出版了《经济审判指导与参考》，旨在对全国的经济审判活动提供专门、及时、持久的指导。由于最高人民法院的机构改革建立了我国"大民事审判"的格局，经济审判这一称呼不再适用，2002 年 5 月，《经济审判指导与参考》更名为《民商审判指导与参考》，由最高人民法院民事审判第二庭编辑，人民法院出版社出版。2000 年 1 月、8 月、11 月，最高人民法院民事审判庭、知识产权审判庭和行政审判庭又陆续编辑出版了《民事审判指导与参考》、《知识产权审判指导与参考》和《行政执法与行政审判参考》。2001 年7 月，最高人民法院审判监督庭编辑出版了《审判监督指导与研究》；同年 9 月，最高人民法院民事审判第四庭和武汉大学国际法研究所合作编辑出版了《中国涉外商事海事审判指导与研究》。2002 年 2 月，最高人民法院执行工作办公室编辑出版了《强制执行指导与参考》；同年 8 月，最高人民法院立案庭编辑出版了

---

① 参见林准在《人民法院案例选》第一次通讯编辑会议上的讲话，载《人民法院年鉴·1992》，人民法院出版社 1995 年版，第 563 页。

《立案工作指导与参考》。2003 年 2 月，最高人民法院政治部组织编写了《法官职业化建设指导与研究》，目前，已成为最高人民法院指导全国地方各级法院进行法官职业化建设的一条重要途径，成为法院宣传法官职业化建设的重要阵地。同年 6 月，最高人民法院刑事审判第二庭开始单独编辑出版《经济犯罪审判指导与参考》。同年 8 月，最高人民法院民事审判第三庭在原来《知识产权审判指导与参考》的基础上，编辑出版了《知识产权审判指导》，由人民法院出版社出版。

（四）小结

　　从上述我国最高人民法院出版物的流变过程来看，我们首先可以清晰地看出最高人民法院的出版物从建国初期的《人民司法》，发展到目前的几十种，规模宏大，蔚为壮观。对目前这些出版物进行梳理、归类，可以作如下划分：（1）最高人民法院的机关出版物，包括《最高人民法院公报》、最高人民法院的机关刊——《人民司法》和最高人民法院的机关报——《人民法院报》，此外，还包括最高人民法院主管、国家法官学院主办的《法律适用》；（2）最高人民法院各业务庭、研究室、政治部等编辑的出版物，包括《刑事审判参考》、《民事审判指导与参考》、《经济审判指导与参考》、《民商审判指导与参考》、《知识产权审判指导与参考》、《审判监督指导与研究》、《经济犯罪审判指导与参考》、《立案工作指导与参考》、《中国涉外商事海事审判指导与研究》等，此外还有最高人民法院研究室编辑的《司法文件选》、《司法手册》等出版物。

　　其次，最高人民法院出版物的分工越来越科学，内容越来越专业化。在最高人民法院出版物创刊的初始阶段，没有形成专业化的运作，内容上也缺乏分工。如 20 世纪 50 年代的《人民司法》，从内容上看是一个综合性刊物，主要是选登一些重要的法律、文件，配合中心工作和重要任务发表言论，总结交流审判工作经验，报道各地的法院工作动态，宣传依法办事典型，同时还刊登一些理论文章普及法律知识等。但是 20 世纪 80 年代中后期以后，最高人民法院出版物的功能开始分化。比如《最高人民法院公报》主要公布最高法院的重大事项、决定和司法解释、典型案例；《人民法院报》主要是对国家政策、审判政策、重大新闻的宣传报道；《人民司法》主要侧重对审判业务的理论探讨和指导；《刑事审判参考》等各业务庭编辑的出版物主要是对审判业务的具体指导。其中，尤其是各业务庭编辑的审判参考与指导类刊物，根据刑事、民事、行政、知识产权等审判业务进行分工，使最高人民法院出版物的内容日趋专业化、分工更加科学化。

最后，最高人民法院出版物的指导、参考价值越来越大，而且随着一些出版物的编辑程序日趋规范，其权威性越来越强。① 在 20 世纪 50 年代，由于当时的最高人民法院出版物——《人民司法》属于综合性刊物，所以对具体审判工作的指导和参考价值受到一定的限制。但是在 20 世纪 80 年代以后，随着最高人民法院出版物的分工越来越细化，对审判工作的指导价值也就愈加明显。尤其是《刑事审判参考》等各业务庭编辑的审判参考类出版物陆续出版以后，对地方各级人民法院审判工作的指导价值在最大程度上得以彰显，而且还对侦查、检察、法律教学和研究、法律服务等工作发挥着重大的参考价值。另外，为了加强出版物的指导性，最高人民法院有些出版物的编辑程序越来越规范，如审判案例要览和案例选，一般由各地的通讯编辑初选案例，报送编辑部，最后由主编审定；《人民司法》的司法信箱，都是对地方各级法院、法官反映的有针对性、普遍性问题的答复，一般由具体的承办人起草，各业务庭的领导审定，最后发布；而各业务庭编辑的审判指导与参考，一般由各庭的多名审判人员负责选题，经过对地方各级法院报送案例的筛选，意见一致的，由各业务庭的副庭长指定具体承办人，制作案例分析，最后报主管庭长签署意见，然后公布。由于编辑程序规范、严格，所以一些出版物的权威性越来越强。

二、最高人民法院出版物的功能

最高人民法院不同出版物的功能各有侧重，为了研究的方便，我们把最高人民法院不同出版物的功能整合为一个功能系统，并根据这些功能在系统中的层级，将其划分为直接功能和间接功能，通过这种分类研究，揭示最高人民法院出

---

① 当然，也不尽然。比如《最高人民法院公报》是最高人民法院出版物中最具权威性的，但是从我们调查的结果来看，《最高人民法院公报》的受众只占全体受众的 21%，在最高人民法院的出版物中受众比率最低（审判参考类出版物最高，为 54%；《人民法院报》、最高人民法院领导编辑的参考读物、《人民司法》、最高人民法院法官编辑的参考读物，分别为 46%、33%、31%、22%）。即使在法院系统，也只占到 40%，仍然低于其他类出版物（《人民法院报》所占比例最高，为 93%；审判参考类出版物、最高人民法院领导编辑的参考读物、最高人民法院法官编辑的参考读物、《人民司法》，分别为 60%、53%、53%、50%）。这表明，尽管最高人民法院一直强调《最高人民法院公报》的作用，并且在发行上做出强制性规定，但是《最高人民法院公报》受众比例之低，反映出它的栏目及内容设置与法官的期望值之间的差距。

版物的功能体系构造，从宏观上认识和把握最高人民法院出版物的功能。

（一）最高人民法院出版物的直接功能

最高人民法院出版物的直接功能，是最高人民法院出版物本身所固有的、显在的功能，包括宣传功能、动员功能、业务指导功能、法律知识的普及功能和娱乐提供功能。

1、宣传功能

宣传功能是传媒所具有的基本功能。因为一项决策从决议的形成到成为公众的实践行为，需要经历广泛深入的宣传过程，而决策的宣传，离不开传媒的支持。对于最高人民法院来说，"法院工作如何贯彻中央的路线、方针、政策，有什么意图、想法、要求，采取什么措施，都要通过自己的刊物予以表达、宣传，进而得以贯彻。"[1] 因此，宣传功能就成为最高人民法院出版物的重要功能。[2] 最高人民法院出版物的宣传功能主要由《人民法院报》来承担，因为作为最高法院的机关报[3]，对全国各级法院工作的宣传报道始终是《人民法院报》的中心工作。当然，其他出版物在一定程度上也承担着此项功能。[4]

《人民法院报》的宣传功能主要体现在以下两个方面：一是重点宣传最高人民法院的重要决定、活动和中心工作，刊登重要的司法解释、重大案件、重要新闻、社论、评论。《人民法院报》要闻版除了刊登国家重大的新闻外，主要是刊发全国各级人民法院工作的重大新闻，包括法律或司法解释的公布、司法制度改

---

① 林准：《在〈人民司法〉部分特约记者、通讯员座谈会上的讲话》，载《人民法院年鉴·1992》，人民法院出版社 1995 年版，第 477 页。

② 最高人民法院出版物的宣传功能是建立在信息传播功能基础上的，即在传播信息的同时宣传党和国家的方针、政策以及最高人民法院的审判政策，为了突出最高人民法院出版物的宣传功能，笔者把信息传播功能融入宣传功能中探讨。

③ 机关报是党派、国家机构、社会团体主办的代表其发言、宣传其主张的报纸。《世界大百科全书》（新闻版），中国大百科全书出版社 1990 年版，第 154 页。

④ 最高人民法院强调，加强司法宣传工作是今后一个时期法院工作的基本要求之一，各地法院要充分利用《最高人民法院公报》、《人民法院报》、《人民司法》、中国法院网以及各类、各地的法制报刊和网络，做好司法宣传工作。参见《以"三个代表"重要思想为指导进一步做好新形势下的司法宣传工作》，源自中国法院网：http//www. chinacourt. org，2004 年 1 月 8 日。

革的重大举措、各级法院的重要活动等。① 此外，《人民法院报》专设《地方新闻版》，充分反映地方各级人民法院的情况。通过对上述活动的报道，满足受众对法院常规性活动的信息需要，实现法官职业共同体内的信息沟通。二是对国家重要政治决策和重大政治活动进行宣传。《人民法院报》要闻版主要通过刊发重点新闻或标题新闻的形式，来宣传党和国家的重要政治决策和政治活动。比如2003 年 8 月 5 日的《人民法院报》头版头条刊发了温家宝在振兴东北老工业基地座谈会上的讲话，而当天的《人民日报》和《光明日报》头版也刊发了同一标题的新闻。此类纯粹的政治性新闻，从 2003 年 8 月 1 日到 8 月 10 日这 10 天时间，《人民法院报》共刊发 16 条标题新闻，4 条重点新闻。2003 年 10 月 17 日的《人民法院报》要闻版 6 个板块中，只有 1 个板块是关于宪法修改的，其余 5 个板块都是关于我国首次载人航天飞行圆满成功的。而当天《人民日报》和《光明日报》头版的主要内容也是关于宪法修改和我国首次载人航天飞行圆满成功的。2003 年 12 月 21 日《人民法院报》要闻版只有两大板块，一个板块是全国人才工作会议的报道，重点宣传国家领导人的重要指示；另一个板块是转发《人民日报》的社论——《小康大业，人才为本》。同日的《光明日报》也重点刊发了这一新闻。这在一定程度上反映出《人民法院报》承担着与其他国家机关的机关报同样的政治宣传功能，当然由于专业报纸的限制，政治宣传的范围和深度有着较大的差异而已。

此外，《最高人民法院公报》和《人民司法》也在一定程度上承担着宣传功能。《最高人民法院公报》主要通过公布最高人民法院法官的任免情况、有关会议的精神、决定、司法解释和裁判文书，来展示最高人民法院的形象，为法院工作创造良好的外部环境。对于《人民司法》而言，由于它的受众 90% 以上是从事实际审判的法官，所以"阐述法律、法规、司法解释的内容和精神，贯彻最高人民法院的工作部署，研究司法实践中的疑难问题，就成为《人民司法》的首要任务。"② 时任最高人民法院副院长黄松有在谈到《人民司法》的宣传工作时曾

---

① 以 2003 年 12 月 31 日《人民法院报》第一版的内容为例，我们可以看出这种特点。该版共设 10 个板块，其中《标题新闻》1 栏 4 项，占整个版面的 10%；涉及最高人民法院的新闻为 5 个板块，占整个版面的 50%；地方法院的新闻为 4 个板块，占整个版面的 40%。从新闻的内容来看，最高人民法院院长、副院长的工作报道占整版内容的 20%；最高人民法院的工作报道占整版内容的 10%；最高人民法院司法解释的发布信息及其内容刊发占整版内容的 20%；地方各级法院的新闻一般是工作报道。

② 刘家琛：《祝贺与期望》，《人民司法》2002 年第 1 期，第 4 页。

指出，《人民司法》要按照最高人民法院的工作部署，紧紧围绕新时期我国法院司法为民的工作思想，宣传中央关于司法工作的最新部署，宣传最高人民法院的工作动态。[①] 为了实现法制宣传功能，《人民司法》设有《重要会议报道》专栏。

最高人民法院的审判参考类出版物一般也都设有专栏，传达最高人民法院的审判政策和精神。如《民商审判指导与参考》设有"民商审判政策与精神"专栏，刊发最高人民法院领导对民商审判工作的指示、讲话，有关的民商审判会议精神，最高人民法院制定的有关规定等。通过这些栏目的设置，使最高人民法院的审判政策和精神得以在全国法院系统及时贯彻实施，也使法官以外的其他受众了解法院的审判工作，起到法制宣传的作用。

2、动员功能

在我国，传媒是党、政府和人民的"耳目喉舌"，所以它在承担思想、政策的宣传功能基础上，还承担着组织动员功能。政治动员是决策主体为使政策能得到较好地贯彻实施，而通过一定的手段和方式激发公众参与、支持和执行决策。通过传媒宣传党和国家的政治决策，解释既定的政治、经济和社会发展目标，劝说群众接受和认同这些目标，激发群众的积极性和热情，动员全社会共同支持和执行决策，有利于形成执行决策的强大合力和凝聚力，推动决策的实施。传媒的这种动员功能主要是通过典型人物或事迹的宣传来实现的，它在为公众的行为提供参照标准的同时，也深刻影响着人们的心理、意识和观念，创造能够形成有利于决策执行的舆论环境。

最高人民法院作为最高审判机关，对于党和国家的政策以及最高人民法院制定的关于法院管理、审判体制等方面政策在全国法院系统的贯彻、实施，负有重大的责任。在落实这些政策的过程中，最高人民法院的出版物尤其是最高人民法院的机关报——《人民法院报》发挥着重要的组织动员作用。[②] 比如为了在全国法院系统贯彻、落实"三个代表"重要思想，以实现"司法为民"的基本要求，《人民法院报》在广泛、深入宣传的基础上，积极动员。一方面通过发布社论的方式，倡行司法为民的理念，另一方面设置《学习贯彻"三个代表"，立党为公、司法为民》专栏，通过对各地法院在践行"司法为民"要求方面典型事迹

---

① 李云超：《为实践司法为民提供理论及实务指导》，《人民法院报》2003 年 9 月 22 日。

② 最高人民法院出版物的组织动员功能和舆论导向功能异曲同工，因为研究的需要，为了突出最高人民法院出版物的政治属性，我们在这里以组织动员功能为中心来考察。

的报道，强化各级法院及其法官树立司法为民的理念。据笔者对 2003 年 9 月份《人民法院报》要闻版的统计，1—10 日刊登"司法为民"主题方面的新闻板块 37 个，占全部（106 个）新闻板块的 34%；11—20 日刊登"司法为民"主题方面的新闻板块 24 个，占全部（109 个）新闻板块的 22%；21—30 日刊登"司法为民"主题方面的新闻板块 15 个，占全部（93 个）新闻板块的 16%；就整体而言，这个月份"司法为民"主题方面的新闻板块共计 76 个，占全部（308 个）新闻板块的 24%，宣传主题十分突出。当然，《人民法院报》的动员功能主要是通过刊发社论或评论文章的形式来实现的。比如 2004 年 5 月 9 日的《人民法院报》在介绍了哈尔滨中级法院的事迹后刊发的社论指出："各级人民法院都应该积极投身到司法公正树形象活动来，治院重在用好人，带好队伍，重在领导班子建设，尤其是领导的选配。我们坚信，只要有一个好的领导班子，配一个好的一把手，真抓实干，敢抓善管，就一定能带出一支很棒的队伍。"① 而第二天的《人民法院报》在介绍了"五四"青年奖章获得者于昌明的事迹后，配发社论《为青春喝彩》。社论指出："他的先进事迹，集中体现了新时期人民法官爱岗敬业、乐于奉献的主人翁精神，积极进取、勇于开拓的拼搏精神，与时俱进、争创一流的创新精神，廉洁奉公、执法如山的高尚精神。广大青年法官要善于从于昌明的先进事迹中汲取精神营养，学习先进，争创先进，牢固树立坚定正确的理想信念，自觉树立发奋成才的奋斗目标，奉献青春的智慧与力量，铸就青春的事业，努力成长为对祖国、对人民、对社会有用的人才。"② 这种形式的动员容易

---

① 《治院重在用人》，《人民法院报》2004 年 5 月 9 日。
② 《为青春喝彩》，《人民法院报》2004 年 5 月 10 日。

产生心理的共鸣，效果直接、明显。①

3、业务指导功能

作为专业类出版物，业务指导功能是最高人民法院出版物的主要特色。

对地方各级法院审判业务的具体指导，是最高人民法院审判参考类出版物最为显明的功能。例如《刑事审判参考》在发刊词中明确指出，其创刊的宗旨是："立足实践，突出适用，重在指导，体现权威"；在内容上，《刑事审判参考》除刊载对刑事司法工作有指导意义的典型、疑难案例外，还选登优秀的刑事裁判文书，并刊载最新发布的刑事法律、法规、司法解释，以及参与立法、司法解释起草工作的人员撰写的具有指导性的文章，旨在通过主要由最高人民法院审理的典型案例，加强对法院刑事审判工作的指导，以便更加准确、严格地执行国家法律、法规和司法解释，进一步提高刑事审判质量。《知识产权审判指导与参考》的卷首语也指出，该丛书"以对司法解释、重要案例进行说明、探讨等方式将各级人民法院的审判经验充分反映出来，同时也将最高人民法院在处理各类复杂疑

---

① 最高人民法院提出"司法为民"的要求后，以《人民法院报》为主的最高人民法院出版物通过大量的报道和刊发社论、评论员文章，开展了强大的舆论动员，各地人民法院纷纷响应。我们可以从人民法院报网络版的下述有关报道看出这种效果。如新疆维吾尔自治区高级人民法院紧密结合自治区的实际，以竭诚践行司法为民原则，并将其作为今后一个时期新疆维吾尔自治区法院系统的努力方向和奋斗目标。为落实司法为民原则和提高司法工作水平，青海省和湖南省高级人民法院出台了 20 项司法为民措施，福建省和河北省高级人民法院出台了 28 条司法为民措施，云南省和陕西省高级人民法院出台了 30 条"司法为民"新举措，北京市高院甚至推出了 50 条为民服务措施。上述举措，反映出各地法院对《人民法院报》动员报道所宣扬的"司法为民"理念的认可和接受。当然，尽管这只是各地法院响应最高人民法院号召，落实"司法为民"要求的一个局部写照，但是它足以体现《人民法院报》明显的动员效果。

此外，《本报一篇通讯引起强烈反响，山东法院掀起向董春江学习热潮》的报道，反映出《人民法院报》在典型事迹宣传方面的动员效果。报道模范法官董春江先进事迹的长篇通讯《奉献者的青春最绚烂》及配发的评论员文章《生命的分量》，在 2004 年 2 月 22 日《人民法院报》头版头条刊出后，董春江的感人事迹在山东省各级人民法院引起强烈反响。原任德州市临邑县人民法院执行二庭副庭长的董春江，因长期超负荷工作而积劳成疾，身患胃癌，不幸于 2004 年 1 月 28 日病逝，年仅 36 岁。2 月 22 日，山东省高级人民法院院长尹忠显认真阅读了当天载有《奉献者的青春最绚烂》及评论员文章的《人民法院报》，并在报眉上批示：董春江同志的事迹感人，读后催人泪下，他是实践"司法为民"思想和"公正与效率"主题的优秀法官。并作出在全省各级人民法院开展向董春江学习活动的决定。德州市委副书记、市长孙永春阅读了《人民法院报》关于董春江事迹的报道文章后，在德州市中级人民法院的报阅件上批示："可在我市法院开展学习活动，然后在全市兴起学习热潮，以推动执法为民、实践'三个代表'。"从这个报道来看，山东法院系统开展向董春江学习的活动，作为《人民法院报》宣传动员功能产生的效果，是因为《人民法院报》对董春江感人事迹的报道"催人泪下"。这种效果，是报道直接作用于受众心理并使其心理活动产生的强烈变化。受众心理的变化又直接影响其价值观念的定位和行为模式的选择，即接受报道倡导的主流价值观念，实践"司法为民"思想，做董春江式的人民法官。

难知识产权案件中的审判思路展现出来，加强审判指导功能。"①

　　《人民司法》作为最高人民法院的机关刊，是全国法院系统最为重要的理论研究阵地，理论指导始终是《人民司法》的中心工作和主要功能。为了帮助法官解决案件审理过程中的疑难、复杂问题，《人民司法》专门设有《司法信箱》栏目，所有的问题都由最高人民法院各审判庭或研究室的业务骨干作出答复，由庭长或主任签发后再予以发表，以增强它的指导性。长期以来，《人民司法》"紧紧围绕审判工作，系统地在组织法学家、法律工作者和广大法官，逐一研究审判工作中的适用法律问题、法律的理解问题、法律的理论深化问题，引导法官正确行使审判工作中的自由裁量权，公正司法，公正裁判，取信于民"②，取得了很好的社会效果。尤其是新中国成立之初，我国的司法专业人员极其匮乏，就连最高人民法院筹建当初，也主要是从人民解放军中抽调若干老干部并吸收一部分青年知识分子来充实，为了提高法官的专业素质，《人民司法》发挥着重要的教育和指导功能。对此，原最高人民法院副院长刘家琛曾经谈到："《人民司法》在漫长的征途中，洒满了阳光和雨露，滋润了几代法官的健康成长，我们现在的许多法官就是读着《人民司法》逐步成熟起来的。"③《人民司法》总编辑王运声也指出："在建国后很长一段时间，特别是十年'文革'以后，当时我国法制状况很不好，司法工作者想找到一本法律业务书籍十分困难，而当时司法工作的任务又特别艰巨。队伍素质与工作的严重失调，严重影响司法工作的正常开展。怎么办？就是靠阅读《人民司法》来增长法律知识和审判才能。毫不夸张地说，《人民司法》在特定的时间、特定条件下，引导了相当一批法院的干部从门外汉变成了内行，成为党放心、人民满意的优秀法官。"④

　　《最高人民法院公报》是最高人民法院最为重要的机关刊物，具有很高的准确性、规范性和指导性。通过公布最高人民法院的文件、司法解释、裁判文书和典型案例，《最高人民法院公报》也承担着对审判工作的指导功能。公报上公布的最高人民法院文件、批复和案例，在发稿之前，均经最高人民法院审判委员会进行认真讨论，并可能对其中的有些文件，在文字和内容上作必要的修改，以保

　　①　参见最高人民法院知识产权审判庭编：《知识产权审判指导与参考》（2000年第1卷），法律出版社2000年版。
　　②　王运声：《在〈人民司法〉创刊45周年座谈会上的发言》，《人民司法》2002年第2期，第6页。
　　③　刘家琛：《祝贺与期望》，《人民司法》2002年第1期，第4页。
　　④　王运声：《在〈人民司法〉创刊45周年座谈会上的发言》，《人民司法》2002年第2期，第6页。

障其准确性、权威性。每个案例都有详细的事实、判决理由和结果，蕴含着深刻的法律意义，它既不同于用作法制宣传的一般案例，也不同于学者们为说明某种观点而编辑的教学案例，而是最高人民法院指导地方各级法院审判工作的重要工具。1985年7月2日，最高人民法院《关于本院发出的内部文件凡与〈中华人民共和国最高人民法院公报〉不一致的均以公报为准的通知》指出："《中华人民共和国最高人民法院公报》是我院公开的正式的文件。我院发出的内部文件凡是与公报不一致的，均以公报为准。"此外，尽管《最高人民法院公报》上刊载的案例还不具有判例的效力，但是它可以帮助地方各级法院的法官学习判决中蕴含的法律知识和裁判技术、风格；同时，判决的态度还反映了最高人民法院在此类问题上的倾向性意见，从而对地方各级法院同类案件的裁判活动产生积极的影响。

尽管《人民法院报》是以宣传报道为中心工作的，但是它仍然在一定程度上承担着业务指导功能。《人民法院报》设有《理论与探讨》、《法治时代》等栏目，主要是对审判业务中遇到的各种问题进行探讨，介绍国外的司法制度等。当然，由于功能定位的差异，《人民法院报》在研究和指导的深度方面无法与审判参考类出版物和《人民司法》等理论刊物相提并论，诚然如此，它对于提高受众的业务水平仍然发挥着积极的作用。①

4、法律知识的普及功能

法律知识普及是法制话语从精英文化到大众文化的实现过程，也是以法律为主要治理手段的社会治理模式赖以存在和运作的重要技术支撑。当然，法律知识

---

①　《人民法院报》网络版和中国法院网上有大量关于《人民法院报》业务指导效果的报道。如为充分发挥《人民法院报》对审判业务的指导作用，广西兴业县法院蒲塘中心法庭自2001年起建立了集中学习《人民法院报》的制度，取得了良好的效果，促进了办案效率，提高了办案质量。（见梁平：《蒲塘法庭学习法院报效果好》，源自人民法院报网络版：http//www.rmfyb.chinacourt.org/，2001年3月29日。）又如法官韩传寿自费征订《人民法院报》多年，《人民法院报》已成为他的良师益友。他在经验介绍中指出，"我于1984年调入法院，从书记员到法官，已度过了16个年头。《人民法院报》为我提供了各地的工作经验。这些宝贵的东西经过我的学习和认识，运用到工作实践中，取得了成功，使每年的工作任务按时完成或超额完成。《人民法院报》宣传介绍各地有关执行工作的动态以及各地采取的执行工作方式方法很有价值，大大促进了法院执行工作。我曾经在全省执行庭庭长培训班上作过《我是怎样做好执行工作的》经验介绍，确切地说这经验的源头来自《人民法院报》。我做档案工作期间，发表了做好档案管理工作的稿件50篇，有效地促进了我院的档案管理工作，其中有《人民法院报》的功劳。当前，法院系统举办《行政诉讼法》、《关于执行〈行政诉讼法〉若干问题的解释》培训班，《人民法院报》已先行一步，至今已及时刊登了多篇有关文章，给学员送去了配套的参考资料，的确是'雪中送炭'"。见韩传寿：《读〈人民法院报〉受益多》，人民法院报网络版：http//www.rmfyb.chinacourt.org/，2001年3月29日。

的普及过程绝不仅仅是基于社会治理的需要，在现代社会中，它也是社会公众的一种生存需要。因为现代社会是一种高度制度化的社会形态，而制度化的标志就是规则在社会公共领域的普遍化，社会公众不可能经常处在私人领域，行为的社会化就意味着其在公共领域的行为要受到规则的普编制约，所以行为规则的知晓和理解无疑就成为社会公众的生存需要。显然，法律知识的普及是一个双向的、互动的过程。为了实现法律知识的普及，以建构保障统治秩序良性运作的社会环境，国家会运用各种技术手段来积极促进法律规范被社会公众的普遍接受；而社会公众也需要通过一定的形式获得法律知识，以维系其生存需要。出版物就是这样一种可以满足双方需求的重要手段。其中，由于传播主体是行使国家最高审判权的最高人民法院，所以最高人民法院的出版物在法律知识的普及过程中发挥着重要的作用。最高人民法院的出版物都承担着一定的法律知识普及功能，只是程度不同而已。当然，从以下《人民法院报》总编辑王运声的讲话中，我们可以看出《人民法院报》和《人民司法》是最高人民法院出版物法律知识普及功能得主要承担者——

> 2004年本报版面改革的方案已经付诸实施，根据版面改革中收集到的意见和建议，理论部认真做了研究，调整了编辑思路，既要保持本报在法学理论宣传上已经形成的特色，保障已经形成的读者群学习研究的需求，同时也准备在为读者服务方面作一些改进，适当选择一些适应基本读者群了解法律知识的需要，将推出"大众法学"版，扩大法律知识信息接受的读者群。因此，希望各地记者站的同志们深入了解基层群众读者需求的内容，及时组织相应的稿件，给编辑部助一臂之力，共同把《理论与实践》专版、《法治时代》周刊、《人民司法》月刊办成法官开展审判工作的良师益友，人民群众学习法律知识的理论园地。①

在法律知识由法律话语从精英话语向大众话语的转变过程中，社会公众是法律话语的承受着，通过学习最高人民法院的出版物使它们承受、理解、适用法律规范，最终使法律话语实现从精英话语到大众话语的转变。而法律话语权的掌

---

① 王运声：《在人民法院报记者站站长会议上的讲话》，中国法院网：http//www. chinacourt. org，2004年1月8日。

握，在一定程度上就成为社会公众权益得以维护的重要保障。①

5、娱乐提供功能

大众传播的内容并不都是务实的，其中有一部分内容是为了满足人们精神生活的需要，例如文学性、艺术性、消遣性、游戏性的内容等。作为一种传媒，最高人民法院的出版物同样承担着娱乐功能，这种功能主要由《人民法院报》来担当。《人民法院报》通过创办副刊——《天平周刊》丰富受众的业余生活，满足受众对精神生活的需要。《天平周刊》主要刊登一些文学作品和对一些文学、艺术活动进行报道，以及反映各级人民法院的文化建设等。这些内容以消遣性为主，专业性相对淡出。以 2003 年 9 月 23 日的《天平周刊》为例。第一版 4 个板块，其中一个板块是属于法院文化建设的，占该版内容的 25%；第二版《文学评论》也有 4 个板块，其中法律板块 1 个，占该版的 25%；第三版《人物春秋》也是 4 个板块，都涉及法律问题；第四版《文学作品》4 个板块中只有 1 个是涉及法官的，占该版的 25%。整体来看，专业类板块占《天平周刊》全部板块的43%。这种设计显然是考虑到了《人民法院报》的受众主要还是法官，所以在板块设计和内容编排上向法官群体倾斜。

（二）最高人民法院出版物的间接功能

最高人民法院出版物的间接功能是在其直接功能的基础上产生的延伸功能，包括社会整合功能、法官共同体的培养功能和法院形象的维护功能。最高人民法

---

①　如贵州省册亨县庆坪乡个体户农民马作俊从 1999 年 11 月至 2002 年 7 月，通过《人民法院报》学习法律和案例知识，先后到坡坪人民法庭打了 18 件债务官司，挽回了经济损失 3 万元。（黄成学：《一份人民法院报握在手，马作俊 3 年打官司 18 件》，源自人民法院报网络版：http//www. rmfyb. chinacourt. org/，2002 年 8 月 23 日）此外，河南省修武县习村一直有 10 余户农民几年来坚持自愿自费订阅《人民法院报》，村民们在不知不觉中兴起了学法热潮，不少村民尝到了学法用法的甜头。1998 年农民薛栓牢在《人民法院报》上看到一篇有关中央减轻农民负担政策的报道后，针对该村农民负担情况向村委反映，村干部确认后，当即取消一项不合理收费。一算账，每人少收 8 元，全村农民一下就少交 1.6 万元。近三年来，习村还有 10 余户农民用法律武器为自己讨回了公道。（张玉强：《〈人民法院报〉有助农民"减负"，修武县习村兴起学法热》，源自人民法院报网：http//www. rmfyb. chinacourt. org/，2001 年 3 月 29 日）在上述报道中，"打官司"、"讨公道"等现象都涉及非常专业的法律知识，但是马作俊挽回经济损失 3 万元，习村取消一项不合理收费并有 10 余户农民为自己讨回了公道，所有这些都得益于他们通过学习《人民法院报》掌握了法律知识的话语权。此外，各地法院还积极利用最高人民法院的出版物进行法制宣传，如云南省丽江市中级人民法院在全面做好审判工作的同时，积极利用《人民法院报》、《人民司法》等报刊，向社会和公民、法人宣传"三个代表"重要思想，宣传依法治国的基本方略和普及法律知识。这种有组织的宣传活动，无疑会使最高人民法院出版物的法律知识普及效果更为凸显。

院出版物的间接功能是其直接功能的深化，只有直接功能的充分发挥，才能发掘和实现这些间接功能。

1、社会整合功能

在现代社会中，随着社会分工的深化以及公众利益诉求、精神信仰的多元化，社会关系和社会结构日益复杂，同时人际间的矛盾和冲突越来越突出，社会的主流价值观念受到较大的冲击。在这种社会背景下，为了缓和社会矛盾、化解社会冲突，保障社会主流价值观念的权威地位以及维护社会秩序的稳定，必须对社会进行整合。在中国由传统社会向现代社会的转型过程中，同样也面临着上述问题。因此整合功能成为任何社会控制手段的首要功能。最高人民法院的出版物作为一种社会控制手段，当然也承担着社会整合功能。

最高人民法院出版物的社会整合功能主要体现在三个方面：首先，通过新闻报道和评论来宣扬、捍卫社会的主流价值观念，抗御非主流价值观念的侵蚀。任何国家的新闻报道都不是一种价值无涉的客观描述，它在提供真实信息的同时，还包含了一定的价值判断。美国著名社会学家赫伯特·甘斯认为，在西方各国，新闻报道的基础是媒介认为国家和社会应该如何的图景。这意味着媒介不仅仅是在报道正在发生或已经发生的事实，还在或明或暗地提倡什么、反对什么，以其理想的图景力挺主流价值观，塑造社会。① 在最高人民法院的出版物中，《人民法院报》是其社会整合功能的主要承担者。如《人民法院报》通过对李增亮、陈印田、于昌明等优秀法官先进事迹的宣传报道以及配发社论，旨在向社会宣传当代法官的伟大形象，抵制社会上存在的各种歪曲、诋毁法官形象的言论②，引导社会公众形成对法官正确、坚定的认识，树立和维护法官的主流形象。其次，《人民法院报》和《最高人民法院公报》等最高人民法院的出版物，通过对法律、司法解释的发布以及典型案例的分析、判决结果的公布，倡导社会主流的行为规范，为人们提供一种和谐的行为模式，并警示那些偏离或意图偏离社会主流行为规范的人，实现行为规范选择的回归。同时，通过对违法行为的纠正和犯罪行为的制裁，肯定主流行为规范的价值，恢复被破坏的社会关系和社会秩序。最后，发挥专业类出版物的优势，促进社会公众之间就法制话语的相互交流，并努

---

① 李良荣：《当代西方新闻媒体》，复旦大学出版社 2003 年版，第 192 页。
② 如社会上广泛流传的"大沿帽，两头翘，吃了原告，吃被告；大沿帽，平又平，原告、被告都吃穷"，就是对法官形象的诋毁。

力促成在法制话语上形成广泛的公众认同，为法制建设营造和谐、协调的社会环境。

2、法官职业共同体的培养功能

法律职业共同体的培养是我国法制现代化进程的重要标志。法律职业共同体"是一个利益共同体，是一个职业共同体，是一个伦理共同体，是一个符号共同体，是一个知识共同体，还是一个意志共同体。"① 作为法律职业共同体子系统的法官职业共同体，同样也需具备这样一些特征，其中最主要的是在法官个体相互联结的基础上，实现职业信息、思维方法和裁判知识的共享。

最高人民法院的出版物联系着共同体内的每一个法官，通过主流价值观念的倡导和裁判知识的传播，对于法官职业共同体的培养发挥着重要的作用。一方面，最高人民法院的出版物是联系广大法官的桥梁和纽带，通过最高人民法院出版物的传媒作用，可以实现法官间的信息沟通和意见交流。托克维尔在谈到报刊的这种联结和凝聚作用时曾指出，"在民主国家，一个社团要想有力量，就必须人多。而由于成员的人数太多，所以他们只能分散在广大的地区，每个人仍然要留在原来的地方，去过他们的那种比上不足比下有余的生活，为成千上万的小事而操劳。因此，他们必须找到一个使他们不用见面就能彼此交谈，不用开会就能得出一致意见的手段。这个手段就是报刊。"② "有了报刊，就能使他们当中的每个人可以知道他人在同一时期，但却是分别地产生的想法和感受。于是大家马上便会驱向这一曙光，而长期以来一直在黑暗中寻找的彼此不知对方在何处的志同道合者，也终于汇合而团结在一起。"③ 当然，《人民法院报》是法官获得信息、进行沟通的主要途径④，除了《人民法院报》以外，最高人民法院的其他出版物同样也具有这种功能。《人民司法》、《最高人民法院公报》以信息传播、政策宣传为主要手段来实现法官共同体内法官的沟通和联系，而其他出版物则主要依靠裁判知识的传播和交流来实现联结和凝聚目的。

---

① 见谢晖在"中国法制之路与法律职业共同体"学术研讨会上的发言，载张文显等主编：《法律职业共同体研究》，法律出版社 2003 年版，第 74—75 页。

② （法）托克维尔著，董国良译：《论美国的民主》，商务印书馆 1997 年版，第 642 页。

③ （法）托克维尔著，董国良译：《论美国的民主》，商务印书馆 1997 年版，第 642 页。

④ 这可以从其发行量之大反映出来：2004 年，《人民法院报》继续成为中央法制类报纸发行首户，稳居中央级日报发行前 10 名。参见王运声：《在人民法院报记者站站长会议上的讲话》，人民法院报网络版：http//www.rmfyb.chinacourt.org/，2004 年 1 月 8 日。

　　另一方面，托克维尔在分析美国法学家共同体的形成原因时指出，是相同的思想和方法使法学家们在思想上相互联系起来。① 而根据埃尔曼的理解，纠纷解决知识的专门化和这些专门知识为一个特定群体共享是法律职业共同体形成的主要原因。② 当然，不管是相同的思想、思维方法，还是相同的知识，都是法官职业通体培养不可或缺的条件。通过最高人民法院出版物对思想政策的宣传、信息的传播、裁判知识的交流，可以实现政策、信息、思维方法和裁判知识在法官之间的共享。这样"在同样的教育和训练熏陶下，有着同样的职业活动和职业利益，就会使得共同体的成员们具有相同的语言，遵循普遍相同的行为准则，增进相互之间的团结，珍惜并维护共同体的荣誉。"③ 一个稳固的法官职业共同体就能够得到很好培养。

3、法院形象的维护功能

　　公止是法院制度设计和审判权运作的基本价值取向，也是现代社会中评价法院形象的主要指标。④ 所以，当代世界各国无不通过各种途径来展示和维护法院的公正形象。在西方国家，尽管也存在法官的腐败问题，但是主流的媒体很少揭露或只是轻描淡写，以维护法院的形象。我国最高人民法院的出版物同样也以维护法院的公正形象为重要职能。⑤

　　"如果说法院是社会正义的最后一道防线，那么法官便是这道防线的守门人"⑥，因此，法院的公正，主要是指法官的公正。对正义的向往和追求，应当是法官基本的职业道德要求。追求正义，就要求法官必须做到中立、无私、客观、关爱。中立，意味着法官不偏不倚、居中裁判；无私，意味着法官不徇私情、不谋私利；客观，意味着法官以证据和规范裁判，杜绝偏见；关爱，意味着

---

　　① （法）托克维尔著，董国良译：《论美国的民主》，商务印书馆1997年版，第303页。

　　② 参见（美）埃尔曼著，贺卫方、高鸿钧译：《比较法律文化》，清华大学出版社2002年版，第86—88页。

　　③ 贺卫方等：《关于司法改革的对话》，载《市场经济与公共秩序》，三联书店1998年版，第310页。

　　④ 与国外不同，中国法官形象的构造比较复杂，从最高人民法院出版物宣传报道的情况来看，除了公正以外，法官的形象还包括爱岗敬业、无私奉献、勇于开拓、廉洁奉公等，而这些是国家公职人员都应当具备的一般要求。

　　⑤ 2003年《人民法院报》对40个全国模范法院和石伟文、李增亮、李和鹏、宋鱼水、盛勇强、唐汉华等64位全国模范法官进行了宣传，以强有力的宣传攻势，突出人民法院的光辉形象。参见王运声：《在人民法院报记者站站长会议上的讲话》，中国法院网：http://www. chinacourt. org，2004—01—08。

　　⑥ 肖扬：《当代司法体制》，中国政法大学出版社1998年版，第1页。

法官富有人情味，他是司法制度和当事人之间保持亲和的纽带。① 最高人民法院
出版物在法官形象的维护方面，以《人民法院报》为主要媒介。《人民法院报》
主要通过报道优秀法官的先进事迹来展示法官的光辉形象。如 2003 年 8 月 1 日
的《人民法院报》头版头条是《最高人民法院决定授予李增亮全国模范法官称
号》。在介绍李增亮法官的事迹后，文章写到，"最高人民法院认为李增亮用自己
的实际行动实践了'三个代表'重要思想，谱写了一曲人民法官秉公办案、无私
奉献的壮丽凯歌，在社会上树立了人民法官清正廉洁、公正司法的高大形象。李
增亮的模范行为和高尚品格，具有鲜明的时代特征和典型意义，集中体现了新时
期人民法官优良的政治业务素质、崇高的职业道德情操、顽强的拼搏精神和良好
的精神风貌，是新时期人民法官的优秀代表，是法官队伍职业化建设中涌现出的
先进典型，是广大法官特别是青年法官学习的榜样。"② 这种宣传、报道，无疑
为社会公众展示了中国当代法官秉公办案、无私奉献、清正廉洁、司法公正的形
象。此外，每一期《人民司法》都刊介一位优秀法官的事迹，这在一定程度上也
起着维护法官形象的功能。当然，《人民法院报》、《人民司法》和其他一些刊物
上发表的广大法官撰写的文章或论文，从另一个角度向社会公众展示了当代中国
法官丰富的文化内涵和理论素养。

　　此外，法院的公正，还要求审判过程恪守审判公开原则。在这个方面，以
《最高人民法院公报》的作用最为突出。《最高人民法院公报》通过公开法院工
作和审判活动的各种信息，充分地体现审判公开原则，已经成为社会公众了解法
院工作、获得审判信息的主要窗口和渠道。而且从 2004 年起，《最高人民法院公
报》增加容量改为月刊，以适应进一步及时公布审判活动各类信息的需要。为了
凸显和加强《最高人民法院公报》在展示法院形象方面的重要作用，最高人民法
院副院长曹建明指出：《最高人民法院公报》要更好地体现司法公正的准则，将
司法活动所体现的公平和正义向社会展示，让社会、公众能够充分感受到社会主
义法治的价值，使人们对我们的制度充满信心；要更好地体现司法为民的要求；
进一步公开各种司法信息，更好地方便群众行使对司法工作的知情权、参与权和
监督权，让人民群众更多地了解审判工作，更好地支持审判工作，更充分地行使
诉讼权利；要将体现司法改革重要成果的司法活动更好地对外反映；要面向世

---

① 　冯军、刘涛：《德性、知识、理性、经验——法官的素质解读》，《学习与探索》2004 年第 1 期。
② 　《人民法院报》，2003 年 8 月 1 日。

界，充分展示积极推进司法改革后的人民法院公开、公平和公正的新形象。①

三、最高人民法院出版物的生成原因

毋庸置疑，各国最高法院都有自己的出版物。但是与中国最高人民法院出版物的形式、规模及其功能不同，国外法治发达国家的传媒体制、最高法院的功能和地位、司法独立原则，决定了这些国家最高法院的出版物在形式上一般只限于判例汇编或案例报告，但是不承担宣传和动员等政治性功能，除此以外，它们更不会去办报纸、杂志。② 面对这种显著的差异，我们不得不追问：为什么国外法治发达国家的最高法院仅有判例（司法判决）的汇编，而中国最高人民法院却有

---

① 郑金雄：《〈最高人民法院公报〉明年改月刊》，中国法院网：http：www. chinacourt. org／public／detail. 2003 年 9 月 22 日。

② 首先，这些国家的传媒体制决定了最高法院不可能自己去办报纸、杂志。"就报纸、杂志来说，除极少数政党办的报刊外，西方所有的报刊都是私营的。"（李良荣：《当代西方新闻媒体》，复旦大学出版社 2003 年版，第 148 页。）私有化的传媒体制是西方自由主义报刊理论的必然选择。自由主义报刊理论是西方产生最早、最有影响力的一种报刊理论，其基本的含义是：为了维护公民的表达自由，报刊——民意表达的主要中介不受政府干涉，而且拥有对政府的监督权，新闻报道的最终目的不是向公众灌输某种标准的观点，而是客观地反映事实。因此，报刊不能成为政府的"传话筒"，而应该成为行政、立法和司法以外的第四种国家权力。其结果，必然要求报刊的非公有制化。美国前总统托马斯·杰弗逊曾经说过，"若由我来决定我们是要一个没有报纸的政府，还是没有政府的报纸，我会毫不迟疑地立即回答：我宁愿要后者。"（《杰弗逊文选》，商务印书馆 1963 年版。）一语道破了报刊在西方国家的重要地位和属性。在这种体制下，最高法院当然不可能自己去办报纸、杂志。其次，这也是由法治发达国家最高法院的功能的地位决定的。在现代西方社会，最高法院作为国家权力结构体系中的一个重要单位，主要担当着纠纷解决、社会控制、权力制约和公共政策的制定功能。这些功能的实现，唯一的路径就是最高法院裁判权的行使。当然，最高法院在国家权力结构体系和政治生活中的显赫地位，是上述功能得以实现得重要屏障。以美国联邦最高法院为例。联邦最高法院通过运用裁判权和强大的司法审查权，在美国政治制度中发挥了至关重要的作用，成为民众与政府之间、各级政府之间以及政府各部门间争议的仲裁者和解决国家许多最重要问题的终极权威。因为"行政权依靠他们（联邦最高法院法官：作者注）去抵制立法机构的侵犯，而立法权则依靠他们使自己不受行政权的进攻。联邦依靠他们使各州服从，而各州依靠他们抵制联邦的过分要求。公共利益依靠他们去抵制私人利益，而私人利益则依靠他们去抵制公共利益。保守派依靠他们去抵制民主派的放纵，而民主派则依靠他们去抵制保守派的顽固。"（［法］托克维尔，董国良译：《论美国的民主》，商务印书馆 1997 年版，第 169 页。）而报刊等传媒的主要功能是监视环境、联系社会各部分以适应周围环境、传承社会文化和提供娱乐。（［美］沃纳·赛佛林／小詹姆斯·坦卡德著，郭镇之等译：《传播理论：起源、方法与应用》，华夏出版社 2000 年版，第 347 页。）这些功能和最高法院的功能格格不入，最高法院为了维护自己崇高的司法权威和显赫的政治地位，必然排斥这些功能的承担。最后，现代西方国家的司法独立原则排除了最高法院通过审判权以外的其他方式影响地方各级法院的可能性，因此这些法治发达国家的最高法院不可能选择报刊等大众媒体作为影响、指导下级法院的手段。

种类如此繁多、政治功能如此凸显的出版物呢？这就使我们必须深入地探究中国最高人民法院出版物的生成原因。经过分析，我们发现最高人民法院出版物的生成同中国特定的政治控制模式、法院管理体制和法院制度的转型有着密切的联系。

（一）最高人民法院的出版物与中国的政治控制模式

现代政治学理论认为，政治控制是对国家与社会相互关系的总概括，是指国家权力中心为维护某种既定的秩序所采取的行为以及这种行为所造成的一定的格局。[①] 政治控制的目的，是通过对全体社会成员以及他们行为的控制，维护既定的政治统治秩序，最终实现政治统治的利益。从社会学的角度来理解，政治控制是一种话语现象。所谓话语，用福柯的话说，是"在某种历史条件下，被某种制度所支撑组织起来的陈述群"，即由某个权威主体发出的、被认为是具有真理性的陈述。在此意义上，政治控制是国家权力中心凭借其享有的话语霸权推行其价值观念和行为规范的过程。

在我国，政治控制的根本目的就是维护政治制度的社会主义性质。[②] 为了实现政治控制目的，在控制模式的选择上，受权威主义统治传统的影响，我国采取行为控制和意识形态控制相结合的模式。行为控制方面，主要体现为通过领导、决策、组织、协调、服务、灌输等方式，直接作用于一切社会成员的行为选择，实现对其行为的控制，以保障社会秩序的正常运行。意识形态控制方面，主要是通过对主流价值观念的倡导以及对非主流价值观念的批判，来作用于一切社会成员的认知活动和意志形成活动，使他们接受并拥护主流的价值观念，最终形成政治统治的公众认同，实现政治控制的根本目的。通过意识形态的控制，是现代社会统治普遍推崇的一种治理方式。根据福柯的理解，统治者不会让思想独立于政治统治之外，成功的统治者要获得永久的统治，不仅要控制人的身体，而且还要占有人的灵魂，他引用18世纪法国法律改革家塞尔万的话说："当你在你的公民的头脑中建立起这种观念链条时，你就能够自豪地指导他们，成为他们的主人。愚蠢的暴君用铁链束缚他的奴隶，而真正的政治家则用自己的思想链条更有力地

---

① 参见李景鹏：《政治发展的理论研究纲要》，黑龙江人民出版社2000年版，第52页。
② 李景鹏：《政治发展的理论研究纲要》，黑龙江人民出版社2000年版，第65页。

束缚他们。"①

最高人民法院出版物的生成，是我国政治控制模式的必然要求。由于我国地域广阔、人口众多，为了实现和维护政权的统治权威，在政治控制的力量不能直接作用于社会成员的情况下，主要是借助于各个社会构成单位或组织来实现对社会成员的控制的。最高人民法院在全国法院系统中审级最高、最有权威，通过其审判权威和司法行政权的行使对地方各级法院产生着积极的影响。所以，最高人民法院在国家的政治控制过程中处于非常重要的环节，是联系政治控制主体和特定控制对象——法官及其相关人员——的桥梁和纽带。因此，最高人民法院通过各种控制手段加强对自身及其地方各级法院法官的控制，以贯彻、实现党和国家的审判政策，保障审判权运作的公正性，是我国的宏观政治控制体系的重要内容。而在最高人民法院对法官及其相关人员的控制过程中，由于出版物是以知识和信息为载体的权力话语的传播为主要功能的，所以它凭借强大的话语权既可以推行一定的行为范式，直接作用于控制对象的行为，还可以通过传输主流的价值观念，作用于控制对象的思想，发挥意识形态的控制功能，因而通过出版物的形式来达到控制目的，就成为一种重要的路径选择。

在我国，一切传播媒介都具有鲜明的党性，都是国家政治控制的手段。② 通过行政主管部门对发展规划、数量的严格管理，以及通过党的宣传部门对传播内容和政治导向的严格控制，传播媒介成为社会主义国家进行舆论宣传的重要工具和阵地。尽管《人民法院报》等最高人民法院的出版物属于专业类出版物，但是正如江泽民指出的那样，"坚持党性原则，就是要求新闻宣传在政治上必须同党中央保持一致。各级党报要这样，部门的和专业性的报纸也要这样。虽然有许多新闻本身不带政治性质，但是，从任何一个报纸、电台、电视台的总的新闻宣传

---

① （法）米歇尔·福柯著，刘北成、杨远婴译：《规训与惩罚》，三联出版社 1999 年版，第 113 页。

② 对于新闻宣传的党性问题，李瑞环认为，"社会主义新闻宣传的党性，概括来说，就是无产阶级的阶级性和马克思主义的革命性、科学性的集中表现。""我们说报纸是党、政府和人民的喉舌，就是对新闻工作党性的一种鲜明的、形象的和科学的表达。它的主要内容是：公开声明自己站在党和人民的立场上说话，在政治上同党中央保持一致；坚持实事求是，说真话，不说假话；密切联系人民群众，真诚地和人民同呼吸，共甘苦，齐爱憎，正确地反映他们的愿望、呼声和要求；服从党的领导，遵守宣传纪律。""既然我们在理论上和实践上承认并坚持新闻宣传的党性，那么在新闻报道中坚持正面宣传为主的方针就是题中应有之义了。"李瑞环：《坚持正面宣传为主的方针》，转引自张之华：《中国新闻事业史文选》，中国人民大学出版社 1999 年版，第 792 页。

来说，都不可能脱离政治。"① 因此，对法官及其相关人员意识形态的控制，主要体现为最高人民法院的出版物具有较强的党性，通过发表社论和声明，宣传解释党和国家的方针、政策，直接在国家的政治生活中扮演着积极的政治角色——党和政府的"喉舌"。通过最高人民法院出版物对意识形态的控制和引导作用，使得我国的审判机关始终保持着社会主义的本质，我们的法官能够始终如一地从党和国家的统治利益出发，在审判活动中贯彻、落实党和国家的方针政策。

在对法官及其相关人员的行为控制方面，最高人民法院的出版物作为一种传媒形式，通过大量的典型事例的宣传报道，以产生"榜样"效应，不断刺激和影响着审判活动中的各个参与者对政策的认同及其行为方式的选择。从社会学的角色理论来分析，一个人在社会中所扮演的角色受角色期待的影响，角色期待是社会对所扮演角色的定义，是社会公众对这样一种角色应然状态的认识。所以，当一个人就某一问题表明立场并采取行动时，其他人的期待和可能产生的反应、社会流行的观念和行为方式都会影响他的选择，尤其是社会公众对其角色的期待会产生一定的心理压力，使行为主体不断调整自己的角色（通过行为的调整）。而传媒正是通过对某一问题的大量报道，来吸引公众的关注，进而对公众政治态度的取向和行为方式的选择产生积极影响的。最高人民法院的出版物，尤其是《人民法院报》也是通过这种方式实现对法官及其相关人员的行为控制的。《人民法院报》作为最高人民法院的机关报，其对信息的传播和评论体现了最高人民法院对某种行为或现象价值的话语权，它在很大程度上决定着受众以何种方式作为才能获得社会的认可。这种话语现象的存在，说明了在受众所处的环境中，存在着各种行为规则，这些规则决定着他可以说什么，不可以说什么，什么是合情合理的行动，什么是愚蠢之举，进而实现对其行为的控制。就其他出版物而言，它们是以审判业务的指导为主要功能的，而审判业务的指导明显体现为一种知识性权力。因此，这些出版物依赖最高人民法院法官审判知识的优位性，通过对地方各级法院法官裁判技术的影响和引导，来实现对其裁判行为的控制。

（二）最高人民法院的出版物与中国法院的行政化管理体制

根据对审判机关及其审判权性质的不同认识，法院的管理体制可以划分为两

---

① 江泽民：《关于党的新闻工作的几个问题》，《新闻工作文献选编》，新华出版社1990年版，第189—200页。

种类型，一是行政化的管理体制，二是司法化的管理体制。前者主要是指借用行政手段来对法院进行管理；后者与行政管理体制不同，其特征是在对法院的管理上遵循审判权的运作规律，尊重审判权运作独立性的要求。新中国成立以来，在对法院性质和功能的认识上，我们一直将法院视为政治统治的工具，在对社会秩序的控制和维护方面，可以说法院和行政机关具有同样的目的和功能，只是控制手段不同而已。① 这种认识决定了我国法院管理体制的行政化，以适应法院政治地位的维护和功能的承担。

我国法院管理体制的行政化，具体体现在两个方面：一是法院内部管理，二是上下级法院之间的关系。在法院内部，管理体制的行政化首先体现在法官身份的行政化，即借用国家公务员的管理模式来对法官进行管理，给法官划分不同的行政级别。随着上个世纪 90 年代后期我国法官职业化建设的启动，这种局面在一定程度上有所改观，但是法官的"干部"身份并没有因法官身份的授予而退出历史舞台，从而形成法官身份的"二元制"——干部身份和法官身份并存的局面。最高人民法院在观念上也一直对法官的"干部"称谓情有独钟——目前仍在大量的文件中继续使用"干部"一词指称法官②，而且在实际管理上仍在继续沿用行政干部级别。③ 此外，法院内部管理体制的行政化还表现在法院及其内部审判机构运作的行政化。同行政机关一样，法院也有一名正职领导（院长）和若干名副职领导（副院长），分管不同的审判业务；审判机构中也设有庭长、副庭长，负责案件的审批，院长、副院长和庭长、副庭长之间是一种行政领导关系。另外，法院还有类似于行政机关的"党政联席会议"、"市长办公会"等形式的组织——审判委员会，负责法院内部重大事项（包括审判业务和非审判业务）的讨论、决定。上下级法院之间关系的行政化，除了体现在法院行政事务方面最高人民法院领导、协调地方各级法院的工作外，在审判权的运作上主要体现为案件汇

---

① 2004 年 4 月 23 日，周永康在《人民法院要为全国建设小康社会提供有力司法保障》的讲话中重申，"全国法院队伍是党和人民可以信赖的队伍，是巩固我们党的执政地位，维护国家长治久安，推动社会主义现代化建设，保障人民安居乐业的一支重要力量。"《人民法院报》，2004 年 4 月 23 日。

② 目前，最高人民法院的许多文件中仍在大量适用"干部"一词，如《关于贯彻中共中央〈关于进一步加强政法干部队伍建设的决定〉建设一支高素质法官队伍的若干意见》、《1996 年——2000 年全国法院干部教育培训规划》、《抓好立案工作，维护司法公正——在全国立案工作会议上的讲话》甚至包括《关于加强法官队伍职业化建设的若干意见》等。

③ 如最高人民法院在面向社会公开招录审判人员时规定一旦录用，将根据《中华人民共和国法官法》及有关人事政策规定，对被录用者确定相应行政职级，并依法报请全国人大常委会任命高级法官。

报、请示、批复制度。

我国最高人民法院出版物的生成，也是法院管理体制行政化的必然结果。行政管理手段主要体现为中央对地方、上级机对下级的领导、组织、宣传、动员、协调等。对于我国法院而言，受宪法规范的制约，最高人民法院不可能对地方各级法院的工作进行直接的"领导"，但是具体运作过程却具有较强的行政色彩。所以，最高人民法院在实现在对地方各级法院的管理和控制过程中，就需要借用行政化手段，以适应这种管理体制的需要。其实，最高人民法院的出版物就是这种行政化管理手段的一种形式。比如说，作为一种传统的行政管理手段，政策的宣传和动员是最高人民法院一些出版物的主要功能。以《人民法院报》为例。《人民法院报》主要承担着国家审判方针、政策和最高人民法院有关决定的宣传报道功能，它除了以开辟专栏的形式进行大量的报道外，还配合有关报道刊发社论、专论，通过制造有利的舆论环境，保障方针、政策和有关决定的落实。如为了配合法院系统机构改革的需要，《人民法院报》在 2001 年 3 月 29 日发表了评论员文章——《推进法院机构改革步伐》，文章指出，"法院系统的机构改革，是法院工作发展的需要，符合广大法院工作人员的心愿。可以肯定，各级法院的同志们是会积极投身到这场改革中来的，会把这次改革当作人民法院前进的动力。我们相信，通过全国法院自上而下的这次机构改革，人民法院的领导干部队伍与审判队伍必将得到一次升华，全国法院的领导干部队伍必将在思想品德、组织指挥才能有一个较为明显的改观，人民法院的执法水平必将得到全面提高。"最后文章号召，"在这个基础上进行改革就是希望，改革就是动力，改革才能前进。让我们做好充分的思想准备，迎接全国法院机构的改革！"①

另外，最高人民法院出版物的出现，为最高法院业务指导"权力"的行政化运作搭建了平台。宪法并没有赋予最高人民法院对地方各级法院的业务指导权，但是长期以来最高人民法院却一直在行使着这项"权力"。这项权力的运作具有典型的行政化色彩，比如下级法院就某个问题向最高人民法院予以"请示"，最高人民法院经过研究给予"批复"等。最高人民法院有些出版物的主要功能就是通过刊发最高人民法院的批复、司法解释等，对地方各级法院的工作进行指导。其实，更为重要的是，通过对这些出版物的编辑、发行等管理工作，最高人民法院无疑是在有意无意地向地方各级法院展示自己所享有的一种"领导"权力。如

---

① 《人民法院报》，2001 年 3 月 29 日。

为配合《人民法院报》的宣传征订工作，最高人民法院要求各级法院的庭、处、科、室和人民法庭都要订阅《人民法院报》。① 此外，为配合《最高人民法院公报》的发行，最高人民法院办公厅也曾发文指出：

> 公报创刊时已3年有余，仍有极少数人民法院未订公报；有的人民法院订阅份数甚少，审判人员看不到。因此，有些适用法律问题，公报上已公布了最高法院的有关司法解释，审判人员因没有公报而不知晓；有的内部下发的文件，在公报上公布时，已作了适当修改，有的审判人员仍沿用原文件办案。对此，院领导最近指示：重申"法（办）发〔1985〕14号"、"法办〔1987〕65号"通知的精神：最高法院发出的内部文件，包括已刊登在《司法文件选编》上的文件，凡与公报公布的文件不一致的，均以公报为准。院领导还指示，为了正确适用法律，搞好审判工作，没有订《公报》或者订的份数甚少的人民法院，均应根据实际情况，适当订购和增加订购的份数，以满足审判人员的工作需要。②

像前述"要求各级法院的庭、处、科、室和人民法庭都要订阅"中的"要求"、"院领导最近指示"中的"指示"和"均应根据实际情况，适当订购和增加订购"中的"均应"，这些语词的使用无疑都在向我们传递着一个信息：最高人民法院和地方各级法院的关系与行政机关之间的层级关系何等相似！法院管理体制的行政化得到充分的体现。

（三）最高人民法院的出版物与中国法院制度的现代化转型

20世纪50年代以来，中国的法院制度正在经历由传统型法院制度向现代型法院制度的转变。在这个时代，现代化的法院制度始终是中国法院制度改革追求的目标，但是，由于传统型法院制度的影响根深蒂固，所以转型时期法院制度的运作必然会存在一定的矛盾和冲突。比如，法院制度的现代化要求法制话语勃兴的社会环境，要求司法的专业化，但是从目前来看，中国法官的整体素质严重影响着专业化司法的建构，制约着法院制度现代化的进程。③ 当然，在中国法院制

---

① 参见林准：《在全国高级法院院长电话会议上的讲话》，载《人民法院年鉴·1992》，人民法院出版社1995年版，第567页。

② 资料来源：法律教育网：http//www. chinalawedu. com/news/2003_9/309280。

③ 详见左卫民、周长军：《变迁与改革：法院制度现代化研究》，法律出版社2000年版。

度的现代化进程尚未结束以前，我们不可能完全套用现代型法院制度的运作标准来支撑目前法院制度的运作，只能根据当前法院制度自身的特点和所处的社会环境，来寻找支撑其运作的特定手段和方式。最高人民法院出版物的出现，便是支撑这种特殊形态的法院制度运作的手段之一，它不但适应并在一定程度上促进了现代型法院制度建构所需要的法制话语环境，而且还适应了传统型法院制度中司法专业化程度不高的现实。

具体而言，现代型法院制度的建构需要一定的法制话语环境，最高人民法院出版物的出现，是法制话语环境建设的必要手段，同时它还标志着我国的法制建设作为一种特殊的话语现象开始从大众话语中分离出来，而最高人民法院出版物的繁荣无疑意味着我国法制话语的勃兴，这在一定程度上有利于法院制度的现代化转型。如前所述，从1949年10月最高人民法院建立到1957年1月《人民司法》创刊，当时党和政府的工作重心是政权建设，以巩固政权，实现对社会的有效控制，虽然也着手进行法制建设，但是受"法律工具论"理念的影响，法制建设的重要性并没有凸显出来。《人民司法》的创刊为法制话语的表达、传递和体系建构搭建了相对独立的平台，提供了重要的场域。但是，后来受"左"的思潮和法律虚无主义理念的影响，"一讲依法办事，就好像是搞资产阶级的那一套"①，因此《人民司法》几度停刊，严重地影响了法制话语环境的建构。20世纪80年代以来，国家开始重视法制建设，法律制度对社会秩序的维护和促进功能日益彰显，使得其成为一种特殊的话语现象，并为社会公众所普遍认同。这样，社会就需要延续和扩大法制话语表达、传递和体系建构的平台，其结果就是法制刊物大量出现。在这种背景下，法院制度及其审判权的运作也开始逐渐地褪去行政化的外衣，展现其独立的特质。当然，在这个过程中，传统观念和制度的束缚成为法院制度和审判权运作"去行政化"的最大障碍，而为了适应社会发展的需要以及推进法院制度的现代化进程，最高人民法院也需要通过出版物的形式来传递和强化法院制度现代化的理念，以期促进法制话语环境的建构和发达。

此外，"在现代社会中，随着社会日益复杂化，法律规范也变得越来越具有抽象性和普遍性，因为只有这样他们才能协调组成社会的各种集团的利益与价值，由于同样的原因，解决纠纷或对其可能的解决方式提出建议的工作变得更为

---

① 林准：《在〈人民司法〉部分特约记者、通讯员座谈会上的讲话》，载《人民法院年鉴·1992》，人民法院出版社1995年版，第477页。

困难，更需要专门的训练。"① 因此，现代型法院制度的建构需要司法职业的专业化。但是长期以来，我国的司法专业化程度一直不高。这主要是因为在新中国成立后的很长一段时间里，审判活动基本上无法可依，作为裁判依据的主要是政策，所以并不要求法官具有法律专业知识，充当法官者只要是工农出身，政治面目清白，具备高小以上文化即可。而其中，军转干部由于具有较高的政治觉悟和素质而成为法官的主要来源。这种状况一直持续到 20 世纪 80 年代初期。1983 年修订《人民法院组织法》时，才增加"人民法院的审判人员必须具有法律专业知识"的规定。1995 年《中华人民共和国法官法》的颁布，标志着我国法官职业化进程的展开，它重申并强调了专业知识对法官职业的重要性，并将其作为法官准入的一个基本条件，具有重要的现实意义。但是，各级法院每年必须接受定额的复转军人仍然是一项政治任务。相比之下，每年进入法院系统的法律专业人才却少得可怜。这种现实的法官准入机会上的不平等，直接导致我国整个法院系统法官专业素质不高，不能完全适应审判工作的需要。

现代型法院制度的建构和运作需要司法的专业化和具有较高素质的法官来支撑，但是如前所述，我国司法的专业化程度不高和法官整体素质较低的现实，严重制约着法院制度的现代化转型。面对在职法官普遍缺乏法律专业知识的现实困境，为了提高法官的素质，最高人民法院一直在通过继续教育的方式，希望不断提高法官的职业技能和法学理论水平，使其对法律知识有广泛的涉猎和深刻的理解；同时希望通过这种方式不断增强法官的审判实践经验和技能，提高驾驭审判活动的能力。此外，最高人民法院还积极地通过出版物的形式来宣传法律专业知识，交流审判经验和技术，以期建构适应现代法院制度的语词和知识系统，在一定程度上对于提高法官的专业素质发挥着非常重要的作用。如在 20 世纪 50 年代，当时的法官主要通过《人民司法》来获得审判知识、掌握审判政策。而 20 世纪 80 年代以来，最高人民法院出版物的专业性更加突出、指导性愈加明显，对提高法官素质的帮辅作用得到进一步加强。这是因为在最高人民法院出版物中，除了《人民法院报》以新闻报道和政策宣传为主要功能外，其他的出版物无论是刊载的理论性论文还是典型案例的分析，一般都是由具有较高素质的法官（或专家、教授）做出的，再经过专业编辑的编审，体现着对法律规范含义和精神的正确理解，所以对于其他法官理解和运用法律规范、提高裁判技术有很大的

---

① （美）埃尔曼著，贺卫方等译：《比较法律文化》，三联书店 1990 年版，第 104 页。

帮助作用。

四、结语

通过前述分析，我们可以看出最高人民法院出版物的生成和存续是目前中国政治权力运作特点和法院制度的转型时期的司法环境决定的，它既是一种政治控制和社会治理的工具，承担者较强的政治性功能，如宣传员等，同时还是一种维系和推动审判权合理运作的技术手段，通过司法理念、法律知识、裁判技术、审判信息的传播和交流，提高法官的裁判水平，保障裁判公正。当然，如果从国外法治发达国家最高法院出版物的构造及其运作特点来看，我国最高人民法院出版物的运作与审判权的独立性诉求之间，的确存在一定的矛盾和冲突。比如审判权的独立性要求最高法院远离政治权力中心，以保证其超然的中立地位，最高人民法院出版物政治功能的担当显然破坏了最高人民法院的中立形象；审判权的独立性还要求最高法院尊重地方各级法院审判权的独立行使，使法官根据自己对案件事实和法律的判断做出裁判，不受上级法院的影响和干扰，但是最高人民法院出版物中各种审判参考类出版物的办刊宗旨定位于"重在指导"，在最高人民法院审判权威的至上性所形成的话语权的强大渗透力下，这类出版物对法官裁判活动的影响无疑是巨大的（这也是最高人民法院出版物功能发挥的社会和心理条件）。

上述矛盾和冲突的存在不容回避。但是，我们还应该看到，几十年来最高人民法院出版物规模逐步壮大和影响日益深远的现实，也反映出最高人民法院出版物运作机制的整体效果是值得肯定的。况且，一项法律制度的生成，是政治、经济、社会、文化等各种因素相互作用的结果，所以制度的演变也将是一个长期的过程。最高人民法院出版物功能的回归，有赖于中国法院审判权威的树立，法官整体素质的提高以及审判独立从理想到现实的转变；否则，在目前的司法环境下，由于最高人民法院的出版物仍然是一种行之有效的社会治理方式和审判权运作的辅助技术手段，所以可以预见：最高人民法院出版物仍会在今后较长一段时期内存续并保持其旺盛的生命力。

第九章　两大法系的刑事判例：传承与流变

受制定法和社会结构变迁影响，刑事判例在存续和发展的过程中，无论是英美法系还是大陆法系，都在经历着历史性的转变。尤其是在国际经济一体化和世界法律文化趋同的背景下，两大法系刑事判例在法渊地位和拘束力问题上的差异日益缩小。从未来的发展趋势来看，在刑事司法实践中，基于对法规范稳定性的考虑以及对公民权利的保障，一般都应禁止法官创设罪行规范，要求定罪量刑严格依据刑事制定法进行，另外，还需要肯定刑事判例的价值以充分发挥法官在刑事审判中的能动作用。

一、英美法系的刑事判例：传统的流变

在英国，早从 12 世纪到 14 世纪，王座法院的法官们便详尽地阐述了关于较严重的犯罪的规定。14 世纪，关于较轻的犯罪（即后来人们所知的"轻罪"）的规定也逐渐形成。后来通过法官在一些特殊案件中的裁决以及星座法院的活动，又创制了一些关于轻罪的罪名。王政复辟以后，普通法的法官又增加了一些轻罪的罪名。① 例如，不管有没有重罪，教唆犯构成独立罪，这是 1801 年布金斯案件首次形成的。从那时起，便成为一条刑法规则。在这长达几百年的刑事司法活动中，英国的普通法法官通过以个案判决确定刑法规范的方式，产生并完善了英国刑法。正如著名学者 G·威廉斯在他所编写的教科书中写道："现存的刑法体系是由法官给我们提出的。"②

在刑事判例产生的早期，刑事案件判例原则的产生与民事案件判例原则的产生并无多大的差异。但随着刑事司法实践活动的逐步深入，由于人权保障意识的

---

① （英）鲁珀特·克罗斯等著，赵秉志等译：《英国刑法导论》，中国人民大学出版社 1991 年版，第 7 页。

② （苏）C·克莉娜，羡励译：《当代英国刑事司法的特点》，《国外法学》1983 年第 1 期。

加强和适用对象的特殊性，刑事案件的判例原则产生规则也逐渐有别于民事案件判例原则的产生规则。民事案件方面的判例原则是通过法官认定的重要事实和建立在该重要事实上的裁决而产生的。而刑事案件判例原则的产生，一般说来与陪审团的裁判无关（陪审团的裁判可能是法官意料之外的，甚至与法官就适用法律的指导意见相反）。如果案件被提起上诉，则上诉法院所作出的与原法官就法律的指导意见直接有关的评论，就成为该案件所创立的判例。上诉法院所作的其他关于法律的说明，则被称为"附论"，即法官在判决中发表的非决定性意见。这些附论虽然可以对以后的案件发生具有说服力的影响，但它们决不能成为具有约束力的判例，其作用的大小取决于该法院的地位是否显赫。另外，治安法院法官在简易审判中所作的判决，以及经上诉以后由刑事法院作出的判决，也不能构成判例。如果上诉中的判决将在治安法院或刑事法院确认已得到证明的事实上作出，那么这种判决将构成具有法律约束力的判例。因此，现在我们在确定该案件的判例原则时，必须注意上级法院根据那些事实所作出的罪与非罪的结论性说明。①

在 19 世纪以前，英国刑法渊源还主要是由判例法构成的，尽管也存在一定形式的制定法，如诏令等。但它远不能动摇判例法在英国刑法渊源中的绝对地位。但是 19 世纪以后情况就不同了。这段时间，由于社会变革的急剧加速，判例法在近代社会中的价值受到怀疑，大量的刑事制定法纷纷出台。如《1861 年侵犯人身罪法》以及《官方保密法》等。进入 20 世纪后，这种趋势更加明显，如《1911 年伪证法》、《1913 年伪造罪法》、《1914 年破产法》、《1945 年叛逆罪法》、《1967 年刑事法》、《1971 年刑事损害法》、《1976 年性犯罪法》（修正案）和《1978 年盗窃罪法》等。这些刑事制定法的大量出台，使刑事判例法渊地位的绝对性受到影响，刑事制定法逐渐取得并巩固了自己在英国刑法渊源中的地位。但是由于受判例法传统的影响，英国普通法法官们已经形成了固定的思维模式，在法律适用上，刑事判例仍然受到刑事法院法官的青睐。正如 G·威廉斯所指出的，"在英国，已通过的法律还不是法律，因为它是死的，只有法官采用时，才成为法律禁止和法律命令。在审理具体案件时，法官可以不用该方面的现有法

---

① （英）鲁珀特·克罗斯等著，赵秉志等译：《英国刑法导论》，中国人民大学出版社 1991 年版，第 9 页。

律，并可以自己就未受立法调节的问题作出判决。"① 比如 1969 年通过的《青少年法》第四条规定，除杀人罪外，刑事责任年龄的起点为 14 岁。而按普通法，追究刑事责任的起点为 10 岁（1763 年确定）。在司法实践中法官并没有接受立法的约束，仍然适用普通法规则，而使制定法的效力大打折扣。

　　除此以外，在 19 世纪以前，有关刑法总则（犯罪的概念、构成要件、刑事责任以及刑罚体系等问题）和刑法分则（具体犯罪和法定刑等问题）的内容都是在判例中确定下来的。19 世纪以后，随着制定法的大量出现，刑法的内容统一由判例予以确定的局面有所改观，犯罪开始逐渐地规定在刑事制定法中，即在由上议院和众议院正式通过并得到王室批准的议会法令中加以规定。这些犯罪中的大多数起初都是通过判例确定的罪名，只是在制定刑事法律的过程中，对这些原属普通法的罪名适时进行了修改，使之更符合社会发展的需要。而其中也有一些是刑事制定法创制出来的新罪名。如在《1908 年惩治乱伦法》通过以前，尽管近亲属异性之间的通奸行为被认为是不道德的，但并不被认为是犯罪行为。而该法却使这类行为犯罪化。在把道德责任较轻的行为规定为犯罪——即犯罪化方面，议会一直是十分活跃的，确实可以说，当代绝大多数罪名都是由制定法创制的。但是在这里我们应当注意四个问题：1、刑事制定法并没有涵盖刑法中的全部罪名。现在仍然有一些只存在于普通法中的犯罪，即这些犯罪的定义不能从刑事制定法中去寻找，而必须从判例中去发现。2、保留了法官在刑罚适用上享有一定程度的绝对裁量权。在莫尔斯一案中，刑事上诉法院确定了这样的规则：如果对一种普通法上的犯罪的刑罚没有由制定法加以规定，那么法官就有权自行斟酌决定判处刑罚。3、刑事制定法几乎不涉及刑法总则问题，这些问题原则上仍旧在判例中予以确认。4、新罪名创制权的变化。在 20 世纪 70 年代以前，在英国一直坚持这样的理论，即法院随时保留创制新罪名的权力，所以新罪名一方面通过刑事制定法创制，另一方面也仍旧在判例中予以确认。但在现代社会中，这种做法显然同罪刑法定原则相悖离，所以 1972 年上议院在"克努勒股份有限公司诉检察长"一案的判决中，"否决了法院在创制新罪名或扩大现有罪名以致把那些迄今还不受处罚的行为规定为应受处罚的犯罪行为方面所残留的权力"。②

---

① （苏）C·克莉娜，羡励译：《当代英国刑事司法的特点》，《国外法学》1983 年第 1 期。
② （英）鲁珀特·克罗斯等著，赵秉志等译：《英国刑法导论》，中国人民大学出版社 1991 年版，第 9 页。

在美国，从 1607 年到 1776 年这段时间（即从英国殖民者在北美开辟第一块殖民地时起到美国独立止的这段时间），殖民者在刑事司法实践中直接适用英国的普通法。在美利坚合众国成立以后，基于国家主权原则，美国停止了英国普通法在美国的直接适用。但是由于历史的联系，美国明显地接受了英国的刑事法律。这种接受过程是通过以下方式来完成的：一是在特定的制定法中认可英国普通法的某些部分；二是通过法院判例引进普通法的某些部分；三是制定总则性法规或者通过宪法性条款来接受英国法。然而，美国在通过主权行为接受英国普通法的同时，却开始了法典化运动。法典化运动，一方面受到英国本土刑法改革运动的影响，另一方面也是美国社会发展的必然要求。尽管法典化运动在美国有着极其不平凡的经历，但是我们庆幸地看到，正是法典化运动的影响，美国的刑事制定法才呈现出强劲的发展态势。到 20 世纪初，多数州的立法机关制定了处理犯罪的法规或条例。截止到 1980 年，普通法罪已法典化的州和地区有 24 个。在当代，美国刑事法律的发展所面临的一个重要问题是制定统一的刑法典。早在 1931 年，美国法学会（American law Institueate）就拟制了《模范刑法典》（model Penal Code），尽管这种《刑法典》本身并没有法律约束力，但无疑对美国刑事法律法典化运动有着巨大的推动作用。当然，从法律样式来看，美国仍然是一个普通法国家，判例在美国的刑事司法实践中发挥着举足轻重的作用。一方面，有时制定法也只规定了部分犯罪，而另一些犯罪则仍应依据有效判例来确定罪名。即使在全部犯罪都规定在制定法中、废除法官创新罪名和法定刑的权力情况下，并不意味着废除在判例中确定刑法原则的判例制度。这时，法官虽然不能依据普通法来定罪，但仍可以引用体现某个普通法原则的判例来作为判决理由；另一方面，判例对刑事制定法的解释也发挥着重要作用，尤其是法官之间对同一案件有不同意见时，判例就会作为一种立论根据体现在"判决理由"中。诚然如此，毕竟我们应当看到，受刑事制定法的影响，判例在刑事司法实践中的地位和作用已经今非昔比了。

二、大陆法系的刑事判例：制度的生成

大陆法系是以法典法为基本特征的。基于对法的确定性的认识，大陆法系法官们在旧实证主义思想的影响下，形成并保持了一种"三段论"式的审判风格，

即裁决案件不过是通过归类活动把特定的法律规则适用于争议的事实。① 就刑事司法活动而言，也是如此。在大多数大陆法系国家都有自己的刑法典，为了树立并维护刑法典的绝对权威，刑事法庭的法官把自己的活动严格限制在刑事法律预设的范围之内；奉行罪刑法定原则，坚决杜绝法官法外定罪、法外用刑。在他们看来，法外定罪、法外用刑（即罪刑擅断），严重地破坏了刑法的价值。所以刑事判例之于刑法典，无异于洪水猛兽。

当然，这只是对大陆法系早期遵循严格规则主义的描述。随着社会的不断发展，人们逐渐认识到严格规则主义在求得普遍正义的同时，却以牺牲个别正义为代价，而使法律僵化，不利于法的发展。因为人的认识能力毕竟有限，寄希望于一部刑法典囊括整个社会中犯罪行为的方方面面，即使是再伟大的立法者也会望洋兴叹。正如木村龟二先生所言，"罪刑法定主义要求犯罪的定型化，不过，只以法律的规定，即使多么精密的表达记述犯罪的成立要件，犯罪的定型化也只能抽象地规定。由于就各个具体的案件法院所下判例的积累，犯罪定型的具体内容开始形成起来，承认判例有这样意义的形成机能，不但不违反罪刑法定主义，实际上毋宁说是罪刑法定主义的要求，此外，对否定犯罪成立或可罚性的判例的机能，也与罪刑法定主义没有矛盾。"② 绝对的严格规则主义无限夸大人认识能力的至上性，否定真理认识的过程性，注定了它的夭折。这样，在充分肯定严格规则主义合理性的前提下，以罪刑法定原则为基础，赋予法官一定限度的自由裁量权，对于那些不宜也不可能在刑法典中作出具体规定的问题，如罪与非罪的标准，此罪与彼罪的界限，相对确定法定刑的适用等，由法官在个案审判中针对不同案情酌情判决。尽管该判决没有法的效力，但由于事实拘束力的存在，无疑会对今后类似案件的审理产生一定的影响，因而在大陆法系各国的刑事司法实践活动中也发挥着重大的作用：一方面，它在一定程度上担负着刑法司法解释的功能。这点与英美法系不同，因为"在一个法和统治者的政策密切联系并且对议会所体现的人民主权公开表示巨大关怀的国家里，很清楚，判例的作用应在可能做到的范围内严格限于'解释'法律，而不得创制法律规范"；③ 另一方面，它对于确保刑事判决的一致性，进而维护并体现刑事法律的公正价值具有不可替代的

---

① （德）K·茨威格特等著，潘汉典等译：《比较法总论》，贵州人民出版社1992年版，第466页。
② （日）木村龟二：《刑法总论》，有斐阁1984年版，第21页。
③ （法）勒内·达维德等著，漆竹生译：《当代主要法律体系》，上海译文出版社1984年版，第249页。

作用。

　　法国是典型的大陆法系国家。受分权思想的影响，在法国大革命中，法国法院因被视为旧制度的保守势力，而在革命后被剥夺了创造法律和干涉行政管理的权力。法典编纂运动的指导思想也是适应限制司法机关的权力这一主旨的，法典的面面俱到，为法官留下的自由裁量余地很小。随着实践的推移，法官就形成了一种观念：只能从法典中找出相应条款来解决案件。但现在就不一样了。目前法国最高法院经常发布重要的案例，并且加以研究和评论，每年修订一次的法国法典也会引用若干有影响的案例。而在德国法历史上，尽管受到法国大革命的影响，但是并没有沿袭法国的司法模式，在很长的时间里一直保持着自己精密立法和司法的传统。然而，随着时间的流逝，传统也在慢慢地流变，判例制度正在悄悄地生成。目前先例之于德国司法的重要性是非常显著的。德国法承认，从某些所谓的"有指导性的案例"（leading cases），可以引申出新的法律原则，而且下级法院不得随意偏离由一系列联邦法院（主管刑事或民事）案例支持的法律原则。当联邦法院中的一个审判庭，可能偏离另一个审判庭以前的判决时，前者必须将有争议的法律问题提交大审判庭，大审判庭再以特别裁定做出决定。①

　　在日本刑事法律的发展过程中，二战前因为采用了法国和德国的司法制度，所以也呈现出大陆法系的传统特色。但是二战以后，由于受到英美文化的强烈影响，日本抛弃了法、德式的司法制度，而直接效仿英、美型的司法制度，其中也涉及了刑事判例制度，使日本的刑事判例较之其他大陆法系国家更具特色。表现之一就是日本《刑事诉讼法》明确规定，最高法院的刑事判例具有约束各下级法院的刑事判决的效力，凡认为和最高法院的判决相反的，均可成为上告的理由。在刑事判例的创制与编辑上，不但最高法院和各高等法院定期制作判例集，而且各下级法院也定期制作刑事判例集，用以指导刑事审判工作。重要的判例集有：《最高法院判例集》、《高级法院判例集》和《刑事？判日报》等。除此以外，还有私营杂志社出版的《判例时报》，定期刊载有影响的判例。② 另外，日本法学界对刑事判决之研究，"向甚活跃，不特有刑事判例研究会之组织，且有定期之判例刊物，学者间关于刑事判例研究之专著，亦多集成书，流行于世，但见其重

---

　　①　宋冰编：《读本：美国与德国的司法制度和司法程序》，中国政法大学出版社1999年版，第7页。
　　②　参见（日）西原春夫主编，李海东等译：《日本刑事法的形成与特色》，法律出版社，成文堂1996年版，第10—11页。

视判例批评与研究之一斑"。①

在我国台湾地区,司法院所属之最高法院设判例编辑委员会,刑事判例由刑庭庭长初步选定,提交刑事判例会议决定,然后由司法院核定,经过核定即成为正式的判例。如果最高法院各庭在审理案件时,有关法律上的见解与经司法院核定后的判例发生分歧,则应提请司法院变更判例会议决定是否变更判例。另外,司法院也设解释与判例编辑委员会,对判例进行编辑、整理。司法院和最高法院每年都定期制作刑事判例集,以指导下级法院的刑事审判活动。正因为刑事判例在刑事司法实践发挥着重大作用,所以备受法官和刑法学界的青睐。我国台湾地区的刑事判例制度具有以下特征:② 1、刑事判例具有先例拘束力,刑事裁判一经确定为判例后,则对各级法院具有法律拘束力,法官必须遵循判例所确立的法律原则;2、刑事判例的数量有限。在台湾,只有"最高法院"的刑事判决才有可能成为刑事判例,从而排除了地方各级法院的刑事判决成为判例的可能性。当然,并非"最高法院"的所有刑事判决都是刑事判例,能够成为判例的也仅是其中的一部分,且有严格的确定与变更判例的法定程序相约束。判例之外的其他判决对法官判案仅有一般的指导意义的影响力,而无拘束力;3、判例所体现的法律原则在"要旨"中得以明确的展示。在我国台湾地区,一项判决被采为判例公布时,一般都附有适当的"要旨",判例中隐含的法律原则与规范均体现于其中。

三、两大法系刑事判例制度的发展趋势

随着世界经济一体化进程的加速,经济全球化在保障国际经济秩序稳定的同时,也促进了文化、政治、法律等领域的全球化趋势,世界各国法律制度的趋同化倾向日益明显。就法律而言,因为"各国法律在职能上毕竟有相同或相近之处,不同国家的法律所赖以存在的政治、经济、文化和社会历史背景也难免会有某种程度的相似性,加之国际交往的存在,因此各国法律制度有时会呈现趋同化倾向。尤其在当今世界,在和平和发展已成为世界主题的政治经济背景下,随着科学技术的突飞猛进,以及国际交往的日益频繁,国际社会的法律发展已呈现出

---

① 洪福增译:《日本刑事判例评释选集》,汉林出版社1997年版,序言。
② 详见杨鹏会:《论对我国台湾地区判例制度的借鉴》,《政治与法律》2000年第2期。

强劲的趋同化趋势。"① 因此，"在经济和人权的双重压力下，法律的一些部分已经国际化了。"②

　　而就法律样式来说，两大法系的法律样式在一定程度上也同样呈现出趋同的倾向。通过本书的分析，我们可以发现，英美法系在沿袭判例法传统的同时，一方面通过合理限制法官创设罪行规范的权利，另一方面通过大量的国会立法，来逐步提升刑事制定法在刑事审判中的地位，并最终使刑事制定法成为刑事审判的主要依据。例如在今天的美国，绝大多数法院案件的审理，并不是以参照先例而解决的，而是根据对法规的解释结案的，可以说，不依据法规就能解决的案件几乎是零。即使采用了先例的案例中，也非单纯地套用，因为先例可以被赋予狭义的解释，也可以以提出事实或法律问题不同为由，使之与眼前的案件区别开来，甚至先例可以被后来的判决或立法完全推翻。③ 而大陆法系国家在固守成文法传统的同时，并没有使法律僵化，相反，法官们把握时机，在司法实践中大量适用刑事判例，并赋予其一定的拘束力，以弥补刑事制定法的缺陷，通过创造性的解释发展了法律，最大程度地保障刑事司法的公正和统一。正如美国著名大法官卡多佐所指出的，"如果有一组案件所涉及的要点相同，那么各方当事人就会期望有同样的决定，如果依据相互对立的原则交替决定这些案件，那么这就是一种很大的不公。如果在昨天的一个案件中，判决不利于作为被告的我；那么今天我是原告，我就会期待对此案的判决相同。如果不同，我胸中就会升起一种愤怒和不公的感觉：那将是对我的实质性权利和道德权利的侵犯"。④ 其实，"普通法与大陆法都有不同程度的遵循先例的原则作法并不算是一件稀奇事，毕竟法律适用要求统一性和确定性，这就是说对类似案件应有类似处理方法，这一点正是法治社会的共同信念。"⑤ 就此而言，一方面基于对法规范稳定性的考虑以及对公民权利的保障，禁止法官创设罪行规范，定罪量刑严格依据刑事制定法进行；另一方面又充分发挥法官在刑事审判中的能动作用，肯定刑事判例的价值，这无疑将是两大法系法律样式发展的最终模式。

---

① 李双元：《法律趋同化：成因、内涵及其在公法领域的表现》，《法制与社会发展》1997 年第 1 期。

② （法）马蒂著，罗结珍等译：《世界法的三个挑战》，法律出版社 2001 年版，中文版序言。

③ 宋冰编：《读本：美国与德国的司法制度和司法程序》，中国政法大学出版社 1999 年版，第 7 页。

④ （美）本杰明·卡多佐著，苏力译：《司法过程的性质》，商务印书馆 1998 年版，第 18 页。

⑤ 宋冰编：《读本：美国与德国的司法制度和司法程序》，中国政法大学出版社 1999 年版，第 7 页。

四、两大法系刑事判例法渊地位之比较

（一）英美法系刑事判例的法渊地位

英美法系刑事判例的法渊地位是不容置疑的。在英国普通法形成和发展的早期，刑事判例是当时英国刑法唯一的法渊，有关犯罪、刑事责任和刑罚的一切问题都是在刑事判例中确定下来的。即使在 18 世纪以后，英国制定法大量出现，也并没有从根本上动摇刑事判例的法渊地位。在实现刑法功能的过程中，刑事判例仍然担负着巨大的使命，因为受法律传统的影响，法官在刑事司法实践中更倾向于从刑事判例中寻找依据。在美国，尽管由于独立后随即而来的法典化运动的影响，刑事制定法在刑事司法实践中的地位和作用当然比刑事判例重要，但并没有人因而怀疑刑事判例的法渊地位。况且在刑事司法实践中，由于"一些联邦法典除了外观以外，并没有表达与欧洲法典同样的文化内涵"，所以，"在处理具体案件时，法官并非只在法典中寻找依据，相反，他可以也经常地依据其他法律渊源。"[1] 我国也有学者通过分析美国刑法的特点指出，"源于英国并在美国各州得到了不同发展的关于惩罚犯罪的普通法" 也是美国刑法的基本渊源（basic sources）。[2]

如果说判例法作为刑法的唯一渊源，刑事判例的法渊地位不足为奇的活，那么在刑事制定法异军突起并占明显优势的情况下，刑事判例的法渊地位缘何得以保持，便不能不引起我们的思考。毋庸置疑，在这种情况下，刑事判例的法渊地位之所以得以保持，最主要的原因当然在于英美历史主义判例法传统根深蒂固的影响。如前所述，刑事判例经历了近八个世纪的发展过程。在这将近八个世纪的发展过程中，已经形成了别具特色的刑事判例制度，而与之相适应的司法机构和刑事司法制度也建立并逐渐完善。特别是长达八个世纪的发展过程，已经使其法律职业者形成了一种与之相应的思维模式，即演绎推理，或者称之为"从判例到判例推理"。推理的过程可以描述为："法官通过一系列个别先例开始他的判决过

---

① （美）埃尔曼著，贺卫方、高鸿钧译：《比较法律文化》，三联书店出版 1990 年版，第 51 页。

② 储槐植：《英国刑法》，北京大学出版社 1987 年版，第 10 页。

程，这些先例是当事人的律师在他面前做的最切题而引证的先例。在这些先例中，法官确认某些规则，即特定具体的现实问题的解决办法。法官也考察这些规则，如何被其他先例限制、扩大和改进，然后，不断地认真思考相关的实际问题，逐渐地从这些规则当中抽出高层次的‘原则’和‘准则’，他运用这些原则和准则对面前的案件推导出试验性的解决办法；然后则针对相似案件的背景检验他的解决办法是否合适，最后作出判决。"① 对于英国人来说，他们尤其注重经验主义和这种"从案件到案件"循序渐进的习惯。他们把通过制定适用于整个生活领域的一般法规来预先规定相似案件的结果，看作是危险和不自然的，而奉行"船到桥头自然直"的信条。以至于美国著名大法官霍姆斯在他 1881 年出版的《普通法》一书中指出："法律的生命是经验而不是逻辑。"

传统是在长期的刑事司法实践中形成的，这便决定了传统的变革也将是一个漫长的过程。在英国，刑事制定法的出现是为了消除社会和经济的弊端，同时也是为了弥补判例法的不足。由于刑事制定法的普遍性和确定性更利于体现刑法的人权保障机能，也由于当时世界范围内的刑法法典化运动的影响②，英国刑事制定法的地位和作用才得到显著的提高，在刑事司法实践中刑事制定法的效力要高于判例法，在二者相抵触时，要依据制定法。但是很明显，刑事制定法地位和作用的变化是外界压力所使然，而非刑事判例发展的必然趋势，而且这种变化是在很短的时间内发生的。这样一来，必然导致法律适用与思维方式的矛盾运动；毕竟制定法的适用属于归纳推理，而英国普通法法官们已经习惯了演绎推理，所以法官们在司法实践中还会不自觉地倾向于从刑事判例中寻求依据，尽管受到了严格的限制。由此决定了这种过多地依赖传统的法律思维方式的彻底改变尚需时日。

另外，英美法系的刑事制定法和判例法有着密切的联系，除了个别新罪名直接通过刑事制定法予以规定外，大部分刑事制定法中的犯罪是对原判例法中犯罪的修改和补充。所以，刑事判定法的适用离不开刑事判例，刑事判例对于刑事制定法的解释和理解具有不可替代的作用。况且，在英国和美国的个别州，刑事制定法尚未法典化③，只表现为零零散散的单行刑法和从属性立法。这样就决定了

---

① （德）k·茨威格特等著，潘汉典等译：《比较法总论》，贵州人民出版社1992年版，第465页。

② 这段时间先后出现了1816年《法国刑法典》，1852年《奥地利刑法典》，1858年《土耳其刑法典》，1871年《德国刑法典》和1880年《日本刑法典》，进入20世纪以后，几乎所有的大陆法系国家都颁布了刑法典，而美国的有些州也相继颁布了刑法典。

③ 在英国，1878年，1879年和1880年，刑法典草案曾一再被提交议会，但始终没有被通过。

刑事制定法的调控范围十分有限，大部分调控功能是由刑事判例来实现的。而且，在英国尽管制定法可以改变普通法，但是如果制定法没有明示或默示规定更改普通法，则该普通法就继续有效，从而使刑事判例继续保持其法渊地位。

（二）大陆法系刑事判例的法渊地位

在大陆法系各国，对刑事判例的法渊地位问题一直持否定态度。之所以如此，一方面是因为在长期的司法实践中大陆法系法官已经形成了对制定法规则的依赖心理；另一方面，更为重要的是由大陆法系各国"三权分立"的政治制度所决定的。

大陆法系在历史上是以法典法为主要特征而区别于英美法系的。法典法的普遍性和确定性使法律获得了安全和效率，以及实现了对一般正义的追求。它以"法律自动适用理论"为基础，认为只要涵盖力达到极值的法典能为各种问题提供充足的答案，严格规则的体系便可排除任何自由裁量的必要，法官的作用将成为纯粹机械性的。基于此，拿破仑曾经说过："将法律化成简单的几何公式是可能的，任何一个能识字并能将两个思想联系在一起的人，都能作出法律上的裁决。"① 在这种理论的影响下，大陆法系的法官在司法实践中便形成了归纳推理的思维定势。这种思维方式，不同于英美法系建构在经验主义基础上的演绎推理，而属于理性主义或旧实证主义的范畴。他们认为，裁决案件只是通过归类活动把特定的法律规则适用于争议案件。由此，面对一个刑事案件，大陆法系法官所要做的工作，一是认定事实；二是选择适用于该案的法律规范。即使后来大陆法系认识到成文立法的局限性，摈弃绝对的严格规则主义，而赋予法官自由裁量权，但并没有使大陆法系法官这种"从原则到个案"的思维定势发生质的变化。所以，尽管存在刑事判例，但是大陆法系的法官们习惯于并坚持从制定法中寻找依据，而否认刑事判例的法渊地位。当然，否认刑事判例的法例地位，并不意味否认刑事判例在刑事司法实践中的重要作用。

另外，大陆法系法典编纂的浪潮是在欧洲大陆资产阶级革命取得胜利的基础上进行的。资产阶级在取得国家政权以后，受国家实证主义思想的影响，普遍地建立了"三权分立"的政治制度，目的在于"用权力制约权力"，防止国家权力的异化，巩固新生政权。根据"三权分立"学说，立法权由立法机关行使，司法

---

① 徐国栋：《法律局限性之处理模式分析》，《中国法学》1991 年第 5 期。

权由司法机关行使。由于强调"三权"之间的绝对分立，所以，"三权"之间的界限应当是非常明确的，其中更加侧重对司法机关立法权的绝对禁止。由于立法机关同统治者的意志有着密切的联系，统治者通过立法维护自身的利益，巩固自己的统治，而法院"只不过是一个审判机关，不得对未经法律预先规定的行为科处刑罚。""裁判官的性质，仅仅是依法律而发音之口"。（孟德斯鸠语）所以，从理论上说，刑事判例不可能取得法渊地位。正如美国著名法学家梅里曼指出的那样："司法判例不是大陆法系的法律渊源。如果判例对其后法院判决案件有拘束力，那必然违反禁止法官立法的原则。"[1]

当然，在当代社会里，随着刑事判例在大陆法系各国刑事司法实践中的作用不断增强，也有学者指出："罪刑法定主义要求犯罪的定型化，不过，只以法律的规定，即使用多么精密的表达记述犯罪的成立要件，犯罪的定型化也只能抽象地规定。由于就各个具体的案件法院所下判断的积累，犯罪定型的具体内容开始形成起来，承认判例有这样意义的形成机能，不但不违反罪刑法定主义，实际上毋宁说是罪刑法定主义的要求，此外，对否定犯罪成立或可罚性方面的判例的机能，也与罪刑法定主义没有矛盾"，因而承认刑事判例的法渊地位。[2] 但是，毕竟如空谷足音，应者寥寥，并不能改变大陆法系刑法学界对刑事判例法渊地位的传统认识。

五、两大法系刑事判例拘束力之比较

（一）英美法系刑事判例的拘束力

从前述刑事判例的历史来看，在英国，刑事判例的拘束力经历了从无到有的发展过程。当然，这里应当注意，并不是英国所有的刑事判例都有拘束力。就目前来看，有拘束力的刑事判例包括以下几类：

1、上议院的刑事判决对于其他法院来说，是有拘束力的判例，一般情况下

---

[1] （美）约翰·亨利·梅里曼编著，顾培东、禄正平译：《大陆法系》，知识出版社1984年版，第51页。

[2] （日）木林龟二：《刑法总论》，有斐阁1984年版，第21页。

上议院本身也受其刑事判例的拘束。上议院是否受其判例的约束，依其判例的种类而有所不同。就非刑事判例而言，现在上议院一般不受其判例的约束，因为"过于僵硬地恪守先例，可能造成特定案件的不公正，并且会不当地限制法律的适当发展。"① 就刑事判例而言，"为了刑法内容确定性的需要，上议院必须在确信自己有充足的理由时，才可以否定自己以前所作的某个刑事判决。上议院的正式主张说明，它不会轻易否定自己以前的判决，如果有许多定罪判决都根据该判决时就更是如此。"②

2、上诉法院的判决对于下级法院和其自身，都是有拘束力的先例。但是1944年，在"杨诉布里斯托尔飞机股份有限公司"一案中，上诉法院明确宣告了三项例外规则：①法院有权并且有义务决定在它自己的两个相互冲突的判决中将依循哪一个判决；②如果根据法院的意见，认为它自己的一项判决同贵族院（上议院）的一项判决不一致，即使没有明文予以规定，该法院仍有义务拒绝依循它自己的判决；③如果法院认为自己以前的判决是出于粗心大意作成的，该法院就没有义务依循该判决。③

除此以外，无论是高等法院还是下级法院的法官所作的判决，甚至英国枢密院司法委员会的判决，都没有拘束力。另外，应当说明，就是在上述有拘束力的刑事判例中，并非该判例的每一部分都有拘束力。英美法系的判决一般而言，都包括①对案件事实的裁决，可分为直接的和推论的两种；②法律原则的陈述，即判决理由；③综合①②所作的判决。就这几部分而言，只有判决理由才是判例的拘束力赖以存在的基础。而其他部分则被称为"判决附论"，它是判例中不具有任何拘束力的部分，尽管在司法实践中也产生一定的影响，但绝不是严格意义上的"法的形式"。④

基于对法的稳定性的考虑当是维系英美法系刑事判例拘束力的关键。普通法的发展历史告诉我们，判例的价值就在于它的适应性，正如英国著名的法社会学

① （德）K·茨威格特等著，高鸿钧译：《普通法与大陆法中发现法律的方法和程序》，《法学译丛》1991年第2期。

② （英）鲁珀特·克罗斯等著，赵秉志等译：《英国刑法导论》，中国人民大学出版社1997年版，第10页。

③ （英）克里夫·施米托夫著，潘汉典译：《判例应当具有拘束力吗?》，《法学译丛》1983年第3期。

④ （日）高柳贤三著，杨磊、黎晓译：《英美法理论》，西南政法学院1983年印，第52页。

家梅因指出的，"社会的需要和社会的意见常常是或多或少走到'法律'的前面的。我们可能非常接近地达到它们之间的缺口的接合处，但永远存在的趋向是要把这缺口重新打开来。因为法律是稳定的，而我们谈的社会是进步的，人民幸福的或大或小，完全决定于缺口缩小的快慢程度。"[①] 为了调和法律同社会发展之间的矛盾，梅因提出了三个有价值的命题，"法律拟制"、"衡平"和"立法"，法律拟制，"是要用以表示掩盖，或目的在掩盖一条法律规定已经发生变化这事实的任何假定，其时法律的文字并没有被改变，但其运用则已发生了变化。"[②]而判例正是以"法律拟制"为基础的，它在调和法律同社会发展之间的矛盾，缩小"缺口"方面发挥着重要作用。稳定性是法最根本的特征，缺乏稳定性的法的权威是值得怀疑的，而其实施效果便可想而知。所以，判例法之为"法"，便不能缺少"法"的稳定性。而判例的拘束力正是维系判例法稳定性的根本保证。尽管近几十年来，非刑事判例的拘束力正面临着巨大挑战，但是，刑事判例适用对象的特殊性，决定了保持刑事判例稳定性的特殊价值。在一定程度上继续保持刑事判例的拘束力，无疑是英国刑法学界的共识。正如鲁珀特·克罗斯先生所言，上议院"在判决的连贯性与公正审判之间更重视前者。"[③]

在美国，由于在建国初期便受到法典化运动的影响，制定法在司法实践中地位和作用要远远大于普通法。况且，"美国的法律出版社每年出版数以百计的司法判例，而对它们不加以批评地选择，材料的数量如此之多，以致确实不可指望顾及全部有关的先例。除此之外，美国的政治、社会和经济的发展如此富有戏剧性，在法律秩序内容方面随之而来的变化又如此之迅速，以致各个高级法院从未采取它们应绝对受自己先前判决拘束的观点。"[④] 但就刑事判例而言，尽管其作用已降低到"解释"法律和提供例证的地步，但是，由于它仍是美国刑法的重要渊源，所以其拘束力不容置疑，对于维护刑事司法的公正发挥着巨大作用。

（二）　大陆法系刑事判例的拘束力

在大陆法系，受法典法历史传统的影响，各国在普遍不承认刑事判例法渊地

---

① （英）梅因著，沈景一译：《古代法》，商务印书馆出版社 1959 年版，第 15 页。
② （英）梅因著，沈景一译：《古代法》，商务印书馆出版社 1959 年版，第 16 页。
③ （英）鲁珀特·克罗斯等著，赵秉志等译：《英国刑法导论》，中国人民大学出版社 1991 年版，第 10 页。
④ （德）K·茨威格特等著，潘汉典等译：《比较法总论》，贵州人民出版社 1992 年版，第 461 页。

位的同时，从理论上也不认可刑事判例的拘束力。之所以如此，一方面是由于刑事判例在大陆法系各国司法实践中的地位和作用决定的，另一方面，大陆法系各国"三权分立"的政治制度，也决定了刑事判例不具有拘束力。因为，如果判例对其后法院判决案件有拘束力，就必然违反禁止法官立法的原则，同"三权分立"制度相悖离。同时，由于刑事判例在大陆法系不具有法渊地位，所以刑事判例是刑事法律的适用结果，据以定罪量刑的是刑法（制定法）规范，而不是刑事判例确定的"法律原则"。

但是，理论终究是形而上的。刑事判例的拘束力目前已被越来越多的大陆法系法官们所接受，而成为一个不容忽视的现实。正如日本著名刑法学家西原春夫指出的那样，"从实质来看，判例如同法渊一般地约束着法院的判决"。[①] 这是因为，"判例的约束性对于同种事件必须承认同种法律效果这一保证判决公正的立场来说是必要的。下级审判基本上必须服从处理同类案件的上级审判，特别是有统一判例责任的最高法院的判决。"[②] 而且，依据日本刑事诉讼法第 405 条的规定，凡认为和最高法院的判决相反的，均可成为上告（向最高法院提出不服高等法院判决的申诉）的理由，从而为刑事判例的拘束力提供了法律依据。

（三）　结论

在人们对两大法系的传统认识中，判例法渊地位的差异，无疑是两大法系相区别的标志之一。然而，"今天，法律的主要渊源是制定法还是司法判决这一古老的问题，对于我们理解普通法与大陆法之间的基本区别帮助甚微。"[③] 通过以上对两大法系刑事判例法渊地位的比较，我们可以看出刑事判例也呈现出同样的发展态势，即：赋予大陆法系刑事判例法渊地位无异于一个神话；而受刑事制定法的影响，英美法系的刑事判例的法渊地位也正在经历着由主要法渊到次要法渊的转变过程，二者在法渊地位上的差异已经不是十分明显。与刑事判例的法例地位不同，通过以上的比较，我们可以看出，尽管英美法系刑事判例的法渊地位正在经历由主要法渊到次要法渊的转变过程，但是基于对刑法稳定性的考虑，刑事

---

① （日）西原春夫主编，李海东等译：《日本刑事法的形成与特色》，法律出版社、成文堂出版 1996 年版，第 10 页。

② （日）西原春夫主编，李海东等译：《日本刑事法的形成与特色》，法律出版社、成文堂出版 1996 年版，第 10 页。

③ （德）K·茨威格特等著，潘汉典等译：《比较法总论》，贵州人民出版社 1992 年版，第 363 页。

判例的拘束力并没有发生质的变化；在大陆法系国家，刑事判例对大陆法系法官们的刑事审判活动也正产生着越来越积极的影响，刑事判例事实上的拘束力已经是不争的现实。因为公正是刑法的基本价值，而刑事判决的公正无疑是实现刑法价值的重要途径。诚如西原春夫先生所言，为了保证判决的公正，而赋予刑事判例以拘束力，无论是从刑法理论还是从刑事司法实践而言，都将产生积极的影响。

第十章　中国的刑事判例：历史、现实与未来

考察我国法律渊源的历史发展过程，判例曾经作为我国古代社会的一个重要法渊，在社会治理过程中发挥着重要的作用。当前，除传统的英美法系国家外，大陆法系国家也同样重视判例在法律渊源体系中的地位和作用，然而我国自 20 世纪中后期以来，判例便从法律渊源的体系中逐渐淡出，只是到了 21 世纪初，最高人民法院才日益强调"判例"的作用。在此背景下，深入分析研究我国古代社会和近现代社会判例的历史演进，从中发现支撑判例制度存续和运作的社会文化因素，进而建构具有中国特色的判例制度，无疑具有重要的理论和现实意义。由于中国近代社会以来的判例主要以刑事判例为主，所以本章以刑事判例作为研究对象。

一、中国刑事判例的历史流变

（一）中国古代刑事判例的生成和发展

尽管法学界对我国当代是否存在判例的争议尚无定论，但是判例在我国古代的生成和发展却是不容争辩的事实。同时，由于古代社会"诸法合体，以刑为主"的法律结构体系特征，决定了刑事判例在我国古代判例法中的地位和作用。

1、刑事判例的形成阶段

与大多数国家一样，司法判决在中国社会早期的刑事司法活动中也发挥着重要作用。原因很简单，因为，"在人类初生时代，不可能想象会有任何种类的立法机关，甚至一个明确的立法者"。[①] 所以，这时的法律还没有达到习惯的程度，"它只是一种惯行。用一句法国成语，它还只是一种'气氛'。对于是或非惟一

---

① （英）梅因著，沈景一译：《古代法》，商务印书馆 1984 年版，第 5 页。

有权威性的说明是根据事实做出的司法判决，并不是由于违犯预先假定的一条法律，而是在审判时由一个较高的权力第一次灌输入法官脑中的"。① 但是，由于史料的缺乏，人们对司法判决在当时的作用也只限于理论上的探讨，尚不能进行实证分析。②

　　进入奴隶社会以后，随着国家的出现，司法机构和司法官吏相继产生。但是我们通过考察这一时期国家机关的设置可以发现，唯一缺少中央立法机关，立法权尽属国家最高统治者。这种"分权"的特点便决定了判例成为中国古代（奴隶制社会）的主要法律形式。况且，奴隶主阶级推行"刑不可知，则威不可测"和"临事制刑，不预设法"的刑事政策，在一定程度上限制了制定法的发展，而使司法判决无可争议地在刑法渊源中占有重要地位。只是到了奴隶社会后期，新兴的地主阶级为了获得统治权力，也为了打破奴隶主阶级垄断立法和司法的局面，才开始大量制定成文法。随着新兴地主阶级在各国相继取得政权，成文法的地位和作用也发生了显著的变化，标志之一便是判例在法律渊源中的地位急剧下降。但是在司法实践中，判例仍然发挥着重要的作用。"赋事行刑，必问于遗训"，正是对当时刑事司法中判例作用的描述。

　　商鞅变法以后，秦国奉行法家"严刑峻法"的刑事政策，"诸法皆有法式"，法网之严密，法条之繁琐，空前绝后。但尽管如此，秦统治者仍嫌不够，在保证并强化制定法效力的同时，还赋予司法判例以法律效力，这就是"廷行事"。所谓"廷行事"，即宫廷已行之事，就是具有法律约束力的判例。秦简《法律问答》中多处提到司法官吏可直接引用"廷行事"作为法律依据，定罪量刑。如"求盗追捕罪人，罪人格杀求盗，问杀人者为贼杀人，且斗杀？斗杀人，廷行事为贼"③。到了汉代，刑事判例在秦朝"廷行事"基础上形成了一种固定的法律形式——决事比，即经中央政府确认，可以用作断狱依据的典型案例。《周礼·秋官·大司寇》对决事比做了如下解释："其五条，取比类以决之，故云决事比。"④ 在汉代律、令、科、比四种法律形式中，比是数量最多的一种，据载，汉武帝时，"死罪决事比"就有13000多例。同时，为了适用的便利，汉统治者

---

① （英）梅因著，沈景一译：《古代法》，商务印书馆1984年版，第5页。
② 对此，梅因是通过对"thernis"的分析提出结沦的，而我国学者是从"皋陶造法"和"法"字的原始写法阐述的；也有学者指出当时是"无法司法"。
③ 张晋藩：《中国法律的传统与近代转型》，法律出版社1997年版，第235页。
④ 张晋藩：《中国法律的传统与近代转型》，法律出版社1997年版，第236页。

还将"决事比"分类汇编成册，典型的如以《春秋》经义决狱的典型案则《春秋决事比》。这些决事比的汇编，在方便适用的同时，无形中大大提高了刑事判例的地位，影响是非常深远的。

通过以上的分析，我们可以看出，这段时间刑事判例的法渊地位经历了从主要法渊到次要法渊的转变过程；而刑事判例的拘束力却一直得以保持；与法渊地位的转变过程相一致，刑事判例也经历了从定罪量刑的主要依据到补充刑事制定法不足与疏漏的转变过程。当然，这段时间刑事判例的产生尚无规则可言，任意比附，终成祸患。对此，《汉书·刑法志》一针见血地指出："其后奸滑巧法，转相比况，禁网寝密。律令凡三百五十九章，大辟四百（零）九条，（一）千八百八十二事，死罪决事比（一）万三千四百七十二事。文书盈于几阁，典者不能遍睹。是以郡国承用者骄，或罪同而论异，奸吏因缘而市，所欲活则傅生议，所欲陷则予死比。议者咸伤之。"[①]

2、刑事判例的成熟（制度化）阶段

为了克服法律繁冗造成的不良后果，也为了解决法律间的矛盾和冲突，规范法律的适用，早从汉代开始判例在形成程序上就具有了某些限制。[②] 晋时章帝"谳五十余事，定著于令"，即在判例基础上，经过归纳、概括和总结，形成法律规则，使之具有普遍的法律效力。这是判例规范适用的最初萌芽。

及至唐代，封建法制日趋成熟和定型，制定法在刑事司法实践中的主导地位已经确立，刑事判例的适用受到了严格限制。为了规范刑事判例的适用，《唐律·名例篇》明确规定了刑事判例的适用原则，即"诸断罪而无正条，其应出罪者，则举重以明轻；其就人罪者，则举轻以明重"。

而受《唐律》的影响，宋初刑事判例的地位和作用远不及刑事法律和敕令格式。在刑事审判中，"律"是最重要的法律依据，"凡律所不载者，一断以敕"。而"例"的适用较唐朝受到更大的限制，只有"律令敕式或不尽载，则有司引例以决"。如果对某一罪行，律令敕式和例的规定不一致，"无得用例破条"。然而到了北宋中后期，各种社会关系变动不居，法制更改频繁，刑事制定法的权威随其稳定性的下降而逊色。此时统治者为了对各种社会矛盾进行及时的调整，又重新开始重视刑事判例的适用，引例破法的现象极为普遍。一方面它保证了刑法

---

① 汪世荣：《中国古代判例法制度》，《判例与研究》1996 年第 1 期。
② 汪世荣：《中国古代判例法制度》，《判例与研究》1996 年第 1 期。

调控的及时性，但是另一方面却破坏了调控的统一性。这样，到了徽宗崇宁元年，开始大规模的"编例"活动，"各曹取前后所用例，以类编修，与法妨者去之。寻下诏追复元丰法制，凡元祐条例悉毁之"。这种编例活动一直沿袭到南宋。据载，"当是时，法令虽具，然吏一切以例从事，法当然而无例，则事皆泥而不行。"① 可见，此时在司法实践中，原为补充制定法不足之例，却成为主要的法律根据。

这个时期，刑事判例制度的一个显著特征便是其制度化，突出地表现为唐时刑事判例适用的规范化和宋代刑事判例的法典化——编例。当然，从历史发展的轨迹来看，刑事判例的制度化同刑事制定法的调控效果之间总处于矛盾运行状态：刑事制定法规范调控效果明显时，刑事判例的适用便受极严格限制；刑事制定法规范调控效果不明显时，刑事判例的适用便受到极其重视。尽管唐宋以来，我国封建王朝均强调刑事制定法的地位和作用，但是刑事制定法是以相对稳定的社会关系为调控背景的，社会关系的变动不定，必然影响刑事制定法的调控效果。随着社会的发展，刑事制定法只有不断地补充和完善，才会促进和保障社会的有序运转。然而"朝夕为改"又不足取，唯一可行的，就是在不影响刑事制定法稳定性的前提下，通过刑事司法判例来逐渐地改变制定法规范的原有内涵。但刑事判例的散见性，又有损刑法规范的统一性，所以刑事判例的制度化是其合理化的必由之路。

3、刑事判例的发展（定型化）阶段

明清时期，随着"因案生例"判例形成规则的确立，刑事判例的数量急剧增加，适用范围也逐渐扩大，"例优于律"的适用效力最终得以确立并加强，因而它是中国古代刑事判例最为发达的时期。

因案生例的判例形成规则，是指司法官在具体的司法活动中，对具体案件的裁判，认为应该通过该案总结、创制出特定的法律规范时，便在判决中附请定例，最高统治者以上谕的形式，在对该案做出批结的同时，可以概括出具体的、普遍适用的法律规范，这便是例。它在体现皇帝垄断立法权和司法权的同时，也认可了司法官在创制法律过程中的重要作用。当然，不可否认，此时判例是以"制定法（上谕）"的形式出现的。但是通过具体案件附请产生的例，仍然体现着特殊的判例法制度。因为，"就这种例的产生来看，其产生于具体案件的司法

---

① 《宋史·刑法志》。

判决，来源于特定案例；就这种例的形成程序来看，要经过司法官的附请，经过上谕的确定，离不开对具体案件的裁判程序；就这种例的适用来看，其赖以产生的具体案例是对其正确理解和适用的基础。这些具体的导致例的直接形成的案例，被称为'例案'。例案是例不可分割的组成部分，是准确理解和适用例的重要参考依据。"① 因案生例的判例形成规则，标志着中国古代的刑事判例制度发展的鼎盛时期。

在例的适用范围上，宋代可以用"法所不载，然后用例"予以概括，而明代则坚持"例以辅律，非以破律"的观念。在例适用效力上，按明代法制，律是正文，例是附注，有效之例与律并用，此谓"例以辅律"。但是，在具体案件的适用上却始终表现出例优于律的适用特色，而且得到了法律上的确认："如事犯在未注定例之先，仍依律及已行之例定拟。其定例内限年月者，俱以限定年目为断。例应轻者，照新例遵行。"② 到了清代，统治者极其推崇例在司法实践中的功能，"有例则不用律"，明确规定了律与例之间在适用上的先后顺序。正是由于明清两代实行"例优先于律"的适用制度，正式从法律上承认了长期司法实践中例优先于律适用的事实，从而形成了中国古代判例法优先于制定法适用的特色。

这一时期，尤其是清代还通过制定法的形式确定例的形成程序，限制例的操作与运行。《大清律例·断狱》"断罪引律令"律文规定："凡断罪，皆须具引律例，违者，笞三十。若数事共条，止引所犯者，听。"同时还规定，"承问各官审明定案，务须援引一定律例。若先引一例，复云不便照此例治罪，更引重例，及加'情罪可恶'字样坐人罪者，以故入人罪论。"为防止司法官吏任意引用未经入律之例，以行其私，进而维护中央的立法权，还规定，"除正律、正例而外，凡属成案，未经通告著为定例，一概严禁，毋得混行牵引，致罪有出入。如督抚办理案件，果有与旧案相合，可为例者，许于本内声明，刑部详加查核附请著定为例。"但是，封建社会后期复杂的社会关系和激烈的阶级对抗，加重了司法的负担，导致了例在适用范围上的不断扩张，进而破坏了制定法与判例法之间的协调关系。正如史料所载，"律既多成虚文，而例遂愈滋繁碎。其间前后抵触，或律外加重，或因例破律，或一事设一例，或一省一地方专一例，甚至因所例而生彼例，不惟与他部则例参差，即一例分载各门者，亦不无歧异。辗转纠纷，易滋

---

① 汪世荣：《中国古代判例法制度》，《判例与研究》1996 年第 1 期。

② 《大明律·名例》"断罪依新颁律"条。

高下。"①

（二）中国近代刑事判例的存续

晚清以降，随着西方政治势力的入侵，我国的政治、经济和社会结构发生了重大的变化。因难以适应这种急剧变化的社会形势，《大清律例》的效用日趋黯淡，几近名存实亡。迫不得已，清政府开始大规模的变法修律。在"各法之中尤以刑法为切要"的传统观念影响下，律典的修订工作以修改清朝最基本的法典《大清律例》为起点。1910年完成对旧律的修订。删节后的律文共389条，附例1327条，远远超出正文，称为《大清现行刑律》。其先在日本著名刑法学家冈田朝太郎的帮助下，又着手刑法的起草工作，1908年告成，定名为《大清新刑律》，它是中国历史上第一部近代化的刑法典。但是刑法典的完成并没有改变中国几千年来刑事司法的特点，在个案审判中，刑事判例发挥着比刑法典更为重要的作用。当然，这一方面是因为中国几千年来刑事司法观念的影响根深蒂固；另一方面，作为中国历史上第一部近代化的刑法典，《大清新刑律》以日本国刑法为蓝本，受日本刑法影响之深，不容置疑，与当时中国社会的政治和经济基础难以吻合。这样，对社会关系的调控，不得不依赖判例。

辛亥革命以后，由于当时新旧政权的更迭，导致新旧法制的递嬗而出现了法律调控的真空——旧法不能适用，而新法又不能及时出台。为了弥补刑事法律调控之不足，改变刑事审判中无法可依的局面，中华民国大理院的刑事判决便成为当时刑事法律最重要的组成部分。而北洋政府则继承封建法律传统，在司法实践中大量适用大理院的判例。根据《法院编制法》第45条的规定，凡大理院所作之判词，都具有法律效力，下级法院不得争论。从1912年到1927年，北洋政府大理院汇编的判例就有3900多件，而其中大部分是刑事判例。

1927年国民党南京政府成立以后，颁布了大量的刑事制定法，如1928年《中华民国刑法》和《暂行反革命治罪法》，1931年《危害民国紧急治罪法》、1936年《惩治盗匪暂行办法》等。但是，尽管如此，判例的重要作用仍为人们所关注。曾经为16年中华民国司法院院长的居正先生有言："法规对于裁判言，法规是造法，而裁判是法律适用"，"裁判对于执行言，裁判又变为造法，而执行才是法律适用。所以，立法就是司法，司法也就是立法。立法与司法只是量的区

---

① 《清史稿·刑法志》。

分，而非质的区别。""中国向来是判例法国家，甚似英美法制度"，"司法向来已经取得创造法律之权威"，"判例势力之伟大，实无可争辩"。① 在这一观念的影响下，在刑事审判过程中，法院大量适用司法院和最高法院的判例，甚至援引北洋政府大理院的判例。同时还进行判例汇编，如《最高法院判例汇编》、《最高法院刑事判例汇编》、《最高法院判例要旨》、《司法院解释最高法院判例分类汇编》等，极大地便利了刑事判例的适用，也促进了刑事判例的发展。以至于在后来我国台湾地区的刑事司法实践中，刑事判例迄今仍继续发挥着重要作用。最高法院仍然每年进行判例汇编，以指导下级法院的审判活动。而刑法学界对刑事判例的研究也方兴未艾，极大地丰富了台湾地区刑法学的理论内涵。

（三）刑事判例在当代中国的命运

1949 年 2 月，中共中央发布了《关于废除国民党的六法全书与确定解放区司法原则的指示》，指出人民司法工作不能再以国民党的六法全书为根据，人民司法机关的办事原则是：有纲领、法律、命令、条例、决议规定者，从规定；无规定者，从新民主主义的政策。② 新民主主义政权司法原则的确立，既体现了司法活动的人民民主专政性质，又保证了新民主主义政权法制的统一，具有重大的历史意义，对新中国法制建没的影响极其深远。当时，由于新民主主义政权集中力量进行革命建设，法制建设相对不足，在社会关系的许多方面法律调控还是空白，为解决社会矛盾不得不大量依靠党的政策。这种局面一直持续到 70 年代末80 年代初。可是党的政策毕竟不同于法律，它缺乏法律的规范性和稳定性以及制定、修改和适用上的严格程序性，用它来替代法律对社会关系进行调控，有损法律调控的民主性和科学性。而从中国法制发展的历史来看，由于新旧政权更迭而造成的法律调控的真空，很少适用政策来弥补，而多赖判例。这一时期中国法律制度的建构使延续了几千年的中国判例法制度从此中断，不能不说是中国法制史上的缺憾。

制定法规范数量的不足和判例法规范的缺乏对新中国法制建设的影响毕竟是显而易见的。早在 1962 年 3 月 22 日毛泽东同志就曾指出："不仅刑法需要，民法也需要，现在是无法无天。没有法律不行，刑法、民法一定要搞。不仅要制定

---

① 居正：《司法党化问题》，《中华法学杂志》第五卷。
② 高铭暄主编：《刑法学原理》，中国人民大学出版社 1993 年版，第 4 页。

法律，还要编案例。"① 在这一精神的指示下，最高人民法院规定运用案例的形式指导审判工作，由最高人民法院和高级人民法院选定案例，经中央政法小组批准，发给地方各级人民法院比照执行，实际具有约束力。在一定程度上弥补了制定法规范数量的不足。

1979 年《中华人民共和国刑法》诞生，从此结束了我国刑事审判无法可依的局面，是新中国法制建设中具有里程碑意义的一件大事。它的颁布，使刑事案例的选编工作停顿下来。但是，在"宜粗不宜细"立法思想的影响下，1979 年刑法典令广大司法工作者感到适用上的极大不便。为了改变这种状况，从 1983 年起，最高人民法院又开始发布各种案例。尽管这些案例同严格意义上的判例相去甚远。但是这些案例的发布，一方面弥补了我国 1979 年刑法典细化程度上的不足，另一方面也极大地便利了广大司法工作者通过个案的比较，理解和适用刑法规范，具有重要的历史和现实意义。

（四）结论

我国古代国情的特殊性，使得中华法系既不同于大陆法系也不同于英美法系。从判例在司法中的作用与创制效力看，有与英美法系相同之处；而从判例只是成文法的解释与补充而言，又有大陆法系的某些共同点，如果说大陆法系通过固定的法典来维持法律的稳定性，英美法系通过固定性的判例来维护法律的稳定性，那么中国古代则是通过固定的法典和可变的判例共同维持法律的稳定性和社会的稳定性：成文法典即使形在神驰，但价值存而不废；判例虽然因事而发，但通过编例，提升为法律规范而不至于乱，两者各有其存在的价值和历史作用，完全统一于多民族中央集权国家的需要。② 对这种法律模式，学者称其为"混合法"③，以区别于两大法系，充分反映了中国古代法制的特色。而这种"混合法"无疑在一定程度上正是当今两大法系在融合中所追求的价值模式。这当是中华法系留给我们的最宝贵的财富，面对中断半个多世纪的刑事判例，的确值得我们去深思。

---

① 《人民日报》，1978 年 10 月 29 日。
② 张晋藩：《中国法律的传统和近代转型》，法律出版社 1997 年版，第 235 页。
③ 中国当代著名法理学家武树臣先生就此问题多次著文予以论述。

二、中国刑事判例制度的重构

在我国的刑事判例研究与适用中断半个多世纪之后，我国的刑事法律制度已经发生了重大的变革。《刑事诉讼法》的修订，使我国刑事诉讼机制的运行实现了公正与效率双重价值；而《刑法》的修订，确立了罪刑法定原则，弥补了我国刑法典人权保障机能的缺陷。两部法律的修订，明确了我国刑事法律制度改革的方向，同时也要求刑事司法制度的各个环节进行相应的改革，以保障刑事法律的正确实施。对此，我国著名刑法学家高铭暄教授指出，当前我国刑法学界所面临的一个重大课题，就是要加强刑事判例制度的研究。① 充分地反映了我国刑事法律制度的发展对刑法学研究提出的客观要求。

（一）重构刑事判例制度的理论基础

尽管我国法学界对于当代中国应否采用判例法尚无定论，然而判例的价值却得到普遍的认可。遗憾的是，对构建刑事判例的理论基础问题，我国刑法学界尚未有学者进行全面、系统和深入的研究。偶有论述，也无不围绕着成文法的局限性这一论题展开阐述。

对于成文法的局限性问题，曾有学者专门撰文予以研究②，该问题的提出无疑是我国法学研究领域的一个重大突破。但是，笔者认为，由于各部门法调整对象的特殊性，在考虑构建判例制度的理论基础时，不能不顾及各个部门法的个性。成文法的局限性并不能成为各个部门法建立判例制度的必然根据，至少对于刑法而言如此。这是由刑法和其他法律在法律调控体系中所处的不同层面决定的。

法律对社会关系的调整，首先是民法、行政法、经济法等诸如此类的法律调整，它属于第一层次，旨在通过设定权利规范和义务规范，构建一个相对稳定的社会秩序。而刑法调控却属于第二层次，这种调控只有在第一层次的调控失调时才付诸实施，旨在通过刑罚这种手段来恢复被破坏的社会关系和社会秩序。就处

---

① 见高铭暄先生在 1996 年刑法学会上的发言。
② 徐国栋：《法律局限性的处理模式分析》，《中国法学》1991 年第 3 期。

于第一调控层次的法律而言，调控目的决定了法律必须提供尽可能多的行为规范，使法律调控的涵盖面实现最大化。这是法制社会的必然要求。但是，这项工作对于任何立法者来说都是可望而不可即的。因为，"立法是一项探求真理的认识活动，必受人的认识能力的非至上性的限制。尽管人类思维按其本性、能力和可能性，能够认识无限发展着的客观世界，因而有某种程度的至上性，但每一个人以至每一代人，由于受到客观事物及其本质暴露程度、社会历史的实践水平、主观条件以及生命的有限性等各方面条件的限制，其思维是非至上的。对于一定时期的人们来说，不可能达到绝对真理，对真理的认识永远是一个过程。"① 所以，"立法者不是可预见一切可能发生的情况并据以为人们设定行为方式的超人，尽管他们竭尽全力，仍会在法律中写下星罗棋布的缺漏和盲目。"② 鉴于此，立法者必须突破法律调控模式的封闭性，借助于一切可能的调控模式，来弥补法律调控自身的局限性。

　　然而，就处于第二层面的刑法调控来说，调控手段（刑罚）和对象（犯罪）的特殊性决定了其谦抑性。刑法调控的谦抑性也即刑法的谦抑性，即"立法者应当力求以最小的支出——少用甚至不用刑罚（而用其他刑罚替代措施），获得最大的社会效益——有效地预防和抗制犯罪"。③ 这是因为，一方面刑罚作为最严厉的调控手段，它直接关系到犯罪人权利的生杀予夺；另一方面，作为刑法调控的对象，犯罪是一种复杂的社会现象，是一个社会内部各种社会关系矛盾冲突尖锐化的极端表现，随着社会的发展变化而呈现不同的形态。这种社会现象是一个永恒的范畴，我们不可能指望通过刑罚来消灭犯罪，而只能尽可能将其控制在社会所能容忍的限度内。所以，刑法调控不能像第一层次的法律调控那样刻意追求调控广度的最大化，而应当在充分认识到犯罪的相对性和刑罚的有限性基础上，确立刑法调控必要性的标准：对于某种严重危害社会的行为，第一层次的法律调控难以奏效；而如果不动用刑罚手段予以调控，就不足以有效地维持社会秩序之稳定时，方可适用刑法调控。当然，同其他法律一样，我们必须承认刑法典规范内容的不完整性，刑法事实上不可能将所有应予刑罚制裁之不法行为，毫无遗漏地加以规范，因为犯罪之实质内涵并非一成不变，而是随着社会状况及价值观，

---

① 徐国栋：《法律局限性的处理模式分析》，《中国法学》1991 年第 3 期。
② 徐国栋：《法律局限性的处理模式分析》，《中国法学》1991 年第 3 期。
③ 陈兴良：《刑法哲学》，中国政法大学出版社 1992 年版，第 6 页。

相应地呈现浮动现象。那种迷信刑罚的威慑力，尤其是迷信重刑对未然之罪的遏制效果以及对已然之犯罪人的矫正功能的观点，是不足取的。① "因此，刑法规范的特点和刑法调控的特点决定了我们在设置反犯罪政策与措施时，绝不可惟刑法是赖，而应在刑法手段之外，另配合其他社会控制手段。"② 至于刑法调控真空的出现，不应像第一层次的法律调控那样及时予以弥补，而应当谨慎行事，绝不可轻易动用刑罚，只有该行为符合刑罚适用的条件时，方可以通过刑事立法的途径予以解决。刑法的局限性，或者说刑法规范内容的不完整性，也不能指望通过刑事判例来解决。因为在现代法制社会中，罪刑法定原则已成为刑法典民主化的一个重要尺度，它确保了社会保护机能和人权保障机能的统一，而在社会保护和人权保障的关系上，罪刑法定原则无疑更突出对人权的保障，这是刑法的世界发展趋势。此时，如果允许法官通过刑事司法判决实施刑法调控，无疑有悖罪刑法定这一根本原则。由此而言，刑法的局限性，毋宁说是我们在进行刑法调控模式的选择时，因为肯定了罪刑法定的价值取向，而不得不付出的必要的"代价"。

既然重构刑事判例制度的理论基础不在于刑法典的局限性，那又当何论呢？笔者以为，我们不应拘泥于刑法典的局限性去分析问题，而应关注刑事判例在刑事法制建构中的功能。

第一，刑事判例是刑法规范的生长点。英国著名法社会学家梅因在考察古代法时揭示了这样一个事实：判决先于习惯，司法先于立法。这一事实表明，司法具有独立于立法的品格，在一定意义上说，法是由法的完成者（法官）创造出来的：从成案到先例，从先例到规则，从规则到原则，这也许就是法典形成的过程，它符合从具体到抽象的思维逻辑。③ 而司法活动的一个重要载体便是司法判例。判例不仅是法的最初表现形式或渊源，而且是法赖以生长的依托物，只有通过它，并通过既相似又有差别的反复出现的同类案件，这种特殊的解决纠纷的原则和方法才能日益成熟并变成一项正式的法的规则。在我国刑法修订前，刑法"判例"的这种作用是比较明显的。比如《中华人民共和国最高人民法院公报》1990 年第 1 号上刊载的《马晓东侵占他人财产类推案》，人民法院依据原刑法第 79 条的规定，类推马晓东犯非法侵占他人财产罪，解决了在当时刑法没有具体

---

① 陈兴良：《刑法哲学》，中国政法大学出版社 1992 年版，第 6 页。
② 林山田：《刑法通论》，三民书局 1986 年版，第 14 页。
③ 陈兴良：《罪刑法定的当代命运》，《法学研究》1996 年第 4 期。

规定情况下的定罪量刑问题。此后，各地人民法院遇到类似案件一般都依此类推定罪量刑。除此以外，还有"阿利穆拉多夫·沙米利·哈吉——奥格雷劫持飞机案"等。经过一段时间的司法实践，在条件成熟后，通过刑事立法方式，先后在单行刑法中确定了侵占罪和劫持航空器罪。但是，这是在我国《刑法》修订前肯定刑事类推价值的情况下发生的。《刑法》修订后，废除了类推，确立了罪刑法定原则，此类"判例"当然也不复存在了。那么，刑事判例的这种作用是否也丧失了呢？显然不是。在遵循罪刑法定原则的前提下，对于那些严重危害社会但刑法却未予及时规定的行为，人民法院通过审理做出无罪判决，一方面捍卫了罪刑法定原则；另一方面，通过审理，发现对此类行为的规律性认识，为立法机关制定相应的刑法规范对此类行为实施调控奠定基础。例如我国《刑法》尚未使破坏投资基金管理制度的行为犯罪化，主要是因为修订当时，证券市场上的基金非常有限而且发放范围受到严格限制，这类行为的危害性还不是十分严重。但现在随着投资基金发放的市场化，此类行为的危害性势必越来越严重，囿于罪刑法寂原则，对这类行为仍应宣告无罪。但是，在对这类行为的无罪判决中，却凝集了人们对此类行为的规律性认识，为其犯罪化积累了经验。

第二，刑事判例作为刑法规范的有益补充，在完善刑法规范方面发挥着重要作用。如前所述，刑法也有其局限性。稳定性和普遍性使刑法在实现一般正义时，却以牺牲个别正义为代价。因为刑事立法所针对的是一般现象，而刑事司法面对的却是既有共性又有个性的具体案件。在实现刑法价值的过程中，理应注重个案之间的差异，使个别正义的牺牲降低到最低限度。这需要借助一定的中介因素来实现。在中介因素中，无疑最主要的还是人的智慧——法官的能动性。正是通过法官能动性的刑事裁判活动，把刑法规范同具体个案联结起来，使刑法实现从静态规范到动态调控手段的转变。当然，这还不够，还必须依靠刑事判例。因为法官在刑事裁判活动中的智慧，如果不以某种形式固定下来，便不会被人们认识并接受，也不会产生应有的效果，而刑事判例，正是固定这种智慧的一种特殊形式。它除了具有一般刑事判决的既判力外，还承担了实现刑法规范功能的作用，即完成从一般规范到个案适用规则的转变过程。因为，刑法规范的概括性是刑法规范普遍性的基础，正因为刑法规范是对犯罪和刑罚问题的原则性规定，所以才能保证刑法典的普遍适用性和相对稳定性。但是刑法规范的原则性与个案裁判规则具体性的要求之间还有一定的距离；个案裁判要求适用具体规则，而刑法典在规定每个犯罪的细节方面却显然无能为力。比如我国《刑法》中大量使用了

"情节严重"、"情节特别严重"、"数额较大"、"数额巨大"和"数额特别巨大"等词语,何为"严重"、"特别严重"、"较大"、"巨大"和"特别巨大"呢?对这些模糊概念,司法解释无法解决,因为司法解释本身也是一种规范解释,它不可能穷尽一切可能。而刑事判例却不一样。因为刑事判例在形式上是个案裁判,此案件具有严重情节与否,经过认定,那么今后遇到类似案件便可以做出同样的结论。个案之间的可比性,无疑使刑事判例具有此项功能。尽管一个刑事判例只是对一种情形的认定,但无数类似刑事判例的集合便是向所有此类情形的无限接近。而正是在这一过程中,刑法规范才实现了从原则性规范到个案裁判规则的转变。

第三,刑事判例对于实现刑事审判的公正统一具有特殊价值。公正是刑法的基本价值取向。刑法公正有立法公正、审判公正和行刑公正之分。而审判公正是立法公正的体现,行刑公正的前提,没有审判公正,立法公正就失去了意义,行刑公正便无从谈起。"为了实现社会公正原则,保障公正处罚,必须考虑犯罪行为的客观特征与主观特征以及违法者个人情况这样三个因素。必须在分析审判质量和关于刑罚效果的各种数据的基础上,就某些类型的案件提出适合于社会上各种典型情况的统一政策,以确保公正地进行审判活动。"[①] 而其中最能体现审判公正的,便是对相类似的案件应当做出大体一致的判决,"如果对于案件的处理并无一定之规,对于相同或类似案件采取完全不同的态度,即便违反了公平、正义的起码准则,前后矛盾,使人无所适从的判决只是一种专断意志,并非法律。公道的观念产生了对相同案件同样对待的基本原则。"[②] 刑事判例在这方面发挥着重要作用:一方面,各级法院在个案审判中,通过查阅相类似的刑事判例,可以在根据刑事法律规范定罪量刑的前提下,发现前后两个案件的相似性,在此基础上做出大体一致的刑事判决,而不致同样的行为在定罪量刑上有太大的出入;另一方面,通过这种活动,对法官的自由裁量权予以必要的限制,保证刑事审判活动在最大程度上实现公正、统一。当然,也应当注意到,由于我国各地区经济发展的不平衡,刑事审判的公正、统一只能有相对的,我们不能片面地追求形式意义上的公正、统一,却以牺牲实质意义上的公正、统一为代价。

---

① 陈明华:《当代苏联东欧刑罚》,中国公安大学出版社 1989 年版,第 245 页。
② (英) R·J·沃克著,夏勇等译:《英国法渊源》,西南政法学院 1984 年印,第 14 页。

（二）重构刑事判例制度的现实基础

1、刑事上诉（抗诉）制度是重构我国刑事判例制度的制度保证。当代大陆法系各国之所以存在并保持着刑事判例制度，一个重要的原因便是刑事上诉（抗诉）制度的存在。因为法官总是尽可能地避免他们的判决被上级法院驳回，而不至于使他们的努力付诸东流。在我国，刑事诉讼实行两审终审制，被告人不服一审刑事判决可以在法定期限内向上一级人民法院提起上诉；检察机关认为一审刑事判决有错误，也可以在法定期限内提请上级法院重新审理和裁判。二审判决才是终审判决，发生法律效力。两审终审制，不但有利于查明案件事实，保障被告人的合法权益，而且可以通过上级机关权威的发挥来纠正下级机关可能发生的错误，防止下级机关滥用审判权，避免因为审判权的滥用，而给国家审判权威造成的损害，是刑事诉讼制度民主化的重要体现。正因为存在上诉（抗诉）制度，所以一审法院在个案审判中就不得不考虑法院以前对类似案件的判决，同时也必须注意上级法院对类似案件所做的一审或终审判决。这样做，一方面保证了刑事判决的公正、统一；另一方面，也避免被告人不服判决提起上诉，或检察院抗诉后，上级法院依法改判，既影响自己的审判权威和审判质量，也造成诉讼资源的浪费。

2、各级法院之间的监督和被监督关系，是重构我国刑事判例制度的组织保证。在大陆法系各国普遍存在刑事判例的另一个原因，在于法院制度的等级结构。"法院制度的等级结构组织（差不多是最为普遍的现象），限制了大多数法官成为游侠骑士的自由，这种自由就是为了获得显为他们所希望的结果，而超越规范的范围纵横驰骋。法官希望尽可能地避免他们的判决被上级法院驳回。"[1]在我国，各级法院之间的组织关系，同样对法官的审判活动产生着积极的影响。根据《中华人民共和国人民法院组织法》的规定，下级人民法院的审判工作受上级人民法院监督；最高人民法院作为国家最高审判机关，监督地方各级人民法院和专门人民法院的审判工作。由此可以看出，我国各级人民法院之间的关系是监督和被监督关系。上级法院通过监督下级法院的审判工作，无形中影响了下级法院的审判工作。当然，这是一种积极的影响。刑事判决是法院代表国家行使审判权的结果，具有权威性和严肃性，但是由于刑事案件的复杂性和特殊性，客观上

---

① （美）埃尔曼著，贺卫方、高鸿钧译：《比较法律文化》，三联书店1990年版，第207页。

决定了生效判决也可能存在错误。如果确有错误，就应当按照"有错必纠"的原则和法定程序及时加以纠正。否则，就有悖刑事诉讼的目的，侵犯公民的合法权益，损害司法机关的形象和权威，影响当事人和公民对国家司法机关及法律的尊重和信任。所以，上级法院必须依法监督下级法院的审判工作，下级法院的审判工作必须接受上级法院的监督。作为下级法院，要接受上级法院的监督，其中一项重要的内容就是要主动地接受上级法院在案件审理中所适用的法律原则（标准）。如盗窃既遂的标准问题，目前的通说为"失控加控制说"，而有些地方的法院仍然适用失控说；再如正当防卫的限度问题，根本无法从立法上说明什么是"必要的限度"，只能具体案件具体分析，通过类似案件的比较去发现规律性认识，上下一致，使必要限度的认定标准统一起来。否则，如果下级法院适用不同于上级法院的法律原则（标准），便破坏了法院之间的监督和被监督关系，进而破坏了法制的统一。所以，上级法院的刑事判例对于指导下级法院的审判工作具有十分重要的作用。

3、重构我国刑事判例制度，是我国现阶段法官素质还不太高这一状况的必然要求。当前，我国法院的管理是一种半职业化（介于职业化与非职业化之间）的管理模式，法官素质结构比较复杂，尚未实现司法审判的专业化。早在1990年，全国法院干部教育培训工作会议就提出所谓的"七·八·九"计划，即到1997年，法院干部大专文化层次的占全员的70%，审判人员大专以上文化程度的达到80%，法院领导大专以上学历的达到90%。① 时至今日情况怎么样呢？我们应当看到，法院干部培训工程在提高法院系统干部学历的同时，又难免让人感到有流于形式之嫌。1997年，全国法院系统25万名干部中，专科层次的或许已经达到了"七·八·九"计划的要求，但是本科层次的只占到5.6%，而研究生仅占0.25%，② 到2005年，全国法官中具有大学本科以上学历的，从1995年的1万余人增至9万余人，占法官总数的比例从6.9%提高到51.6%。③ 而到了2008年底，中国法院队伍中本科学历已到20余万人，法官中本科以上学历者已达80%以上。面对如此迅猛的学历提高速度，不无疑问的是质量如何保障。况且，高层次（素质）审判人员的分布比例失调，目前我国最高人民法院集中了几

---

① 《人民法院公报》1994年1月27日。

② 《中国需要大批法律人才》，《法制日报》1997年10月13日。

③ 吴兢：《我国法官整体素质不断提高，出现三大转变》，《人民日报》2005年7月17日。

乎所有的有博士学位和大部分有硕士学位的法官，而基层法院的法官有半数以上没有受过系统的法学教育，难以胜任高难度的审判工作，审判质量难以保证。马克思·韦伯说过，一个社会的法律制度的状况，最终取决于支配该法律制度的那种人。我们应当承认判例法制度对法官素质的要求比制定法制度对法官素质的要求高。因为它要求法官不仅要有熟练的业务技巧和深厚的理论修养，而且还能善于运用法律意识来裁判案件，并根据社会发展的要求和对社会发展的预测来创制判例。但是，这是对判例法而言的。不具有创制法律规范功能的判例并不要求法官有太高的素质，反而对提高法官的素质不无帮助。这是因为：一方面，司法判例一般是由较高层次的法院的法官做出的，体现着他们对法律条文的理解，是他们智慧的结晶，是对法律条文的细化，有利于其适用；另一方面，司法判例是个案裁判的结果，是联系刑法规范和案件事实的桥梁和纽带，具有天然的指导和教育功能，它不但可以使人知晓判决结果，而且还使人清楚判决的根据。因此，在理论上既然刑事判例不具有造法功能，便不需要法官都具备创制判例（法）的较高素质。提高我国的司法专业化程度和法官素质是一个长期的工程，多年来法院系统教育培训的效果告诉我们，提高法官素质和司法专业化程度，除了在形式要件上加大培养力度外，更要求我们去发现和遵循审判工作自身的规律，在实践中提高，在提高中实践。

三、中国刑事判例的法渊地位分析

（一）刑事判例法渊地位的理论争诉

从 20 世纪 80 年代末到现在，对于判例的法渊地位问题，我国法学界一直存在否定和肯定两种观点。持否定观点的学者认为，我国立法权的高度集中没有给法院留下制定判例法确立新法律渊源的余地，司法上不允许法官造法。① 而持肯定观点的学者认为，判例作为主要的法律渊源具有以下优点：①有利于维护法律的统一，保持执法的公平正义；②众多判例使人们精确预测自身行为的法律后

---

① 吴伟、陈启：《判例在我国不宜具有拘束力》，《法律科学》1990 年第 1 期；陈金创：《论法律渊源》，《法律科学》1991 年第 4 期。

果；③通过判例可以迅速灵活地反映社会发展对法律调整提出的不同要求，及时确立合乎社会需要的法律规范。① 况且，"当代世界各国两大法系的互相借鉴、靠拢与渗透是一千历史性的发展趋势。一元或独断的法渊地位已经不符合社会发展的要求。在这种情况下，我国应当排除成文法作为惟一法律渊源的传统观念，在法律渊源中给予判例一席之地。"② "传统的法学理论之所以反对把判例作为我国法律的渊源之一，究其原因大概是害怕把判例作为我国法律渊源会造成执法者的专横与擅断，从而破坏社会主义法制的统一。其实这种担心是多余的。"③ 从十几年来的研究成果看，肯定观点无疑在理论和实践上占有优势，而被越来越多的学者所接受。

但是应当明确，肯定观点是从整体上对判例而言的。而就刑事判例来看，目前，我国刑法学界的大多数学者认为，尽管刑事判例在刑事审判实践中发挥着重大作用，但是它不应该也不可能成为刑事法律的渊源。"以事实为根据，以法律为准绳"是司法活动的基本准则。④ 然而，也有学者从刑事司法法这个角度来阐述刑事判例的法渊地位。他们认为："在当今世界各国，立法机关独揽大权的局面已经有所改观。立法机关之立法性质，已由过去的专属立法权转变为优先立法权，而司法机关因而取得对立法机关所制定法律之补充权，亦即在法律补充意义上的候补立法权，这种司法机关的候补立法权具有候补性和针对个案性。"况且，"自法典时代开始以来，静止的社会和进步的社会之间的区分开始暴露出来。立法不可能朝令夕改，但司法机关又必须适用相对稳定和僵化的法律去处理接踵而至的疑难、复杂案件。没有司法机关在适用刑法规范时创造力的发挥，案件处理的准确性和及时性都大打折扣，而在此过程中，司法解释权突破立法者划定的界限也就在所难免。所以，刑事司法法的存在符合刑事司法的功利目的，刑法法渊的单一性值得怀疑。除刑事立法外，刑事司法也应具有法渊地位。而就司法法的表现形式（法渊）来看，除司法解释外，还应当包括刑事判例。在立法法与司法

---

① 孔小红：《判例：比较与反思》，《学习与探索》1988 年第 1 期。
② 陈兴良著：《刑法的人性基础》，方正出版社 1997 年版，第 500 页。
③ 申夫：《试论判例应当成为我国的法律渊源》，《中南政法学院学报》1987 年第 6 期。
④ 陈兴良主编：《刑事司法研究》，方正出版社 1996 年版，第 219 页；王勇：《定罪导论》，中国人民大学出版社 1990 年版；周振想：《刑法适用论》，法律出版社 1990 年版。

法的关系上，司法法为补充，其效力低于立法法。"① 论者独辟蹊径，从一个崭新的视角来阐述刑事判例的法渊地位，不无意义。

　　笔者以为，探讨刑事判例的法渊地位必须先解决一个理论前提，即我们是从法律一元这个角度，还是从法律多元这个角度来认识刑事判例的法渊地位问题的。认识问题的角度不同，结论便大相径庭。否定说基于法律一元论认为，只有国家立法机关制定的行为规范才是法，由于立法权的专属性，司法机关无权创制法律规范，刑事判例当然不可能具有法渊地位；而肯定说基于法律多元论认为，"如果把法理解为立法机关的产物，那么，法的发展就过于'古板'了。实际上，法并不是立法家的艺术结晶，法发端于人们交往之际，定型于社会生活之中。它的生命力就在于它应当也能够不断地被发现、发掘和描述。"② 所以，我们不应只在传统法学理论为我们预设的理论框架内认识"法"这一社会现象，而应当在实际社会生活中去发现和描述法规范，就此而言，判例应当具有法渊地位，刑事判例也同样如此。通过以上的分析，我们可以看出，尽管两种观点大相径庭，但是如果我们不考虑逻辑推理大前提的真理性，那么两种观点逻揖推理的严密性表明了各自存在的合理性。否定说结合我国现行立法体制，认为刑事判例不应具有法渊地位，有现实依据，易让人接受；而肯定说结合对"法"这一社会现象的科学研究，认为刑事判例应当具有法渊地位，又未尝不可。前者是对刑事判例法渊地位实然状态的描述；而后者是对刑事判例法渊地位应然状态的分析，认识问题的角度不同，所占的理论层面不同，结论的差异是必然的，但并非谬误。所以笔者认为，对于刑事判例法渊地位的认识应当全面，既要认识到在我国现行立法体制下刑事判例不具有法渊地位这种实然状态，又要考虑到随着社会的发展，人们多元思维的成熟和完善，刑事判例应当具有法渊地位这种应然状态。

（二）刑事判例法渊地位的实然状态

　　就目前我国现行法律体制的性质及其特点来看，刑事判例不可能具有法渊地位。③ 刑事判例的法渊地位之所以呈现这种状态，不仅仅是受我国传统法学理论

---

　　① 陈兴良、周光权：《刑事司法解释的限度——兼论司法法之存在及其合理性》，《法学》1997 年第 3 期。

　　② 武树臣：《判例意识与判例价值》，《判例与研究》1995 年第 3 期。

　　③ 笔者在分析当前我国刑事判例的法渊地位时，研究的语境是我国传统的法学理论——法律一元论和现行法律体制，作为研究对象的刑事判例法渊地位当然也是从刑事制定法的法渊地位这一层面而言的。

的束缚的问题，而且在更深层次上是由我国的现行法律体制决定的。

一方面，从立法权和司法权的划分来看，刑事判例不可能取得法渊地位。根据我国《宪法》的规定，刑事立法权由全国人民代表大会及其常委会行使，其他机关无权制定刑事立法。① 人民法院作为国家审判机关，"以事实为根据，以法律为准绳"是一项重要的工作原则。尽管 1981 年全国人民代表大会常务委员会《关于加强法律解释工作的决议》规定，"凡属于法院审判工作中具体应用法律、法令的问题，由最高人民法院进行解释"，但是，这只是对最高人民法院享有司法解释权的规定，并没有赋予其刑事立法权。我国宪法之所以将立法权和司法权进行明确的划分，是由我国的政体决定的。作为社会主义国家，国家的一切权力属于人民，人民行使权力的机关是各级人民代表大会，全国人民代表大会作为最高国家权力机关，集中体现了全国人民的意志。而通过全国人民代表大会及其常委会制定的刑事法律，正是人民意志的体现。国家审判机关只能认真执行，而不能修改、变更，否则便触犯了立法机关的刑事立法权，进而违背全国人民的意志。审判机关依法审判，是最高权力机关赋予的权力——审判权（司法权）。审判机关从属于权力机关，司法权从属于立法权。如果刑事判例有法渊地位，无疑就等于审判机关具有了立法权，这样一来，就破坏了现行立法体制。这点不同于行政立法。行政机关作为国家的社会管理机关，承担着管理社会公共事务的职能，为了实现管理的规范化，就需要行政机关制定统一的管理法规，依法管理，这是行政立法的根据之一。而对于审判工作来说，国家最高权力机关为规范审判活动，已制定了统一的诉讼程序法，确保整个审判活动依法进行，因而没有必要赋予其一定程度的立法权。

另一方面，如果赋予刑事判例法渊地位，便会造成法律适用的困惑。根据诉讼的阶段来划分，我国的刑事司法机关可以分为侦查机关、检察机关、审判机关和执行机关。刑事诉讼法规定刑事司法机关之间应当分工负责，互相配合，互相制约，以保证准确有效地执行法律。由此可见，各个刑事司法机关的任务是一致的，都是为了保证刑法的正确实施，惩罚犯罪，保护人民，保障国家安全和社会公共安全，维护社会秩序，它们只是一个过程的不同阶段而已。这便要求它们在适用法律上必须一致，即必须严格按照统一的刑事实体法和刑事程序法进行刑事诉讼（由于执行工作的特殊性，刑事执行机关还要遵循《监狱法》），以确保刑

---

① 行政机关也有立法权，但从性质上看，这种立法权属于行政立法权而非刑事立法权。

事诉讼的顺利进行。就目前来看，刑事司法机关在法律适用上不存在争议，但审判解释和检察解释之间的矛盾和冲突却此消彼长。如果我们赋予刑事判例法渊地位，无疑便承认了审判机关制定的规范具有法的效力，那么公安机关和检察机关也应将其作为诉讼依据。这样，一方面，因为审判机关刑事判例的普遍适用，无形中便影响了侦查和起诉工作，使公、检、法三机关之间的制约不能实现；另一方面，检察机关作为法律监督机关，却适用被监督机关的刑法规范，不但破坏了刑事司法机关之间的关系，而且造成了法律适用上的困惑。

除了上述原因以外，从世界范围来看，日益繁重的刑事司法实践也越来越排斥刑事判例法作为定罪量刑的适用依据。这主要是因为在现代社会中，随着经济利益和社会结构的日益多元化，社会矛盾冲突大量增加，刑法正在承担着越来越沉重的前所未有的社会调控功能。社会的发展要求刑法功能实现的效率性，否则难以担当此任。在复杂的社会关系面前，操作繁琐的判例法因显得无能为力而处于不断的变化中，具有确定性和普遍性的制定法规范日益显出它的优势所在。因此，以判例法为主要历史传统的英美法系，近年来非常重视刑事法领域中的成文立法，大有代替判例法之势，而在司法活动中，"美国和英国的大多数高等法院也同样更多地与制定法打交道而较少引用普通法规则"。① 而以法典法为历史传统的大陆法系，继续保留了自己的历史传统，只是在此基础上吸收了判例法的某些优点，进而使大陆法系的法律制度更加完善，使刑法更加有效地实现对社会关系的调控。由此可见，在刑事制定法法渊地位稳定而又强大的发展态势下，刑事判例法的法渊地位日益萎缩。在这样的背景下，赋予刑事判例与刑事制定法等同的法渊地位确实有违刑事判例法渊地位发展的世界趋势。

（三）刑事判例法渊地位的应然状态

在法律一元文化语境中，刑事制定法对法渊地位的垄断本质上排斥刑事判例的法渊地位，但是多元法律文化的包容性却肯定刑事判例的法渊地位。②

1、赋予刑事判例法渊地位，是"公正"理念对刑事司法的基本要求

公正，是刑事法抑或刑事司法的首要价值。只有基于"公正"理念创制的刑

---

① （美）埃尔曼著，贺卫方、高鸿钧译：《比较法律文化》，三联书店1990年版，第50页。
② 在法律多元语境中，刑事判例尽管被赋予法渊地位，但是其在法律渊源的层级中仍处于较低的层次，不可与刑事制定法的法渊地位同日而语。

事法规范才是民主的、科学的，而刑事司法活动是否符合"公正"理念，又在极大程度上影响着刑事法规范价值的实现。这是由刑事法规范的概括性和"公正"内涵的层次性决定的。法律规范具有概括性的特征，即法只能为一般人的行为提供一个行为模式，而不是针对具体的人和事的。法律规范的概括性决定了立法所确定的公正价值的一般性，也称一般公正，即适用于无差别的、一般人的公正。然而，与之相对应，司法活动所追求的是个案处理的公正，称个别公正，即在一般公正的指引下，对个别人、个别案件处理的公正，具有个案针对性。① 法的概括性使法在获得效率价值的同时，却因只注重适用对象的一般性而忽略其特殊性，即在获得一般正义的同时，却牺牲了个别正义。② 法律规范的这一缺憾是法律规范自身无法完善的，正如柏拉图所言，"法律绝不可能发布一种既约束所有人同时又对每个人都真正最有利的命令，法律在任何时候都不能完全准确地给社会的每个成员做出何谓善德、何谓正确的规定。人类个性的差异，人们行为的多样性，所有人类事务无休止的变化，使得无论是什么艺术在任何时候都不可能制定出可以绝对适用于所有问题的规则。"③ 既然如此，那么法律规范一般公正的实现只能借助于在法官能动的司法活动中个别公正的实现。"徒法不足以自行"，法律规范的适用只能是法的严格规则和法官自由裁量的有机结合。否定法的严格规则，必然导致法律虚无主义，而使司法擅断；否定法官的自由裁量权，必然导致法律的僵化，而使法律的调控功能乏力。所以，法律的适用是以法的严格规则为基础的，而其核心内容却是法官的自由裁量，可以说法律适用的实质是法官在严格规则基础上的自由裁量活动。正是法官的自由裁量——这种能动的司法活动才将法律规范和具体案件联系起来，也正是通过这种能动的司法活动，个别公正和一般公正都得到了充分的体现。在刑法领域中，由于犯罪构成的原则性、法定刑的相对性以及犯罪定型化的要求等原因，法官的自由裁量权对于刑事案件的公正审理具有非常重要的作用。而刑事判例作为法官自由裁量活动的理性结晶，其作用尤为重要，正如木村龟二先生指出的那样："罪刑法定主义要求犯罪的定型化，不过，只以法律的规定，即使多么精密的表达记述犯罪的成立要件，犯罪的定型化也只能抽象地规定。由于就各个具体的案件法院所下判例的积累，犯罪定

---

① 陈兴良：《刑事司法公正论》，《中国人民大学学报》1997 年第 1 期。
② 徐国栋：《法律局限性的处理模式分析》，《中国法学》1991 年第 3 期。
③ 转引自（美）博登海默著，邓正来等译：《法理学：法哲学及其方法》，华夏出版社 1998 年版，第 8 页。

型的具体内容开始形成起来，承认判例有这样意义的形成机能，不但不违反罪刑法定主义，实际上毋宁说是罪刑法定主义的要求，此外，对否定犯罪成立或可罚性的判例的机能，也与罪刑法定主义没有矛盾。"① 由此，我们可以看出，刑事判例作为法官智慧的理性结晶，对于补充和完善刑法规范，实现刑法及其刑事司法的公正价值具有重要的现实意义。刑事制定法规范的概括性，使刑事法法渊的一元性受到怀疑，肯定刑事判例的法渊地位，是弥补刑事制定法规范的不足，实现刑事法公正价值的必然要求。

2、赋予刑事判例法渊地位，同刑事制定法并无矛盾和冲突

首先，立法权具有专属性，刑事制定法规范只能由立法机关制定，即凡涉及刑事法典条文的修订或内容的增补、删减都必须由立法机关进行；而在刑事判例中体现的法官的自由裁量权对刑事制定法规范有能动的补充作用，使得刑事判例也具有创制刑事法规范的功能（当然这也是由其法渊地位决定的）。但是在刑法领域中，根据罪刑法定原则，法院只能依据刑事制定法规范确定罪名和选择适用法定罪，所以刑事判例法规范在罪名的确定和法定罪的选择适用上受到了严格的限制，绝对禁止刑事判例法规范突破刑事制定法规范的限制，而自行创制罪名规范和法定刑规范。由此可见，刑事判例法规范在效力层次上低于刑事制定法规范，我们可以将刑事制定法规范称为上位规范，而将刑事判例法规范称为下位规范。其次，刑事制定法规范作为上位规范，其功能在于为法官的刑事审判活动确立规范框架，是定罪和量刑的根本依据；而刑事判例法规范作为下位规范，其功能只在于解决刑事制定法规范的具体适用问题，是联系刑事制定法规范和具体案件的中介。二者既对立又统一。说它们统一，是因为它们是一个完整刑事法规范的两个组成部分，缺一不可：没有刑事制定法规范，刑事判例法规范就失去了存在的前提和基础，而导致罪刑擅断；不承认刑事判例法规范，刑事制定法规定的适用效果便大打折扣，个案处理的公正性受到影响。说它们对立，是因为它们是在不同的理论层面上适用的，各自具有相对独立的价值。最后，刑事判例法规范在一定条件下可以上升为刑事制定法规范。这种转变在英美法系和我国古代的判例法制度中都有充分的体现。在当今英美法系国家普遍适用的刑事制定法大多是对判例法规范的编纂；而在我国古代早就存在判例的编纂制度，如宋徽宗崇宁元年开始的大规模"编例"活动。通过这种立法活动，将那些在理论上已经成熟，

① （日）木村龟二：《刑法总论》，有斐阁1984年版，第21页。

又具有普遍性的刑事判例法规范上升为比较稳定的刑事制定法规范，方便该规范的适用。在我国现阶段保持立法体制不变的情况下，仍然可以采用这种判例法规范的单向转变制度。当然这种转变是有条件的，我们认为，刑事判例法规范符合以下条件即可考虑将其上升为制定法规范：一是在刑事法理论研究上已经成熟；二是经刑事司法实践检验，符合"公正"理念的基本要求；三是该规范的适用具有普遍性。

3、赋予刑事判例的法渊地位，可以在一定程度上弥补我国立法体制的先天不足

如前所述，在我国现行立法体制下，立法权具有专属性，刑事制定法规范只能由立法机关制定，但是立法机关的职能具有单一性，即只司立法，在社会需要的时候制定、补充或修改刑事法规范。这样就有两个问题摆在我们面前：一是什么时候制定新的刑事法规范或对原有刑事法规范进行修改或补充呢？应当承认，制定新的刑事法规范或补充修改原有刑事法规范，是广大法官在刑事司法实践中针对变化、发展了的社会形势而提出的一项客观要求，并不是立法机关随心所欲进行的，只有广大法官在刑事司法实践中感到刑事法规范在调控某一特定社会关系方面有点无能为力或已经明显无能为力时，才可以由立法机关予以制定、补充或修改。所以什么时候制定、补充或修改刑事法规范是以法官能动的刑事司法活动为转移的。二是如何确定新的刑事法规范的内涵，怎样对原有刑事法规范进行修改或补充呢？这个问题仍然有赖于法官能动的刑事司法活动。因为法官在长期的刑事司法活动中，根据原有刑事法规范对正在发展变化中的社会关系进行调控的过程中，积累了对该种社会关系的规律性认识，为原有刑事法规范的废、改、补奠定了客观基础。及时性是社会发展对立法工作提出的一个客观要求，但是通过对上述两个问题的分析，我们可看出，立法永远是滞后的，正如英国著名法社会学家梅因指出的："社会的需要和社会的意见常常是或多或少地走到'法律'前面的，我们可能非常接近地达到它们之间的缺口的接合处，但永远存在的趋向是要把缺口重新打开来。因为法律是稳定的，而我们谈的社会是进步的，人民幸福的或大或小，完全决定于缺口缩小的程度。"① 为了调和法律同社会发展之间的矛盾，梅因提出了三个有价值的命题，"法律拟制"、"衡平"和"立法"。法律拟制，"是要用以表示掩盖，或目的在掩盖一条法律规定已经发生变化这种事

---

① （英）梅因著，沈景一译：《古代法》，商务印书馆1959年版，第15页。

实的任何假定，其时法律的文字并没有被改变，但其运用则已发生了变化。"①
判例正是以"法律拟制"为理论基础的，无疑它在调和法律同社会发展之间的矛
盾，缩小"缺口"方面发挥着重要作用。所以赋予刑事判例法渊地位可以弥补立
法的滞后性的不足。但是基于罪刑法定原则，这种弥补性是一种消极的弥补，而
非积极的弥补，即只有在社会的发展使某种犯罪行为的性质发生变化——向非犯
罪化方向演变时，刑事判例才可以记载并否定行为的犯罪性质，这才符合罪刑法
定原则的精神实质；而在某种行为向犯罪化方向发展时，刑事判例只能记载这种
行为，却不能肯定行为的犯罪性质。由此而言，刑事判例的这种弥补功能是有限
的，只能在一定程度上弥补立法滞后性的不足。

四、中国刑事判例拘束力的合理定位

刑事判例的拘束力问题，是我国目前刑事判例制度建构中一个不容忽视的问
题。笔者拟通过对国外刑事判例拘束力现状的分析，来探讨我国刑事判例拘束力
的合理定位，以期有益于我国刑事判例制度的建构。

（一）国外刑事判例拘束力之现状

英国是当今世界上最典型的普通法国家，基于"遵循先例原则"，刑事判例
在刑事审判中一般具有较强的拘束力。当然也不尽如此。就目前来看，并不是说
英国所有的刑事判例都有拘束力，有拘束力的刑事判例包括以下几类：一是上议
院的刑事判例对于其他法院来说是有拘束力的判例，一般上议院本身也应受其判
例的约束。这是由上议院在英国刑事司法体系中的地位决定的。二是上诉法院的
刑事判例对于下级法院和其自身，都是有拘束力的判例。但是在 1944 年"杨诉
布里思托尔飞机股份有限公司"一案中，上诉法院明确宣告了三项规则：1、法
院有权并且有义务决定在他自己的两个相互冲突的判决中将依循哪一个判决；2、
如果根据法院的意见，认为它自己的一项判决同上议院的一项判决不一致，即使
没有明文予以规定，该法院仍然有义务拒绝依循它自己的判例；3、如果法院认

---

① （英）梅因著，沈景一译：《古代法》，商务印书馆 1959 年版，第 16 页。

为自己以前的判决是由于粗心大意作成的，那么该法院决没有义务依循该判决。①除此以外，无论是高等法院还是下级法院所作的判决甚至是英国枢密院司法委员会的判决，都没有拘束力。

美国法是英国法的承继者，从法律样式来看，美国无疑是一个普通法国家。但是与英国不同的是，成文法在美国法律体系中早已占有举足轻重的地位。美国早在建国初期接受英国法的同时，也便开始了美国本土的法典化运动。到20世纪初，多数州的立法机关制定了处理犯罪的法规和条例，截止到1980年，普通法罪已法典化的州和地区有24个。尽管刑事制定法表现出强劲的发展态势，但是由于历史的缘由，刑事判例在美国的刑事司法实践中仍然发挥着举足轻重的作用。一方面，有时刑事制定法只规定了部分犯罪，而另一些犯罪仍应依据有效的判例来确定罪名；另一方面，判例对于刑事制定法的解释发挥着重要的作用，尤其是法官之间对同一案件有不同意见时，先前有拘束力的判例就会成为解决理论纷争的有力标准。可以说，美国是依靠刑事制定法和有拘束力的刑事判例来共同实现对社会关系的调控的。尽管美国政治、社会和经济的发展极其富有戏剧性，在法律秩序内容方面随之而来的变化又如此之迅速，以致于各个高级法院从未采取它们应当绝对受自己先前判例约束的观点，但是，由于刑事判例对于维护刑事司法的公正、统一发挥着巨大作用，所以刑事判例的拘束力又不容置疑。

在大陆法系，受法典法历史传统的影响，各国在普遍不承认刑事判例法渊地位的同时，理论上当然也不认可刑事判例的拘束力。之所以如此，是因为刑事判例在大陆法系不具有法渊地位，刑事判例作为刑事司法的结果，据以定罪量刑的是刑事制定法，而非体现在先前判决中的标准或原则。但是，理论终究是形而上的，刑事判例的拘束力目前已被越来越多的大陆法系法官们所接受。刑事判例事实上的拘束力已成为维护刑事判决公正统一的重要因素。比如日本刑事诉讼法第405条明确规定，最高法院的刑事判例具有约束各下级法院的刑事判决的效力，凡认为和最高法院的判决相反的，均可成为上告的理由。从而为刑事判例的拘束力提供了法律依据。正如日本著名刑事法律学家西原春夫先生指出的那样，"从实质来看，判例如同法渊一般地约束着法院的判决"。究其原因，是因为，"判例的约束性对于同种事件必须承认同种法律效果这一保证判决公正的立场来说是必

———————————

① （英）鲁珀特·克罗斯等著，赵秉志等译：《英国刑法导论》，中国人民大学出版社1991年版，第7页。

要的。下级审判基本上必须服从处理同类案件的上级审判，特别是有统一判例责任的最高法院的判决。"[①] 另外，德国法也承认，从某些所谓的"有指导性的案例"（leading cases），可以引申出新的法律原则，而且，下级法院不得随意偏离有一系列联邦法院（主管刑事或民事）案例支持的法律原则。当联邦法院中的一个审判庭，可能偏离另一个审判庭以前的判决时，前者必须将有争议的法律问题提交大审判庭，大审判庭再以特别裁定做出决定。[②]

（二）　中国刑事判例拘束力的定位

长期以来，我国刑事法律学界一直对刑事判例的拘束力持否定态度。通说认为，我国立法权的高度集中没有给法官留下制定判例法确立新法律渊源的余地，判例在我国不具有法渊地位；而刑事判例不具有法渊地位这一特征便决定了它不可能具有约束力。

笔者以为，从目前我国的立法体制来看，刑事判例当然不可能具有法渊地位和与刑事制定法相同的法律约束力。但是为了保证刑事判决的公正和统一，应当赋予刑事判例事实上的约束力。这是因为公正是刑事法律的基本价值取向，为了实现社会公正原则，保障公正处罚，必须在分析审判质量和关于刑罚效果的各种数据的基础上，就某些类型的案件提出适合于社会上各种典型情况的统一政策，以确保公正地进行审判。而其中最能体现审判公正的，便是对相类似的案件应当做出大体一致的判决。如果对于案件的处理并无一定之规，对于相同或类似的案件采取完全不同的态度，便违反了公平、正义的起码准则，前后矛盾、使人无所适从的判决只是一种专断意志，并非法律。公道的观念产生了对相同案件同样对待的基本原则。正如美国著名大法官卡多佐所指出的，"如果有一组案件所涉及的要点相同，那么各方当事人就会期望有同样的决定，如果依据相互对立的原则交替决定这些案件，那么这就是一种很大的不公。如果在昨天的一个案件中，判决不利于作为被告的我；那么今天我是原告，我就会期待对此案的判决相同。如果不同，我胸中就会升起一种愤怒和不公的感觉：那将是对我的实质性权利和道德权利的侵犯"。[③] 而刑事判例在这方面发挥着非常重要的作用：一方面，各级

①　（日）西原春夫等：《日本刑事法的形成和特色》，法律出版社 1999 年版。
②　宋冰编：《读本：美国与德国的司法制度和司法程序》，中国政法大学出版社 1999 年版，第 7 页。
③　（美）本杰明·卡多佐著，苏力译：《司法过程的性质》，商务印书馆 1998 年版，第 18 页。

法院在个案审判中通过查阅相类似的刑事判例，可以在根据刑事制定法规范定罪量刑的前提下，发现前后两个案件的相似性，在此基础上做出大体一致的判决，而不致使同样的行为在定罪量刑上有太大的出入；另一方面，通过这种活动对法官的自由裁量权予以必要的限制，保证刑事审判活动在最大程度上实现公正、统一。诚如西原春夫先生所言，为了保证判决的公正而赋予刑事判例以拘束力，无论是对刑事法律理论还是对刑事司法实践而言，都将产生积极的影响。

如前所述，刑事判例的拘束力是一种事实上的拘束力，笔者以为这种事实上的拘束力不同于刑事制定法的法律效力，也不同于一般刑事判决的既判力，究其实质，它是介于刑事制定法的普遍约束力和一般刑事判决的既判力和拘束力之间的、为保证司法公正而具有的一种当然效力。一方面，刑事判例的拘束力不同于刑事制定法的约束力。刑事制定法的约束力具有法定性和强制性的特点，而且是一种普遍的约束力，而刑事判例的拘束力只是一种事实上的约束力，不具有法定性和强制性的特点，且它是一种纵向的约束力，只能约束下级法院对类似案件的审判活动。另一方面，刑事判例的拘束力也不同于刑事判决的既判力和拘束力。刑事判决的既判力，是指刑事判决一经生效当事人和检察机关便不得对该判决已处理的问题再行起诉，法院也不得作为另一案件处理。判决的既判力是"一事不再理原则"的体现，旨在防止对同一案件做出互相矛盾的判决，以维护生效判决的稳定性和严肃性。刑事判决的拘束力也称判决的羁束力，是指判决经宣告或送达后，对做出判决的法院和所涉及的人，有拘束其行为的效力，可以支配他们为或不为一定的行为。同既判力一样，判决的羁束力也是针对个案而言的，但是刑事判例却可以对以后发生的众多类似案件的审理产生约束力。

由此而言，刑事判例的拘束力是相对而言的：刑事判例之于刑事法律，它缺乏刑事法律普遍适用的效力；而刑事判例之于刑事判决，它却具有一般刑事判决所缺乏的、能够约束下级法院对类似案件的审理活动的效力。此外，刑事判例的相对性还体现在：一般情况，下级法院在审理案件时必须接受上级法院判例的约束，但是由于我国各地经济发展的不平衡和各民族自治地方文化上的差异，如果适用上级法院的判例显失公正时，下级法院可以实事求是地自行创制判例。

五、中国刑事判例的创制与适用

（一）刑事判例的创制

刑事判例的创制，是指刑事判例的创制主体在生效的刑事判决基础上，选取那些对定罪量刑有指导意义的判决，依照特定程序制作具有一定格式的刑事判例的活动。刑事判例的创制是实现其功能的首要环节，只有制作符合要求的刑事判例才会对刑事审判产生积极的影响；反之，如果刑事判例制作不合理，那么它将在很大程度上有损刑事审判的公正、统一。

1、改革刑事判决的制作格式是创制刑事判例的前提和基础

刑事判例的创制，是在生效的刑事判决基础上进行的。生效的、规范的刑事判决是创制刑事判例必不可少的条件。刑事判决的规范化是建立刑事判例制度的必由之路。就目前我国刑事判决的现状来看，一个重要的问题便是重新认识判决理由在刑事判决中的地位和作用。在英美法系，判决理由是刑事判决赖以存在的基础，一个没有判决理由的刑事判决是不可思议的。在大陆法系，有很长一段时间大家一致认为判决是行使权力，无需说明理由。判决要说明理由的做法，在意大利从16世纪起，在德国于18世纪逐步建立起来，在法国是在1790年，在德国是在1879年才作为一项普遍义务强使法官们接受。然而在我国，长期以来我们不重视刑事判决中对判决理由的陈述，使本来应当以析理见长的判决理由成了呆板的、教条式的套话。具体表现为现在的刑事判决重在认定犯罪事实，并不具体阐明定罪量刑的理论根据。当然，并不是说在定罪量刑时没有根据，只是这些理论根据没有在判决中体现出来，让人们据以去评判该判决的公正性、合理性，而是将这部分内容不恰当地放到了审理报告中，仅供内部交流或领导批阅。这就为我国刑事判例的研究工作设置了障碍，也有碍刑事判决教育功能的发挥。因为我们所看到的仅仅是一个结果，只能知其然而不知其所以然。且不说这种状况同国外刑事判决的差距之大，单就同我国民事判决比较而言，刑事判决也显得幼稚。

因此，我们呼吁改革我国刑事判决的制作格式，增加以下两部分内容：一是庭审中控辩双方的意见及其所提出的证据；二是判决理由。这样，一方面同我国

刑事诉讼制度的改革相适应；另一方面是增强整个刑事审判工作的透明度，提高判决质量，也为我国建立刑事判例制度和刑法学界开展对刑事判例的研究奠定基础。

2、刑事判例的创制主体

目前，我国法学界对判例创制权的归属问题有不同的认识。一种观点认为，只有最高人民法院才有权创制判例。[①] 另一种观点认为，各级人民法院都有权创制判例。[②]

笔者同意上述第二种观点。最高人民法院在我国法院设置中的地位和刑事审判工作中的作用决定了最高人民法院的刑事判例创制权不容置疑；但是，我国幅员辽阔，民族众多，国情复杂，各地经济发展很不平衡，尤其是民族区域自治地方更具特殊性，这便决定了刑事司法的统一性是相对的，而非绝对的，在刑事判例创制权的归属问题上，应当考虑到各地发展的实际情况，赋予各地高级人民法院和中级人民法院因地制宜创制刑事判例的权力。另外，由于我国大部分刑事案件的一审都是由基层人民法院审理的，所以赋予基层人民法院刑事判例创制权，一方面，可以使基层人民法院在遵守上级法院判例拘束力的同时，确保本身判决的前后一致性；另一方面，也可以使其刑事判决更具说服力，减少因上诉和抗诉而造成的诉讼资源的浪费。所以应赋予各级人民法院创制刑事判例的权利。我国各级人民法院之间的监督和被监督关系决定了地方各级人民法院的刑事判例必须报相应的上一级人民法院备案，以接受监督。同时，为保证全国刑事审判工作的统一，下级人民法院的判例一般不能同上级人民法院的判例相抵触，地方各级人民法院的判例原则上不能同最高人民法院的判例相抵触。但是在特殊情况下，适用上级人民法院的判例可能导致不公正时，可以不适用该判例，而自行创制判例。这也是刑事判例约束力相对性的必然要求。

3、刑事判例的创制程序

刑事判例创制程序的科学性，是刑事判例质量和效用的重要保证。笔者以为，刑事判例的创制程序应当包括以下几个方面：

一是初选。不是所有的刑事判决都可以成为判例。从刑事判例的功能来看，

---

① 申夫：《试论判例也应成为我国的法律渊源》，《中南政法学院学报》1987 年第 6 期；陈光中、谢正权：《关于建立判例制度的思考》，《中国法学》1989 年第 2 期。

② 陈兴良主编：《刑事司法研究—情节·解释·裁量》，中国方正出版社 1996 年版，另见游伟：《我国刑事判例制度初论》，《中国法学》1994 年第 4 期。

只有那些已经生效的并对定罪量刑有重大指导作用的判决才有可能成为刑事判例。所以应当严格初选的标准，使初选工作做到正确、及时、有效。至于初选机构，目前一般由各级人民法院的政策研究室（基层法院的办公室）进行为宜。

二是审批。根据《中华人民共和国人民法院组织法》第 11 条第 1 款的规定，各级人民法院设立审判委员会，审判委员会的任务是总结审判经验，讨论重大的或者疑难的案件和其他审判工作中的问题。所以，经过初选的刑事判决，应当被提交各级人民法院审判委员会讨论审核。审核的内容包括三个方面：一是该判决是否正确（包括认定事实和适用法律方面）；二是该判决是否已经生效；三是该判决是否对定罪量刑有重大指导作用。经过审核，认为可以作为刑事判例的，予以批准。地方各级人民法院的刑事判例还应报上一级人民法院备案。

三是公布。经过审批，人民法院便可以将该刑事判例予以公布。公布的形式，最高人民法院的刑事判例，仍然在《最高人民法院公报》或网络平台上公布；高级人民法院的刑事判例，可以在其机关刊物或网络平台上公布；中级人民法院和基层人民法院的刑事判例，通过网络平台形式公布。

最后是汇编。即将各级人民法院的刑事判例归类整理、编辑成册的活动。汇编一般由法院进行，也可以由民间组织（如各法学会）或个人进行汇编。汇编的目的在于方便刑事判例的适用。

4、刑事判例的制作格式

刑事判例应当有统一的格式。一个规范的刑事判例应包括以下几部分内容：

名称。笔者建议刑事判例的名称采用"创制主体＋被告＋案由＋判例"这一格式。如《厦门市中级人民法院关于唐敏诽谤案的判例》。这种形式使人们对判例适用对象的认识一目了然。

首部。首部是对审理情况的简单介绍，包括判决书字号、案由、诉讼双方、审级、审判机关和审结时间。

正文。正文是刑事判例的主体部分，包括案件事实、控辩意见、判决理由、结论和附论五部分。其中四部分是判决书的内容，而附论是审判委员会对初选的刑事判决进行讨论以后的意见。它应当明确指出该判例对定罪量刑中的哪些问题有指导作用，以方便判例的适用。

发布机关。发布机关应当是各级人民法院，刑事审判庭不能以自己的名义发布刑事判例。

（二）刑事判例的适用

刑事判例的适用，是指法院在审理刑事案件过程中，遇到疑难或意见不一致的案件时，适用先前类似案件的判例据以判决的一种活动。刑事判例的适用与刑法的适用既相联系，又相区别。刑法的适用是从刑事法律规范转变为现实的刑事法律关系的过程，而刑事判例的适用却是这种转变过程中的一个环节，是联系刑法规范和具体案件的桥梁和纽带。与英美法系刑事判例的适用不同，在我国，一方面由于我国的刑事判例的适用传统已中断了将近半个世纪；另一方面也由于我国法官的素质较低，便决定了我国刑事判例适用的"非识别性"，即不需要法官对刑事判例中哪些是判决理由和判决附论予以识别。这些工作已经在创制过程中由（成员）素质较高的审判委员会完成。通过审判委员会在审批后签署的"附论"意见，法官很容易发现这个判例对自己目前正在审理的案件是否有价值。当然，法官仍需要对两个案件的类似与否予以识别，而这只是一项极其简单的工作。

1、在刑事判例适用中应处理好的几个关系

一是刑事判例与刑法的关系。刑法作为基本法，是刑事审判工作的重要依据。刑事审判工作必须贯彻"以事实为根据，以法律为准绳"的原则。由于刑事判例不具有法渊地位，所以不能成为刑事审判的"准绳"，在刑事判决中也不宜援引刑事判例作为定罪量刑的依据。那种认为不仅可以在刑事判决书和裁定书中公开引用有关的刑事判例，而且有时这种引论还是必要的观点，是不足取的。刑事判例的作用只在于解决刑事审判中的法律适用问题，而能解决法律适用问题的是刑事判例中确定的标准或原则，不是刑事判例本身。所以，个案裁判时，在适用刑法规范定罪量刑的基础上，可以直接适用刑事判例确定的标准或原则来解决法律适用问题，而没有必要再援引刑事判例。正如同在刑事判决中没有必要引用司法解释一样。

二是刑事判例与刑法司法（审判）解释的关系。刑法司法解释是有权解释的一种，指司法机关对司法工作中如何具体应用法律问题所作的解释，包括审判解释和检察解释。审判解释是最高人民法院对审判工作中如何具体应用刑法规范问题所作的解释，它对全国的审判工作具有普遍的约束力。[①] 就对刑法规范的解释

[①] 杨春洗等编：《刑事法学大辞书》，南京大学出版社 1990 年版，第 467 页。

而言，刑事判例和刑法审判解释可谓殊途同归。但是在解释的效力上，因制作主体同是最高人民法院，所以只有最高人民法院的刑事判例才具有和刑法审判解释相同的效力。虽然刑事判例和刑法审判解释的目的是一致的，但是二者毕竟不同。刑法审判解释是对刑法规范的具体化、明确化，但是由于它采用了条文化的形式，使用了概括性的词语，使得它俨然是一部"准刑事法律"；而刑事判例脱胎于刑事判决，具有个案针对性，所以更利于刑法规范的适用。正是由于刑事判例的这一特性，才形成了完整的刑法规范调控过程：刑法规范——刑法司法解释——刑事判例——刑事判决。

三是刑事判例与罪刑法定原则的关系。罪刑法定原则是法治社会刑法典的灵魂，它使刑法的社会保护机能和人权保障机能有机统一起来，成为现代社会法制文明程度的重要标志。罪刑法定原则的基本内涵是"法无明文规定不为罪；法无明文规定不处罚"。所以"禁止法外定罪，禁止法外用刑"成为罪刑法定原则的当然解释。在坚持罪刑法定原则的前提下，刑事判例的功能被严格地局限在解决刑事审判中如何具体应用刑法规范的问题内，而不得创制刑法规范。这是由刑法调整对象和调控手段的特殊性决定的。因为刑法的调整对象和调控手段——犯罪和刑罚关系公民的生杀予夺，所以刑法规范的创造性适用应当予以必要的限制，否则便会任意跨过法制的栅栏，践踏公民的权利。

2、刑事判例适用的条件

在刑事司法实践中，刑事判例的适用是有条件的。一般而言，只有案件相类似（整体或某个情节）时，才可以适用刑事判例；但也不尽如此，刑事判例有时可以适用于两个不相类似的案件，从相反的角度去解决法律适用问题。具体而言，刑事判例的适用应当符合以下条件：[①]

首先，该案的犯罪事实与某判例中的犯罪事实相同或相似。在这种情形下，该判例可能适用于定罪量刑问题的各个方面。但是，判例的价值主要在于解决案件审理中的法律适用问题，即判例附论部分所载的法律原则（或标准）的适用。

其次，本案的犯罪事实只有某个或某些事实或情节与某判例中的某个或某些事实或情节相同或相似。这是判例适用的最基本情形。因为就前后发生的两个案件来说，多数情形是部分相似的，完全吻合的两个案件毕竟是少见的。在这种情形下，如果这个或这些情节对定罪量刑有重大影响，而又不好把握，便可以适用

---

① 参见王勇：《定罪导论》，中国人民大学出版社1990年版，第217页。

该判例中的法律原则或标准。如某甲欲强奸某女，某女奋力反抗，在搏斗中致某甲死亡，经过审理认为某女的行为是正当防卫，宣告无罪。后来又有这样一个案件：某甲从人贩子处"买"得某女，强行与其举行婚礼，某女不从。婚礼当晚，某甲强行同某女发生性关系，某女奋起反抗致某甲死亡。这两个案子虽然案件事实不尽一致，但基本情节还是相似的，可以按照的先前的判例定正当防卫，宣告某女无罪。

最后，本案的犯罪事实在某些或某一关键事实或情节上与先前某判例所载犯罪事实中的某些或某个关键事实或情节正好相反。在这种情况下，先前某判例便从相反的方向对定罪量刑发生影响。如某判例载：某甲欲杀某乙，便用爆炸手段将某乙的房屋炸毁，由于某乙的房屋是单门独户周围没有邻居，所以法院认为没有危害到公共安全，而定故意杀人罪。后来又发生了一个案件：某甲为达到杀害某乙的目的，同样以爆炸的方式将某乙的房屋炸毁，但由于处于市中心繁华地段某乙同其他人比邻而居，所以某甲的行为同时造成周围几户的房屋受损，部分人员伤亡。此时，根据先前的判例，没有危害到公共安全的，不定爆炸罪；这里出现了相反的情形，爆炸行为已经危及公共安全，所以应定爆炸罪。

3、刑事判例对定罪和量刑的作用

定罪和量刑是刑事审判工作的基本内容，定罪准确、量刑适当是对刑事审判工作的客观要求，也是衡量刑事审判质量的重要标准。但是由于我国刑法规范的概括性和在刑罚制度上采用了相对确定的法定刑制度，刑罚幅度比较大，再加上法官素质的高低不同，就使得不同法院和不同法院对相类似案件处理结果难免不尽一致。而这显然背离了定罪量刑活动的客观要求，有损刑法的公正价值。刑事判例的介入，在一定程度上弥补了刑法规范的不足，其作用主要表现在以下两个方面：

一方面，刑事判例对定罪量刑情节起解释作用，使刑法规范相对精确。例如在我国《刑法》中，为了最大限度地增加刑法规范的涵盖面，大量地使用了"情节严重"、"情节特别严重"、"情节较轻"或"数额较大"、"数额巨大"、"数额特别巨大"以及"其他（方法）情节"等词语。这些词语的使用，在扩大了刑法规范调控广度的同时，却导致刑法规范的不确切。尽管司法解释在一定程度上弥补了其缺陷，却不能根除其弊端。从而造成刑法适用上的不统一。而刑事判例是在个案裁判基础上产生的，一个刑事判例就是对一种情形的解释，无数个类似情形刑事判例的总和，便是向绝对精确的刑法规范的无限接近。

另一方面，刑事判例对定罪量刑标准起统一作用。如上所述，刑法规范的概括性、相对确定的法定刑和法官素质的高低不同导致在刑事司法实践中定罪不统一、量刑轻重不一的现象屡有发生。较为典型的，比如《最高人民法院公报》1985年第2号公布的"孙明亮故意伤害案"，检察院以故意杀人罪起诉，一审法院以故意伤害罪判处被告人有期徒刑15年。检察院以定罪不准、量刑失轻为由提起抗诉，二审法院再审以故意伤害罪改判被告人有期徒刑3年，缓刑3年。[①]"在这种情况下，如果最高人民法院能在对各级人民法院处理的案件刑罚适用情况调查研究基础上，对于一些常见罪、多发罪及至各种犯罪选定一些刑罚适用轻重适当的案件予以公布，使各地司法人员在处理各种案件时都有一个具体的、直接的类比样板，无疑将有助于达到全国刑罚适用的统一，避免同罪异罚的现象。"[②]

诚然，我们强调刑事判例在刑事审判中对定罪和量刑活动的重要作用，但绝不回避刑事判例的适用不当可能给刑事审判工作造成的巨大损失。这就要求我们在刑事审判中适用刑事判例要防止法官先入为主。刑事审判工作必须遵循自身的规律，坚持"以事实为根据，以法律为准绳"。我们承认刑事判例中的经验性认识对审判实践的重要作用，但是绝不提倡经验主义。

---

① 参见《最高人民法院公报》1985年第2号。
② 周振想：《刑罚适用论》，法律出版社1990年版，第259页。

第十一章　中国古代法律职业的诚信缺失及其成因：以宋朝为对象的考察

　　研究中国古代法制史的学者多认为宋朝堪称中国古代法制建设的高峰[①]，宋代的立法和司法有其独到之处，它的鞫谳分司制、翻异别勘制、死刑复核制、法官回避制、司法检验制都是值得称道的。宋代在中国历史上还首次出现了书铺这样的公证机构。"就司法制度而言，宋代是中国古代社会最为完善的朝代。"[②] 但在宋朝司法领域中却始终存在着大量法律诚信缺失、司法不公的现象。本章拟对于造成这种现象普遍存在之原因进行探析，以便于我们进一步理解中国传统社会法治的真相。目前，学术界对此问题进行探讨的成果主要有：郭东旭先生的《宋朝立法简论》（发表于《国际宋史研讨会（北京）论文选集》河北大学出版社1992年8月）一文，对宋朝的立法特点、法典形式、律条内容进行了论述，并对宋朝立法的得失教训作了深入的分析探讨。陈绍方的《略论宋朝立法特点》（发表于《暨南学报》（哲学社会科学版）1998年第4期）一文，对宋朝频繁编敕、敕的法律地位提高、综合性法典的编纂等立法情况进行了分析，并从中央集权、商品经济、民族关系等方面对宋朝立法的时代背景作了简要的概述。赵旭先生的《论北宋法律制度中"例"的发展》（发表于《北方论丛》2004年第1期）一文，认为宋朝"例"的发展可以看作是中国古代判例法及其实践步入成熟的关键时期，具有立法上的成文化和实践上的自觉因循之特点，从正面肯定了"例"在北宋司法实践中的价值功能，但对"例"在司法实践中负作用的论述不够深入。实际上，"例"的发展在一定程度上增加了宋朝官员司法活动中的任意选择空间，往往出现依例不依法的审判，从而增加了司法诚信的风险。例如《宋史》

---

　　① 如徐道隣在《中国法制史论集》所说："中国的传统法律，到了宋代（九六〇——一二七九）才发达到最高峰。"（志文出版社1976年版，第89页）；王云海主编的《宋代司法制度》认为："宋代是中国封建社会法制成就最高的朝代。"（河南大学出版社1992年版，第1页）。

　　② 戴建国：《宋代法制初探》，黑龙江人民出版社2000年版，第1页。

卷199《刑法一》记载："法令虽具，然吏一切以例从事，法当然而无例，则事皆泥而不行，甚至隐例以害法，贿赂既行，乃为具例。"郭东旭先生在《宋朝司法腐败现象简论》（发表于《河北大学学报》（哲学社会科学版）2005年第5期）一文中，分类论述了宋朝在司法领域里的各种违法腐败和司法不公现象，遗憾的是该文没有对宋朝司法腐败现象产生的原因作深入的探究。江必新先生在《宋朝"严贪墨之罪"论述》（《西南师范大学学报》1986年第2期。）一文中，在探讨官吏贪赃枉法原因时，仅仅从商品经济与私有制角度作了分析，而对其它方面的原因则并未曾述及。综上所述，对宋朝法律诚信缺失成因问题的研究尚有进一步深化的空间。本章在继承上述已有成果的基础上，通过以宋朝为核心的考察，揭示中国传统社会法治的真相。

一、法律职业诚信缺失现象透视

在宋代立法领域，朝廷颁布的大批临时性法令、法规，或因一事而制，或因一人而发，屡经改动，变化无常。如"法令所不可，则以特旨行之；议论所当执，则以宣谕止之。既曰自后不为例矣，未几而复有援例之言；既曰永不放还，未几而复有放还之命；今日曰永为定制，明日曰更不施行。其始也议论不审，规摹不立，则不免循人言以轻发；及其后也，事有乖戾，法意衍违，则必任私意以骤更。人无适从，事有牵制"①。如此反复无常，使官不知所守，民不知所从。欧阳修在论述时政三弊时也指出："今出令之初不加详审，行之未久寻又更张。以不信之言行难从之令，故每有处置之事，州县知朝廷未是一定之命，则官吏或相谓曰：'且未要行，不久必须更新'，或曰：'备礼行下，略与应破指挥'。且夕之间，果然又变，至于官吏更易道路，疲于送迎符牒，纵横上下莫能遵守……号令如此，欲威天下，其可得乎？"② 又如朝廷常有必罚无赦之言，而无必罚无赦之事。所以"朝廷每有申严行下之诏，民下常相窃笑曰：'吾君必不忍行此法也，有司必不能奉此法也。'行之未几，已而果然峻厉严切之言，徒若慈父母之

---

① 《群书会元截江纲》卷18，文渊阁《四库全书》本。
② 欧阳修：《文忠集》卷46《准诏言事上书》。

恐童稚，而非有鞭仆之实也"①。这种言而无信所造成的有法不依，执法不严的现象，在宋朝极为普遍。宋仁宗时，张方平讲："令必信，则上得其正，下安其事；令不信，则吏侮乎法，民慢其禁……比见朝廷诏令或寻迁改，或久而自废，吏易之而奉行不固，民忽之而苟慢多违。国家切于求理，急于听受，一人唱之即行，一人沮之即止。本末故为枘凿，前后自相矛盾。是使吏民无所措手足，而多犯于有司者也"②。由于出令之初不加详审，立谈之间难以周尽事情，"故出令多反汗"③。使法令由适时而变，转为"循人言而轻发"，"任私意以骤更"的混乱局面。宋哲宗元祐时，刘安世在谈法令多变时也说："朝廷命令，变易频数，远不过一二岁，近或期月而已。甚者朝行而夕改，亦有前诏未颁，而后令蠲除者"④。哲宗元符时，敕令"疏密重轻颇有不同，遂致桀绞，寝失本意"⑤。宋徽宗更是以绍述神宗新法为名，广行御笔手诏，变乱旧章，紊乱法度。宋朝激烈的党派之争也加剧了法令的反复变更，使法律"造之而不能通，故行之而不久"⑥。北宋末期之后，法典名目繁杂，规模庞大，致使法条前后抵牾，名实混淆，难以检用，即使是监司、守令，亦"奉命不虔，坐视诏书，徒挂墙壁，以为文具"⑦，致使"弄法者得行其意，奉法者不知所从"⑧，轻法慢令现象非常普遍。皇帝无限制地滥用其立法权，严重破坏了艰难缔造的既有法制秩序，使法律丧失了其严肃性和权威性，立法信誉更是无从谈起。

在宋代司法审判领域，北宋前期已有"轻重取舍，有法外之意焉。然其末流之弊，专用己私以乱祖宗之成宪者多矣"⑨。仁宗时，"陇安县民诬平民五人为劫盗，尉悉执之，一人掠死，四人遂引服。其家辨于州，州不为理，悉论死。未几，秦州却捕得真盗"⑩。北宋中后期，刑部、大理寺决狱，"用法多不守一，而其刑名取决于执政……所欲深则以重论，所欲贷则以轻论。然则轻重在有司不在

① 《群书会元截江纲》卷 18。
② 张方平：《乐全集》卷 6《立政之本在信命令》。
③ 《群书会元截江纲》卷 18。
④ 刘安世：《尽言集》卷 1。
⑤ 《宋会要辑稿》，刑法 1 之 24，中华书局 1957 年影印本。
⑥ 赵汝愚：《宋朝诸臣奏议》卷 98，第 1053 页。
⑦ 李纲：《梁溪集》卷 36，文渊阁《四库全书》本。
⑧ 《宋会要辑稿》，刑法 1 之 55。
⑨ 《宋史》卷 200《刑法二》，第 4985 页。
⑩ 《宋史》卷 200《刑法二》，第 4988 页。

法也"①。为使州县审判禀公、据实、有信，曾规定州县鞫狱，"不得具情节申监司，及不得听候指挥结断"，但是"诸路监司往往狭情偏见，每有公事，必使州县先具情节申禀，听候指挥方得断遣。稍未如意，即再三问难，必快其欲而后已"②，"遂致州县之间无所适从，日迁月延，终不予决"③。这种状况在南宋时更为突出："法寺断狱，惟事旬白，探大臣旨意，轻重其罪"④，"事连权幸，多以中旨释之"⑤。

在审判中官吏常常滥用刑讯。尽管律文明确规定"诸拷囚不得过三度，总数不得过二百"⑥，即刑讯不得超过三次，三次用刑的总数不得超过二百下。而实际刑讯时往往"动辄讯至数百"⑦。南宋时，"吏民无甚愆过，便辄以杖一百加之"，而且执行杖刑的官吏"或观望声势，或接受贿赂，行遣之时，殆于儿戏"，至有腿讯二三百下，"多有毙于杖下者"⑧。胡颖讲："访闻判官厅每每违法用刑，决挞之类动以百计"⑨。在司法治狱方面，更是弊端丛生。"近阅诸郡狱案，有因追证取乞不满而杀人者，有因押下争讨支俵而杀人者，有讨断杖兜驰钱而杀人者，又有因追捕妄捉平人吊打致死者……见吏卒如见牛阿旁，或捆或踢，或叱或唾，神魂已飞，继以百端苦楚，多方乞觅，如所谓到头，押下，直拦，监保，出门入户兜驰，行杖，无所不有，最是门留锁押及私滥冻饿，动有性命之忧。"⑩据胡太初讲："吏辈受贿，则虽重囚，亦与释放安寝。无贿则虽散禁，亦必加之缧绁"⑪。狱吏对囚犯"或缘货鬻，或挟怨仇，或望风旨，或私呈威势。棰楚之下，欲致之死地"⑫。汤鹏举讲："近年狱官偷惰，故狱以贿成……为守令者，略听断而避怨责，为廷尉者，用观望而为重轻"⑬。宋人真德秀对狱政的黑暗状况

---

① 杨士奇等：《历代名臣奏议》卷 211《论刑名不当取决执政状》。
② 《宋会要辑稿》，刑法 6 之 61。
③ 《宋会要辑稿》，职官 45 之 42。
④ 李心传：《建炎以来系年要录》卷 170，绍兴二十五年十一月丁卯条。
⑤ 《宋史》卷 200《刑法二》，第 4989 页。
⑥ 窦仪等撰《宋刑统》卷 29《断狱律》。
⑦ 陈襄：《州县提纲》卷 3《勿讯腿杖》。
⑧ 胡太初：《昼帘绪论·用刑篇》。
⑨ 《名公书判清明集》卷 1《约束州县属官不许违法用刑》，中华书局 1987 年版，第 36 页。
⑩ 《名公书判清明集》卷 1《禁约吏卒毒虐人》。
⑪ 《昼帘绪论·治狱篇》。
⑫ 张纲：《华阳集》卷 14《论狱囚瘦死札子》。
⑬ 《建炎以来系年要录》卷 172，绍兴二十六年四月己卯。

曾有如下详细的描述：

> 访闻诸县间有轻寡人囹圄，而付推鞫于吏手者，往往写成草子，令
> 其依样供写，及勒令立批出外索钱，稍不听从，辄加棰楚，哀号惨毒，
> 呼天莫闻。或囚粮减削，衣被单少，饥冻至于交迫。或枷具过重，不与
> 汤刷，颈项为之溃烂。或屋瓦疏漏不修，有风雨之侵。或牢床打併不
> 时，有虮虱之苦。或坑厕在近，无所蔽障，有臭秽之熏。或囚病不早医
> 治，致其瘐死。或轻罪与大辟同牢。若此者不可胜数。①

这些材料都说明宋朝司法实践中，官吏失信执法现象极其严重。

二、立法职业诚信缺失的成因剖析

时移世变，随着政治、经济、文化的发展，宋朝经历着一场深刻的社会变革：商品经济迅速发展，政治环境、民族关系错综复杂，科技文化高度繁荣，社会观念急剧变化。有宋一代，面临着前所未有的复杂情况。在这样一个"事有无穷之变"的时代，就需要统治者适时立法，规范和调整新的社会关系。然而立法过繁，变化无常，不仅对司法实践活动造成了极大的不便和混乱，其负面影响也波及后世。宋朝之所以出现这样的立法状况，究其原因可以归纳为以下几点：

首先，政治上过度强化皇权的恶果。宋朝初建之时，太祖、太宗对五代以来武将跋扈、篡逆成风、地方割据、纲纪不立等弊端甚为担忧。为了避免宋王朝成为五代以后又一短命王朝，宋太祖在即位之后，从思想上高度重视法制在加强中央集权中的重要作用，把厉行中央集权的思想通过立法形式贯彻到政治、经济、军事、文化等制度之中，以"事为之防，曲为之制"② 作为立法总的指导原则，并且把这一原则作为"祖宗家法"，令后世永行遵守。其次，宋王朝面临的复杂的政治环境，诸如国内激烈的阶级矛盾等，与辽、西夏等民族政权和战不定的关系，统治阶级内部争权夺利的矛盾，这一切也需要君主颁布大量的敕令来加强皇帝权威，进一步强化"忠君"观念。宋朝各代帝王继位后总是以法自君出相标

---

① 《名公书判清明集》卷1《劝谕事件于后》，第12页。
② 李焘：《续资治通鉴长编》卷17，开宝九年十月乙卯条，中华书局1992年版，第382页。

榜，"凡律所不载者一断以敕，乃更其目曰敕令格式"①，以新编敕来宣示自己的新法统，开创所谓的新局面。每一新帝即位便有编敕，甚至同一君主每次改元也多有编敕。此外，中国古代早就有赦降罪犯的现象，但赦降对象只限于过误、罪疑及情理可矜恤者三种情况。而宋朝皇帝为了显示其皇恩浩荡，为了感召和气等，其赦降活动更是频繁，除常赦（即登基大赦、郊祀大赦、灾异大赦）之外，又有曲赦、降德音、录囚等方式，或赦免罪犯，或降低对罪犯的刑罚等级。这种滥赦也破坏着宋朝法律的严肃性。对此，嘉祐六年（1061）司马光就提出了批评："今国家三岁一郊，未尝无赦，每岁盛夏，皆有疏决。猾吏贪纵，大为奸利，悍民横暴，侵侮善良。百千之中，败无一二，幸而发露，率皆亡匿，不过周岁，必遇赦降，则晏然复出，复为平人。"② 结果是"今立法以禁之于前，而发赦以劝之于后，则凡国家之令，将使民何信而从乎！"③ 宋朝这种既为常制，又有定时的频行恩赦，也促使其法律和司法权能失去了作用和威严，将其法律破坏得干干静静。④ 宋朝财权的过度集中导致了州县地方财政的困难，地方官府利用司法审判之机敛财的做法，也加剧了司法不公的现象。"民间争讼，官司所当明辨是非，如果冒犯刑名，自合依条收坐。今闻属县乃有专事科罚者，遂使富民有罪得以幸免，贫者被罚，其苦甚于遭刑。"⑤ 又据蔡杭言：有一知县到任以来，略无善政，"但有纵吏受赇，贪声裁略……本县受词，必须官纸，必卖两券，受词必须传押，亦须定价，如不依此，并送南房，甚至有宣教纸墨钱，县至坏粉钱。"⑥在贪财的官府及其官吏那里，法律只站在富民一边，真应了那句"衙门口朝南开，有理没钱莫进来"的民谚。

　　其次，党争与"异论相搅"的政风对立法的干扰。党争在宋朝以前的各个朝代均有所表现，然而宋朝的党争具有自己的时代特点，就是与变更法律密切相联，宋朝党争的激化与升级促成了有宋一代"异论相搅"的为政之风。无论是宋初防蔽之政的争论，还是"庆历新政"、"熙宁变法"、"元祐更化"，甚至是南宋与金、蒙元的和战之争，无不充斥着不同政见者的争执。不同政见的争执反映在

① 《宋史》卷199《刑法一》，第4963页。
② 司马光：《温国文正司马公文集》卷18《论赦及疏决状》。
③ 《续资治通鉴长编》卷197，嘉祐七年九月辛亥条。
④ 郭东旭：《宋朝法律史论》，河北大学出版社2001年版，第387页。
⑤ 《名公书判清明集》卷1《劝谕事件于后》，中华书局1987年版，第15页。
⑥ 《名公书判清明集》卷1《缪令》，第59页。

法律上就形成了截然不同的法律版本的颁布或解释。"不幸熙宁改法之事起，自是以迄于宣和之末，靖康之初，士大夫争法之新旧，辨党之邪正，鼓为烈焰，涨为洪流而已"①，激烈的党争，更引起了法令的频繁变更，"熙宁改治平，元丰改熙宁，元祐改熙丰，绍圣改元祐。以后冲前，以新改旧，各自为书"②。再以神宗熙宁初年发生的"阿云之狱"③ 为例，阿云之狱是中材之吏皆能立断的一般性刑事案件，但却经过大理寺、刑部、审刑院、翰林院、中书门下、枢密院、御史台等多个部门复审，参与争论的宰执大臣涉及司马光、王安石、吕公著、富弼、文彦博、唐介，法官有刘述、吕海、钱顗、齐恢、王师元、蔡冠卿等。历时两年，迄无定说，其实际影响则延续至十七年后的宋哲宗初年，其间涉及的律敕诏令屡经更改，最后仍难定断。关于阿云之狱的争议不休有着极为复杂的政治背景，但从中可以看出宋朝政治中"异论相搅"之风所导致的法律变化无常、司法服从政治斗争的后果。

最后，权臣的僭越更法也是破坏宋朝立法诚信的一个重要因素。在宋朝，一些权臣为了专宠固位、排除异己、独掌朝政，也常常通过颁布堂帖、札子等以实现自己的目的。赵普"太平兴国初复相，堂帖之行，与诏敕无异"④。寇准任参知政事时，曾以"札子"指挥政事，太宗质疑说："前代中书以堂帖指挥，乃是权臣假此名以威福天下也。太祖朝赵普在中书，其堂帖效力重于敕命，朝廷寻令削去。今何却置札子？札子、堂帖，大同小异耳"⑤。宋徽宗朝，"蔡京当国，欲快己私，请降御笔，出于法令之外，前后抵牾"⑥。宋高宗绍兴年间，秦桧当权时则常常将朝廷颁布的法典律条搁置一旁，而以尚书省的批示、指挥作为法律渊源，使立法体系遭到新的破坏，"自〔秦〕桧专政，率用都堂批状、指挥行事，杂入吏部续降条册之中，修书者有所畏忌，不敢删削，至与成法并立"⑦。宁宗开禧年间，韩侂胄"自置机速房于私第，甚者假作御笔，升黜将帅，事关机要，未尝奏禀，人莫敢言"⑧。度宗时，贾似道"赐第葛岭，吏抱文书就第属，大小

---

①　《叶适集》卷 4《奏议·始论二》，中华书局 1961 年版，第 759—760 页。

②　《群书会元截江纲》卷 19。

③　参见《宋史》卷 330《许遵传》。

④　曾巩：《隆平集》卷 4《宰臣》。

⑤　《宋会要辑稿》，职官 1 之 71。

⑥　《宋史》卷 199《刑法一》，第 4965 页。

⑦　《宋史》卷 199《刑法一》，第 4965 页。

⑧　《宋史》卷 474《韩侂胄传》，第 13775 页。

朝政一切决于馆客廖莹中、堂吏翁应龙"①。权臣的僭越与弄权更加剧了宋朝法制的混乱。

三、司法职业诚信缺失的成因剖析

造成宋朝司法领域法律诚信缺失的原因很多，而司法诚信的缺失也致使法律在司法实践中得不到有效贯彻执行。其主要表现为有法不依、违法不究、执法不严，这也进一步使宋朝司法诚信缺失现象愈演愈烈。

司法诚信与立法诚信紧密相联，宋朝的立法变化无常是造成司法失信的原因之一，对此上文已有论及，兹不赘述。现将造成司法诚信缺失的其它原因作一探讨。首先，赵宋统治者对官吏的纵容与包庇，致使违法不能必究。纵观有宋一代，对官吏尤其是高级官员违法的惩治呈现越来越宽纵的趋势。北宋伊始，出于巩固统治的需要，对官吏违法犯罪采取严厉打击的政策，但到北宋中期以后，对官吏犯罪的处罚力度越来越轻了（谋反、大逆等除外），尤其是对命官犯赃罪的宽宥，使命官犯罪弃市之法几乎废绝。对一些贪赃枉法之官仍继续任用，仁宗朝"两制近臣得罪，虽有赃污，亦止降为散官，无下狱者，旋亦收叙"②。宋神宗为维护士大夫的体面，更实施了"三免法"，即命官犯赃不仅免死刑，而且免杖、黥之刑③，至此宋朝命官的法律特权得到了进一步的扩大。此后，统治者对贪赃枉法之吏几乎就不再过问，"不屑官吏之非法横取，盖已不甚深求"④。虽然孝宗时期一度对赃吏处以刺面的刑罚，但也比开国之初宽容得多。赵宋统治者对官吏的纵容与包庇，使官吏们无所顾忌地从事贪赃受贿等违法犯罪活动，造成了"廉吏十一，赃吏十九"⑤的局面，法律在他们面前已毫无威信可言。宋朝待吏至宽，待民至严的既定国策，虽然体现了皇帝对士大夫的皇恩，维护了整个官僚阶层的眼前利益，但执法的双重标准则从根本上破坏了宋朝的司法诚信，从而加剧

① 《宋史》卷 474《贾似道传》，第 13783 页。
② 江少虞：《宋朝事实类苑》卷 26，上海古籍出版社出版 1981 年版，第 321 页。
③ 参见《宋史》卷 340《苏颂传》。
④ 赵翼：《廿二史札记校正》（订补本），王树民校正，卷 24《宋初严惩赃吏》，中华书局 1984 年版，第 526 页。
⑤ 李新：《跨鳌集》卷 19。

了社会矛盾，破坏着宋王朝统治下的整个社会的稳定。宣和末年，面对方腊起义，发运使陈遘即指出："盖贪污嗜利之人，倚法侵牟骚动，不知艺极。积有不平之气，结于民心，一旦乘势如此，可为悲痛！此风不除，必更生事。"①

　　其次，在商品经济冲击下，宋朝司法官吏的价值观多元化，特别是拜金主义盛行，加剧了司法职业中的权钱交易。马克思主义认为，"唯物史观是以一定历史时期的物质经济生活条件来说明一切历史事变和观念，一切政治哲学和宗教的"②。宋朝是继隋唐以来中国封建社会又一个商品经济发展较快的时代，受到商品经济的冲击，宋朝司法官吏执法观念更为多元化。虽然商品经济的发展与司法官吏的失信执法之间并无必然联系，但在处于转型期的宋朝社会，商品经济的发展使传统的义利观受到强烈冲击，义利并重甚至重利轻义的思想逐渐占据上风，拜金、享乐之风渐兴，商品经济的交换原则被纳入到司法实践中，这种风气进一步侵蚀执法官吏的执法价值观，出现错误执法、胡涂执法、甚至胡乱执法等司法腐败。相当一部分利欲熏心、意志薄弱的司法官吏通过曲法枉断、贪污受贿来搜刮钱财。正如宋朝人蔡襄所说："我宋之兴，一革海内，休养生息四五十年，无甲兵之患，民财赡足，侈靡偷薄，渐染成俗。大臣者天下之表也，相竞广市田宅，争求重利，况百官哉！况下民哉！于是官吏曲狱受贿，而抵死者案牍相继。豪富之家狗马婢妾无有制度，纵欲相矜。"③ 再者，宋朝大多数司法官吏俸禄微薄，王安石在论及官吏俸禄时指出："方今制禄大抵皆薄，自非朝廷侍从之列，食口稍众，未有不兼农商之利而能充其养者也。其下州县之吏，一月所得多者钱八、九千，少者四、五千，以守选、待除、守阙通之，盖六、七年而后得三年之禄，计一月所得乃实不能四、五千，少者乃实不能三、四千而已。虽厮养之给亦窘于此矣。而其养生丧死婚姻葬送之事皆当出于此。夫出中人之上者虽穷而不失为君子，出中人之下者虽泰而不失为小人，惟中人则不然，穷则小人，泰则君子。计天下之士出中人之上下者千百而无什一，穷而为小人，泰而为君子者，则天下皆是也"④。微薄的官俸与膨胀的奢侈欲望之间的矛盾变得愈发尖锐，而通过正常渠道很难解决这一矛盾，因此，大量的"中人"借助手中职权获取非法钱财在宋朝官场便司空见惯了，司法领域的钱权交易更是猖獗。据真德秀讲："外

① 《宋史》卷447《陈遘传》，第13182页。
② 《马克思恩格斯全集》第2卷，第537页。
③ 蔡襄：《端明集》卷9《丕显元圣上奉天时》。
④ 王安石：《临川文集》卷39《上仁宗皇帝言事书》。

官人金厅，不知事体，徇人情，坏法度，书信络绎，甚至赍传简牌，入金厅嘱托公事，遂使金厅为市易关节之地"①。正因如此，官吏在审理诉讼案件时"或棰楚锻炼，文致其罪；或衷私容情，阴与脱免"②。更有甚者，一些官府偶获贼盗，"既付囹圄，而未获徒党，行赇于鞫勘，官司互相表里，借词出罪，无所不至。……管押之人，既赂以金，复醉以酒，弛而纵之，逸者多矣"③。有的官吏甚至以贿赂的多寡来判定诉讼双方的是非曲直。"百姓有怨，诉之有司，将以求伸也。今民词到官，例借契钱，不问理之曲直，惟视钱之多寡，富者重费而得胜，贫者衔冤而被罚，以故冤抑之事，类皆吞声饮气"④。

再次，宋朝司法监察的乏力也加剧了其司法领域的不法、不公现象。为了防止司法不公，宋朝建立了一系列防范机制，如翻异别勘制、法官回避制度，也规定了对冤假错案的责任追究，并设计了一套上下纵横交错的监察体系。在朝廷，不仅有御史台、谏院的专职监察官员，而且中书舍人、给事中等也负有监察之责。在路一级更是分设监司对辖下州县官吏进行监察，州府军监的长官和通判也有监察职能，其监察体系不可谓不严密。然而，严密的监察体系、众多的监察官员不仅没有发挥好监察官吏违法的职能，反而加剧了官场的腐败。面对前文所述种种司法不公，监察官员本应据实弹劾，严惩贪墨，以矫枉滥，然而负有监察州县官员职责的诸路监司，出于对上级权力因素或人情关系的考虑，在监察职能的行使上往往瞻前顾后，畏首畏尾，不作为，甚至乱作为，"有所不敢问，有所不暇问，有所不复问"⑤，其原因是"某郡之守尝为侍从也，则监司幸其复为侍从而有所求；某郡之守尝为台谏也，则监司惧其复为台谏而有所击；至于县吏之与在朝某官有姻有旧者，皆不敢问也"⑥。因此，监司对州县官吏的棰楚取赂、混淆是非、颠倒曲直的不法行为，或视而不见，或佯装不知，"或观望而挠于势，或阿私而徇于情，或是非不公而以枉为直，或毁誉失实而以污为廉"⑦。更有甚者，"监司之不法不义反甚于州县"⑧，其滥用职权破坏司法公正的行为，更加剧

① 《名公书判清明集》卷1《示幕属》，第23页。
② 《宋会要辑稿》，刑法4之84。
③ 王之道：《相山集》卷21《乞将犯盗罪不至死人配隶诸军重役札子》。
④ 《宋会要辑稿》，刑法3之38。
⑤ 杨万里：《诚斋集》卷90《民政中》，第90页。
⑥ 章如愚：《山堂考索》续集卷37，第1130页。
⑦ 《宋史》卷425《赵景纬传》，第12674页。
⑧ 《叶适集》卷14《法度总论三·监司》，第810页。

了宋朝司法领域的乱象。

最后，各级官衙之胥吏对司法审判权的操控也加剧了司法腐败。执法者的素质是维护法律权威和信誉的关键，如果执法者的政治素质低，就很难保证法律公平公正的实施；如果执法者的业务素质低，就可能执法不当或误用律条，甚至胡涂执法。在宋朝，政治和业务素质都较低的大量的司法胥吏往往操控着司法审判权。宋朝司法刑狱案件原则上由司法机关的正、副长官负责，然而实际上司法审判权却多由胥吏操控，这为众多胥吏收受贿赂提供了便利。据宋太宗太平兴国六年（981）诏令讲："诸州大狱，长吏不亲决，胥吏旁缘为奸，逮捕证左，滋蔓逾年而狱未具"①。即使是御史台鞫狱，亦是"御史多不躬亲，垂帘雍容，以自尊大，鞫按之任，委在胥吏，求无冤滥，岂可得也"②。可见在北宋时，官不听审的现象就已存在。南宋初，刑部员外郎张嵲讲："郡县长吏，间有连日不出公厅，文书讼牒多令胥吏传押，因缘请托，无所不至。乡民留滞，动经旬月，至有辨讼终事而不识长官者"③。淳熙二年（1175），福建提点刑狱公事叶南仲言："今职级、押录之下有推司，疑司之下有代书贴司。自推疑司以上行重禄，代书贴司无禄也。是以每有狱事，则推疑司主行之，而贿赂公行则在乎代书贴司也。狱成而无词诉则众分略，有词诉则贴司当之，又相与营救，止抵微罪"④。南宋中后期，官不听审的状况更为突出。朝廷每岁冬夏降诏，令提刑官行郡决囚，而"提刑惮行，悉委倅贰，倅贰不行，复委幕属。所委之人，类皆肆行威福，以要馈遗"⑤。即使提刑官亲自巡历，亦"殆与一时经过无异，足迹未尝一登狱门，囚徒未尝引问，案牍未尝阅视，非法收禁者未尝根究，赴诉责保者未尝受理"⑥。即定期巡历疏决刑狱的制度也流于形式了。尤其是州县官"以酣咏遨游为高，以勤强谨恪为俗"⑦，"终日昏醉，万事不理，惟吏言是用"⑧。由于州县司法审判多由"胥吏操纵，使州县演成整个司法体系最薄弱的环节"⑨。如崇安县"知县不

---

① 《续资治通鉴长编》卷22，第491页。
② 《宋史》卷199《刑法一》，第4970页。
③ 《宋会要辑稿》，职官47之30。
④ 《宋会要辑稿》，职官48之105。
⑤ 《宋史》卷200《刑法二》，第4996页。
⑥ 《宋会要辑稿》，刑法5之46。
⑦ 《名公书判清明集》卷1《劝谕事件于后》，第11页。
⑧ 《名公书判清明集》卷2《汰去贪庸之官》，第40页。
⑨ 苏基朗：《唐宋法制史研究》，香港中文大学出版社1996年版，第182页。

理民事，罕见吏民，凡有词诉，吏先得金，然后呈判，高下曲直，惟吏是从……肆意施用酷罚，以为戏乐"①。由于"官司不以狱事为意，每遇重辟名件，一切受成吏手"②，吏人借机肆意械系，推鞫不应禁之人，淹延岁月，以绝诛求。刑狱之政为"人命之至重"，但由于"大狱长吏不亲决"，司法审判反而成了贪官污吏因缘为奸、索贿受贿的良机。宋统治者对此也很清楚，曾三令五申地敦促地方长官要躬亲政事并对吏胥严格要求，防止其擅权行奸，然而随着社会矛盾的加剧，刑事、民事案件越来越多，即使有个别官员勤于政务也无济于事，他们也不得不依靠胥吏。更何况不少官员不躬亲狱事，司法审判多由胥吏操纵，这就助长了宋朝司法诚信缺失的普遍化。

四、小结

综上所述，宋朝立法频繁、内容猥冗，致使官不能遍览，民不能知晓而有法难行；其出令轻慢、变化无常，又使其法律失信于天下。在司法领域里，由于官吏的贪污腐败、徇私枉法的普遍，致使法律在执行过程中严重走形，司法信誉扫地。宋朝立法、司法中诚信缺失现象的大量存在，除上述诸多现实原因外，究其根本原因就是君主专制官僚体制。皇帝专制是这种体制的基本特征，而官吏的贪赃枉法则是这种体制的伴生物。在这种体制下，皇帝集立法、司法、行政大权于一身。随着封建君主专制制度的不断强化，作为重要统治手段之一的法律，也必然发生重大变化，从立法方式、法律内容到司法实践，深受君主个人因素的影响。皇帝的意志高于一切，他的诏旨、敕令、御笔、手诏等都是法律，他可以随时立法，也可以随意进行司法解释。某些权臣的僭越更法，实际上是在皇帝怠政时窃取了其立法权，从而使得立法更为紊乱不堪。宋朝政治生活中无休止的党派斗争、"异论相搅"，新党旧党互相排挤，更直接导致了"变法"的反复无常。在司法审判中，皇帝通过赦书、德音、御笔、特旨等直接控制最高司法审判权，而且时常随意断狱，例如宋徽宗"御笔断罪，不许诣尚书省陈述"③，对那些不

---

① 《名公书判清明集》卷 2《知县淫秽贪酷且与对移》，第 42 页。
② 《名公书判清明集》卷 11《治推吏不照例襄被》，第 426 页。
③ 《宋史》卷 200《刑法二》，第 4991 页。

按旨意办事的官吏，则以"大不恭"罪论处。这反映了皇帝对司法权的过度控制。同时，对于官吏在司法活动中执法犯法、贪赃枉法的行为，皇帝往往是"纵而复抑，抑而复纵"，只有当官吏的贪赃枉法严重地危害到统治阶级的整体利益，甚至危害封建国家统治基础时，最高统治者为了赵宋王朝的稳定，才不得不进行惩治，以整顿吏治，安抚民心，免得民众走向起义反叛之途。然而当惩治涉及统治集团的大多数尤其是权贵人物时，为了维护统治集团的既得利益，树立统治集团的权威，又总是极力包庇和袒护。正如宋高宗所言："贪吏害民，杂用刑威，有不得已。然岂忍置缙绅于死地耶。"① 因为宋朝皇帝是"与士大夫治天下，而非与百姓治天下也"，官吏贪赃之途不可尽塞，"塞则沮天下之望"，"望之失而上之权益微"②，这种状态正是专制官僚政体的必然结果。可见，要真正解决立法、司法中诚信缺失的问题，在君主专制的官僚体制下是根本做不到的。

另外，这里需要附带说一说中国古代的清官文化。中国古代最著名的清官包拯包青天就生活在宋朝，是中国古代清官的典型。他代表了中国古代士大夫忠君爱民的儒家思想，他凭着自己的良知和意志，除暴安良，公正执法，对抗权势者的肆意违法。就其个人品行和为官之道而言，确实赢得了百姓的爱戴和赞扬。但是在皇权官僚政治体制下，个别清官的个人努力根本改变不了权势阶层肆意践踏法律的基本社会现实。"在专制政体日益严重的压迫之下，百般无奈的广大百姓只能转而创造出一种广泛而尽量有效的心理代偿机制，即通过自己积极地企盼、幻想和艺术创造等形式，造就了中国古代专制政体下的文化代偿机制——'清官文化'和司法生活中的'清官情结'"③。就像一个人眼睛瞎了，其耳朵的听力就相对敏感一样，正是中国古代专制官僚政治体制下的司法不公之普遍，才使得清官文化和清官情结在下层国民政治心理和信仰心理中具有那么深广长久的影响和积淀。其实，清官文化不过是中国传统社会司法不公之病态社会的一种可悲的文化补偿机制而已。

弗兰西斯·培根曾精辟地指出："一次错误的判决比多次错误的实例为害更大，因为这些错误的实例不过弄脏了水流，而错误的判决则把水源败坏了"④。

---

① 《宋史》卷 200《刑法二》，第 4991—4992 页。
② 《历代名臣奏议》卷 55。
③ 王毅：《中国皇权制度研究》（上），北京大学出版社 2007 年版，第 511 页。
④ （英）弗兰西斯·培根著，东旭、肖昶等译：《培根论说文集》，海南出版社 1996 年版，第 190 页。

所以说在某种程度上，法治的公正与诚信代表了社会公正与诚信。倘若法治公正遭到破坏，社会公正便失去了最后一道屏障。我们以宋朝为核心对中国古代法律职业中诚信缺失现象及其成因的探析，对当今中国构建社会主义法治社会或许也具有某种程度的借鉴意义。

后　记

时光荏苒！1991 年初秋，我只身携带者简单的行李、家人的期望和青春的梦想，从邢台临城老家来到了河北大学求学，尽管入学时的情景仍然历历在目，但是毕竟已经 20 年过去了！20 年来，成功时的喜悦、挫折时的低落和迷惑时的徘徊，对于已接近不惑之年的我来说，都已成为淡淡的回忆，不再那么刻骨铭心，唯有那些记载着自己疑惑、思考和写作过程的文字，展示着我的心路历程，被深深地铭刻在记忆深处。

我本来是学刑法的。1995 年被河北大学推荐免试到四川大学法学院攻读刑法学硕士学位，在赵炳寿和向朝阳老师的悉心指导下，经过三年的系统学习，确实对刑法学研究产生了一定的兴趣。我也曾雄心壮志地表示要沿着这条路继续走下去，但是一个偶然的机会改变了我的选择。那就是遇到了我的导师——中国当代杰出青年法学家左卫民先生！

左老师的研究领域是诉讼法学和司法制度，在我读硕士期间曾经教授我们刑事诉讼法学。硕士研究生毕业前夕，为表达谢意，我和同学吴卫军约左老师一起喝茶。这是第一次近距离地和左老师接触。左老师深邃的思想、渊博的知识和作为一个青年学者所具有的强烈的社会责任感，深深地感染着我，使我突然间认识到了司法制度问题研究的时代意义。后来，左老师让我和吴卫军把他当时撰写的一系列关于新刑事诉讼法的论文整理一下，尽管我觉得自己承担这样的任务还有点勉强，但是有一种无以名状的力量要求我必须答应。没想到后来这篇发表在《湘江法律评论》上的论文《中国新刑事诉讼法：透析与前瞻》获得了全国第三届中青年诉讼法学优秀科研成果论文类二等奖。此后，我便对司法制度研究产生了浓厚的兴趣。这或许就是命运的安排。于是 2002 年我考取了四川大学法学院诉讼法学专业博士研究生，师从左卫民教授系统研习刑事诉讼法学和司法制度理论，正式开始了在诉讼法学领域的研究历程。

近十年来，尽管岗位在不断地变化，但是我始终没有中断对刑事诉讼法学和司法制度问题的思考与研究。我知道，这是我安身立命之本，因为不管在什么样的岗位上，我首先是一名教师！这本书收集的主要是我这些年来在左老师指导下或与左老师合作撰写的一些论文，现在结集出版算是对以前研究工作的一个总结，在一定程度上反映了我这这些年来的研究历程。丁建军先生长期从事历史学研究，造诣很深，在结集的过程中，他撰写了第十一章的内容并对其他章节的史料部分进行了系统的整理和修订，使本书得以更加完美地呈现给读者。因此，这部著作是我们合作的结晶。

20 年来，在我从一个法律系学生成长为一个法律人乃至法学青年学者的过程中，承蒙各位师长、领导和朋友们的无私帮助，在此谨致以崇高的敬意！最后，感谢河北大学历史学科及其学科带头人姜锡东先生为本书顺利出版提供的平台和经费支持。

冯　军

2011 年 3 月于河北大学

责任编辑:邵永忠

图书在版编目(CIP)数据

司法制度的历史样态与现代图景/冯军　丁建军 著.
　-北京:人民出版社,2011.10
ISBN 978-7-01-010080-7

Ⅰ.①司…　Ⅱ.①冯…　②丁…　Ⅲ.①司法制度-研究　Ⅳ.①D916

中国版本图书馆 CIP 数据核字(2011)第 148367 号

司法制度的历史样态与现代图景
SIFA ZHIDU DE LISHIYANGTAI YU XIANDAITUJING

冯军　丁建军　著

人民出版社 出版发行
(100706　北京朝阳门内大街 166 号)

北京中科印刷有限公司印刷　新华书店经销

2011 年 10 月第 1 版　2011 年 10 月北京第 1 次印刷
开本:710 毫米×1000 毫米 1/16　印张:15.25
字数:270 千字　印数:0,001-2,000 册

ISBN 978-7-01-010080-7　定价:38.00 元

邮购地址 100706　北京朝阳门内大街 166 号
人民东方图书销售中心　电话 (010)65250042　65289539